马克思主义理论学科建设系列丛书

乡村振兴的政治经济学研究

张耿庆◎著

A STUDY ON THE POLITICAL ECONOMY OF
RURAL REVITALIZATION

本书系上海对外经贸大学马克思主义学院"马克思主义理论学科建设
系列"丛书之一，由上海对外经贸大学马克思主义学院资助出版。

经济管理出版社
ECONOMY & MANAGEMENT PUBLISHING HOUSE

图书在版编目（CIP）数据

乡村振兴的政治经济学研究／张耿庆著.—北京：经济管理出版社，2022.12
ISBN 978-7-5096-8878-6

I.①乡… Ⅱ.①张… Ⅲ.①农村—社会主义建设—研究—中国 Ⅳ.①F320.3

中国版本图书馆 CIP 数据核字（2022）第 248882 号

组稿编辑：王光艳
责任编辑：王光艳
责任印制：黄章平
责任校对：徐业霞

出版发行：经济管理出版社
　　　　　（北京市海淀区北蜂窝 8 号中雅大厦 A 座 11 层　100038）
网　　　址：www. E-mp. com. cn
电　　话：(010) 51915602
印　　刷：北京市海淀区唐家岭福利印刷厂
经　　销：新华书店
开　　本：710mm×1000mm /16
印　　张：16
字　　数：231 千字
版　　次：2023 年 4 月第 1 版　　2023 年 4 月第 1 次印刷
书　　号：ISBN 978-7-5096-8878-6
定　　价：88.00 元

前　言

中国作为一个有着 14 多亿人口的发展中大国，农业、农村、农民问题是关系国计民生的根本性问题，农业强不强、农村美不美、农民富不富，决定着亿万农民的获得感和幸福感，决定着我国全面小康社会的成色和社会主义现代化的质量。党的十八大以来，中国特色社会主义进入新时代，以习近平同志为核心的党中央把解决好"三农"问题作为全党工作的重中之重，不断推进"三农"工作理论创新、实践创新、制度创新，推动农业农村取得历史性成就。党的十九大首次提出实施乡村振兴战略，把实施乡村振兴战略作为新时代"三农"工作的新旗帜和总抓手，强调坚持农业农村优先发展，按照产业兴旺、生态宜居、乡风文明、治理有效、生活富裕的总要求，建立健全城乡融合发展体制机制和政策体系，加快推进农业农村现代化。同时，习近平总书记多次强调新时代要学好用好政治经济学，要求我们要立足我国国情和我们的发展实践，深入研究世界经济和我国经济面临的新情况、新问题，揭示新特点、新规律，提炼和总结我国经济发展实践的规律性成果，把实践经验上升为系统化的经济学说，不断开拓当代中国马克思主义政治经济学新境界，为马克思主义政治经济学创新发展贡献中国智慧。

本书坚持问题导向，立足全面推进新时代乡村振兴战略的重大理论和伟大实践，以马克思主义政治经济学基本原理和方法论为主要研究方法和手段，以党的十八大以来习近平总书记关于我国乡村振兴和"三农"工作的重要论述为理论基础，尝试构建全面推进新时代乡村振兴的理论体系，同时实证分析我国乡村振兴的现状及存在的问题，提出全面推进新时代乡村振兴的对策和路径，进而探索新时代中国乡村振兴的实践经验与理论启示。

本书内容包括四大部分，具体分为八章。第一部分（第一章），阐述选题背景、文献综述、研究思路、研究方法、研究意义等内容。第二部分（第二章），基于马克思主义政治经济学的理论，立足中国特色社会主义进入新时代这一我国发展新的历史方位，剖析乡村发展新特征，运用系统分析方法，构建全面推进新时代乡村振兴的政治经济学基础，将全面推进新时代乡村振兴看作处理好两个系统的关系。第三部分（第三章），以工农、城乡两大系统关系作为考察对象，以协调发展新理念为理论依据，实证分析农业农村与工业城市两大系统之间的关系，提出推进我国新时代城乡融合发展的路径。第四部分（第四章至第八章），以马克思主义政治经济学、习近平新时代中国特色社会主义经济思想等内容为理论依据，分别对中国新时代农业农村大系统内部的五个子系统，即实现农村产业现代化、生态现代化、文化现代化、治理现代化，以及农民生活现代化进行理论和实践研究，在深入剖析现状和问题的基础上，提出解决对策和实现路径。

本书是在上海市哲学社会科学规划一般课题研究成果的基础上完成的，在课题研究过程中，得到了上海市哲学社会科学规划办公室，上海对外经贸大学科研处、马克思主义学院的多位领导、老师及学生的支持与帮助。本书在写作过程中参阅引用了许多国内外学者的著作和论文，在此谨向这些作者表示由衷的感谢。同时，本书能够顺利出版，离不开上海对外经贸大学科研处与马克思主义学院的鼎力资助，离不开经济管理出版社编辑团队的辛苦付出。对于上述所有帮助，在此，作者一并表示衷心的感谢！由于作者水平和能力所限，书中难免有疏漏错误之处，敬请各位读者批评指正。

目　录

第一章　导　论 …………………………………………………… 1

一、问题的提出 ………………………………………………… 1

二、文献梳理与评述 …………………………………………… 3

三、研究思路和框架 …………………………………………… 17

四、研究意义和方法 …………………………………………… 19

第二章　全面推进新时代乡村振兴的政治经济学基础 ………… 21

一、马克思主义政治经济学的重要理论品格 …………… 21

二、中国特色社会主义新时代标识我国发展新方位 …… 24

三、新时代中国乡村振兴的政治经济学逻辑 …………… 27

第三章　坚持协调发展理念，推动城乡融合发展，助力新时代
　　　　乡村振兴 ……………………………………………… 44

一、协调发展的政治经济学意蕴 ………………………… 44

二、新时代我国推动城乡融合发展的逻辑 ……………… 47

三、新时代我国城乡融合发展存在的主要问题 ………… 53

四、新时代推进我国城乡融合发展的路径 ……………… 67

第四章　坚持发展农业生产力，促进乡村产业兴旺，实现农村产业现代化 …………………………………………………… 76

　　一、产业兴旺是实现新时代乡村振兴的战略重点 ……… 76

　　二、新时代巩固和完善农村基本经营制度的丰富内涵 …… 81

　　三、新时代保障我国粮食安全的内涵与举措 ………… 89

　　四、构建新时代农村一二三产业融合发展体系：
　　　　基于上海的实证研究 ……………………………… 98

第五章　坚持绿色发展理念，推进乡村生态振兴，实现农村生态现代化 ……………………………………………… 123

　　一、新时代中国坚持乡村绿色发展的逻辑 …………… 123

　　二、新时代我国乡村生态宜居建设存在的主要问题 …… 128

　　三、新时代推进我国乡村生态振兴的路径 …………… 131

第六章　坚持文化自信，推进乡村文化振兴，实现农村文化现代化 ……………………………………………………… 146

　　一、新时代乡村文化的丰富内涵及其时代价值 ………… 146

　　二、新时代我国乡村文化建设的成就与存在的问题 …… 154

　　三、新时代实现我国农村文化现代化的路径 ………… 161

第七章　坚持"三治融合"，推进乡村组织振兴，实现农村治理现代化 ……………………………………………… 169

　　一、新时代加强我国乡村治理的重要意义 …………… 169

　　二、新时代我国乡村治理存在的主要问题 …………… 172

　　三、新时代推进我国乡村治理现代化的路径 ………… 175

第八章　坚持共享发展，推进共同富裕，实现农民生活
　　　　现代化 ………………………………………………… 197

　　一、以共享发展理念引领农民生活现代化 …………… 197
　　二、新中国解决农村绝对贫困的政治经济学分析 …… 200
　　三、全面建成小康社会后我国农村相对贫困治理：
　　　　逻辑与路径 ………………………………………… 222

参考文献 …………………………………………………………… 232

·第一章·

导　论

党的十八大以来，中国特色社会主义进入新时代，鲜明标识了中国经济社会发展新的历史方位。相应地，中国"三农"发展也进入了新时代，呈现出新特点和新要求，需要新战略和新举措。党的十九大立足我国时代特征和基本国情，首次提出乡村振兴战略，成为我国新时代"三农"工作的总抓手和新旗帜。坚定不移地走中国特色社会主义乡村振兴道路成为当下重要的理论和实践课题。通过对马克思主义经典作家和国内外乡村振兴相关文献的梳理评述，能够为该研究提供重要的理论借鉴和思想启发。

一、问题的提出

中国作为一个有着 14 多亿人口的发展中大国，农业、农村、农民问题（以下简称"三农"问题）是关系国计民生的根本性问题，农业强不强、农村美不美、农民富不富，决定着亿万农民的获得感和幸福感，决定着我国全面小康社会的成色和社会主义现代化的质量。自 2004 年以来，我国历年中央一号文件均以"三农"问题为主题，全国各地在推动新农村建设、城乡统筹和美丽乡村建设过程中，做了大量的有益探索和改革创新，也取得了许多重大成就。但是，由于我国幅员辽阔、人口众多，全国农村发展呈现出明显差异性，特别是随着我国社会主义市场经济的深入发展，工业化和城镇化快速推进，城乡发展不平衡问题愈发突出，农村人口结构失衡、农村产业发展滞后、乡村传统文化衰落较严重、存在乡村社会治理隐患、农村生态环境堪忧等现象不容忽视。就当前看，农业还是"四化同步"的短腿，农村仍是全面建成小康社会乃至全面建设社会主义现代化国家的短板，农民依旧是实现全体人民共同富裕的最大难题。

党的十八大以来，中国特色社会主义进入新时代，以习近平同志为核心的党中央把解决好"三农"问题作为全党工作的重中之重，不断推进"三农"工作理论创新、实践创新、制度创新，推动农业农村取得历史性成就。党的十九大首次提出实施乡村振兴战略，把实施乡村振兴战略作为新时代推动我国"三农"工作的新旗帜和总抓手。2017年12月，习近平总书记在中央农村工作会议上指出："如期实现第一个百年奋斗目标并向第二个百年奋斗目标迈进，最艰巨最繁重的任务在农村，最广泛最深厚的基础在农村，最大的潜力和后劲也在农村。"① 随后，习近平总书记又根据我国国内外环境的变化，在不同时期召开会议，发表重要讲话，与时俱进地提出许多新的重要论述，部署新时代全面推进乡村振兴战略的具体措施。在2020年12月召开的中央农村工作会议上，习近平总书记发表重要讲话，强调："在向第二个百年奋斗目标迈进的历史关口，巩固和拓展脱贫攻坚成果，全面推进乡村振兴，加快农业农村现代化，是需要全党高度重视的一个关系大局的重大问题。全党务必充分认识新发展阶段做好'三农'工作的重要性和紧迫性，坚持把解决好'三农'问题作为全党工作的重中之重，举全党全社会之力推动乡村振兴，促进农业高质高效、乡村宜居宜业、农民富裕富足。"② 这些重要论述立意高远、内涵丰富、思想深刻，是我国新时代推进乡村全面振兴，书写中华民族伟大复兴"三农"新篇章的理论遵循和行动指南。

与此同时，进入新时代，为了指导我国经济社会更好发展，习近平总书记始终高度重视马克思主义政治经济学的学习、应用和发展，提出"马克思主义政治经济学是马克思主义的重要组成部分，也是我们

---

① 《中央农村工作会议在北京举行》，《光明日报》2017年12月30日。

② 《坚持把解决好"三农"问题作为全党工作重中之重 促进农业高质高效乡村宜居宜业农民富裕富足》，《光明日报》2020年12月30日。

坚持和发展马克思主义的必修课","学好用好政治经济学","丰富和发展马克思主义政治经济学","马克思主义政治经济学过时的说法是武断的","坚持和发展中国特色社会主义政治经济学"等诸多新思想和新论断。所以,我们需要认真学习习近平总书记关于马克思主义政治经济学的重要论述,在实践中主动运用马克思主义政治经济学去分析研究我国新时代的具体问题,运用理论去更好地指导实践。与此同时,需要通过我国鲜活的经济社会实践去证明理论并推动理论的创新发展,进而更好地推进马克思主义政治经济学中国化、时代化。

综上,本书立足实施乡村振兴战略的重大理论和伟大实践,以马克思主义政治经济学基本原理和方法论为主要研究方法和手段,以党的十八大以来习近平总书记关于我国乡村振兴和"三农"问题的重要论述为理论基础,尝试构建新时代中国特色社会主义乡村振兴的理论体系,同时探索其中国实践与宝贵经验。

二、文献梳理与评述

实施乡村振兴战略是实现我国"两个一百年"奋斗目标和中华民族伟大复兴中国梦的必然要求。要深入全面理解乡村振兴问题,有必要从时间和空间两个维度,对古今中外有关乡村振兴的相关重要理论进行综述,这主要包括以下三个方面:马克思、恩格斯关于乡村振兴的重要论述;国内学者关于乡村振兴的主要研究;国外学者关于乡村振兴的主要研究。

(一) 马克思、恩格斯关于乡村振兴的重要论述

马克思主义是中国共产党团结带领全国各族人民进行革命、建设、改革的指导思想,实施乡村振兴战略,要坚持马克思主义的指导。马克思主义经典作家关于"三农"相关问题的论述是马克思主义理论的重要组成部分,内涵丰富,思想深刻,涉及农业基础地位、农业生产计划、农业合作社、农业现代化、土地所有权、地租、农村工业化、农村生态环境、城乡一体化等内容。这些内容对研究乡村振兴具有重

要的参考价值和指导意义。为了突出重点，下文主要梳理与乡村振兴
存在紧密联系的相关论述。

1. 强调农业在国民经济中的基础地位

马克思、恩格斯高度重视农业在国民经济发展中的基础性地位，
尽管他们以英国等西欧资本主义国家的农业发展实践为研究对象，但
是他们关于农业基础地位的重要论述和真知灼见在当今仍然具有时代
价值和普遍意义。

（1）农业是人类生存和发展的基础。

马克思主义将物质资料生产作为政治经济学研究的出发点，而农
业则是提供物质资料的基础产业，所以强调农业生产是人类生存和
"创造历史"的首要条件。马克思、恩格斯明确指出："我们首先应当
确定一切人类生存的第一个前提，也就是一切历史的第一个前提，这
个前提是：人们为了能够'创造历史'，必须能够生活。但是为了生
活，首先就需要吃喝住穿以及其他一些东西。因此第一个历史活动就
是生产满足这些需要的资料，即生产物质生活本身。"①

（2）农业是国民经济的基础。

马克思指出，农业劳动是农业领域本身剩余的自然基础。"因为食
物的生产是直接生产者的生存和一切生产的首要的条件，所以在这种
生产中使用的劳动，即经济学上最广义的农业劳动，必须有足够的生
产率，使可供支配的劳动时间不致全被直接生产者的食物生产占去；
也就是使农业剩余劳动，从而农业剩余产品成为可能。"② 不仅如此，
农业劳动还是其他一切劳动部门形成发展和独立经营的自然基础。"进
一步说，社会上的一部分人用在农业上的全部劳动——必要劳动和剩
余劳动——必须足以为整个社会，从而也为非农业劳动者生产必要的
食物；也就是使从事农业的人和从事工业的人有实行这种巨大分工的
可能，并且也使生产食物的农民和生产原料的农民有实行分工的可能。
虽然食物直接生产者的劳动，对他们自己来说分为必要劳动和剩余劳
动，但对社会来说，它所代表的只是生产食物所需的必要劳动。并且，

---

① 《马克思恩格斯文集》第 1 卷，人民出版社 2009 年版，第 531 页。
② 马克思：《资本论（纪念版）》第 3 卷，人民出版社 2018 年版，第 715–716 页。

不同于一个工场内部分工的整个社会内部的全部分工也是如此。这是生产特殊物品，满足社会对特殊物品的一种特殊需要所必要的劳动。"①

（3）农业劳动生产率是促进社会分工发展和农业人口转移的主要动力。

马克思、恩格斯认为农业劳动生产率制约着农业和工业以及其他产业之间的社会分工和发展程度。只有农业劳动生产率不断提高，才能生产出足够的剩余产品，支持其他产业劳动者的生活资料需求。同时，农业劳动生产率的提高也推动农业人口出现过剩，大量过剩人口离开农业，向工业及服务业等非农产业转移，既促进了社会分工，又推动了全社会资源配置效率的提升和产业结构的优化升级，最终实现国民经济质量和效率的提高。

2. 总结农业现代化的规律

马克思、恩格斯对 19 世纪中期英国、法国、德国、美国等资本主义国家的城市化、工业化等现代化进程进行了科学细致的考察，充分揭示了这些国家的农业发展特征和农业现代化规律，对新时代中国特色社会主义乡村全面现代化仍具有重要的参考价值和借鉴意义。

（1）农业现代化过程是农业中商品经济不断发展的过程。

马克思、恩格斯认为，古今中外的传统农业社会中，自给自足的自然经济长期占据主导地位。在封建社会末期，随着农村经济社会结构的自然演变和资本主义生产方式的逐步形成与发展，农业中商品经济普遍发展的条件得以具备。诸如：资产阶级革命将农民从对封建地主的人身依附关系中解放出来，并获得了部分土地的所有权或租佃权；土地具有了商品的属性，可以在一定范围内自由买卖；地租也由之前的劳役地租、实物地租等形式转向以货币地租为主，农业经营者和土地所有制的关系相应转变为"单纯的货币关系和契约关系"。

农业内外部环境的变化也有力推动了农业商品化进程。一方面，工业革命和城市扩张产生了对农产品的大量需求，伴随着农业人口向工业和城市转移，这种需求也随之增加，共同推动农产品国内市场的扩大，同时海外殖民地的发现与拓展为本国农产品开拓了新的世界市

---

① 马克思：《资本论（纪念版）》第 3 卷，人民出版社 2018 年版，第 716 页。

场，加速了农业商品化进程。另一方面，与农村小农生产相伴的家庭手工业在与城市机器大工业的竞争中完全丧失了竞争优势，逐渐被占领和取代，进行分散式经营的小农家庭则遭受来自大土地所有者和租地农场主的联合压迫和剥削，致使农户逐渐陷入负债、贫困和破产的境地，导致以自给自足为主要特征的自然经济向以商品的生产和交换为主的商品经济转化。

（2）农业企业化经营推动了现代农业的快速发展。

马克思深刻指出，在资本主义社会，所有经济活动的目的都是获取剩余价值或利润。由于城市工业化起步较早，工业运用新技术的程度较高，规模化经营效果显著，所以，起初大量资本家优先投资于工业领域，可以获得较高的利润回报。然而，随着工业竞争的加剧，平均利润率出现了下降趋势，迫使资本家在全社会寻求更有利的投资场所，进而获得可观的利润水平。于是，农业中商品经济的长足发展吸引资本家进入农业领域，从而造就了以经营农业为主的资本家阶级，即"农业企业家阶级"。这些农业企业家以企业化方式经营租赁土地和农场，通过有效运用资本、技术、劳动等生产要素对农业工人进行指挥和监督，为其创造不低于社会平均利润率的投资回报。

马克思具体研究了英国的农业经营状况，发现农业企业家和租地农场主为了获取持续稳定的经营收入，通常会采取多种举措来提高产量并增加利润。主要做法包括：拓展耕种面积，实现规模经营，发展大中型农场；提高农业工人生产技能和劳动熟练程度，以实现复杂劳动所带来的剩余价值创造倍加效应；注重农业生产过程中的分工和协作，提高农业生产的组织化和集约化水平；积极推进农业技术改进和创新，将最新科学工艺成果及时运用于农业，提升农业的劳动生产率。上述做法推动了英国农业生产力的飞速发展，农产品数量显著增多，农场主的财富迅速积累，促进了资本主义国家现代农业的快速发展。

（3）农业工业化助推农业生产方式的本质变革。

马克思强调了工业化对资本主义生产方式变革产生的显著推动作用。随着资本主义生产方式由工场手工业向机器大工业的全面过渡，较为固定的工作时间和工作场所以及纪律严格的工厂制度成为工业生产的普遍组织原则和显著生产特征。工业革命和机器大工业逐渐从城市工业部门向农村的农业领域扩散和渗透，引发了以农业机械化、良种化、化肥化为主要特征的农业工业化革命，这极大地提高了农业生产力。正如马克思所指出的："在农业领域内，就消灭旧社会的堡垒——'农民'，并代之以雇佣工人来说，大工业起了最革命的作用。这样，农村中社会变革的需要和社会对立，就和城市相同了。最墨守成规和最不合理的经营，被科学在工艺上的自觉应用代替了。"①

大工业在农业中的应用也导致以小块土地所有和经营的小农经济加速解体，因为"小块土地所有制按其性质来说就排斥社会劳动生产力的发展、劳动的社会形式、资本的社会积累、大规模的畜牧和科学的累进的应用"②。而现代大农业则以农业企业家和农业工人为农业生产经营主体，能够实现农业社会化方式经营，因此逐渐取代小农生产方式，成为了资本主义农业占据主导地位的生产形式。这种农业工业化的演进规律也为将来向更高级的社会形态的过渡创造了充足的物质财富和有利的社会条件。

3. 处理农业、农村、农民问题应该遵循的原则

马克思、恩格斯高度重视"三农"问题，对"三农"问题进行了深入剖析和深刻论述，明确指出，为了确保社会主义革命和建设事业的成功，工人阶级及其政党政府必须巩固工农联盟，正确处理"三农"问题，并基于对所处时代的实际考察，提出了需要遵循的一些基本原则。

（1）充分了解农村农业状况并尽力维护农民利益。

马克思指出，无产阶级政党和政府应该深入农村，实地考察农村和农业的实际状况，亲自研究农业工人、农民及各阶级的利益，因为这是制定有针对性纲领的前提条件。恩格斯对法国社会党 1892 年在马赛代表大会上提出的土地纲领给予高度评价，因为其充分分析并正确把握了农业工人、农民、小农、佃农等各个阶级的利益，进而提出具体的政策措施。

在此基础上，国家的党和政府应当采取切实措施直接维护农民利

---

① 马克思：《资本论（纪念版）》第 1 卷，人民出版社 2018 年版，第 578 页。
② 马克思：《资本论（纪念版）》第 3 卷，人民出版社 2018 年版，第 912 页。

益，并不断改善农民生产生活状况。马克思明确指出："无产阶级要想有任何胜利的可能性，至少应当善于变通，直接为农民做很多事情，就像法国资产阶级在进行革命时为当时法国农民所做的那样。"① 针对世界上第一个无产阶级政权——巴黎公社，马克思评价说："公社对农民说，'公社的胜利是他们的唯一希望'，这是完全正确的。"②

（2）根据农业农村实际情况确立适合的农民政策。

马克思、恩格斯强调，要准确认识社会生产力发展水平以及农业农村发展的实际情况，确立科学适合的农民政策。例如，针对19世纪中叶欧洲革命时期的农业发展水平较低状况和19世纪后期农业发展取得长足发展两个不同阶段，他们分别提出了解决农民问题的最高纲领和最低纲领两种主张。其中，最高纲领是指无产阶级取得社会主义革命胜利并掌握政权之后处理农民问题应该遵循的原则，是对未来社会主义时代关于农民问题的一种独创性的较长期目标；而最低纲领则是针对近代欧洲农业发展的现实，吸收了当时小资产阶级社会主义者的一些合理措施而提出的较短期目标。

（3）农村生产关系的调整变革应该坚持自愿和示范相结合。

马克思主义基本原理表明，从根本上调整和变革农村生产关系是彻底解决"三农"问题的关键，农民始终是在农村从事农业生产活动的主体，要充分尊重农民的意愿和选择，不能违背农民意志；同时，党和政府也不能放任自流，要有历史耐心，通过积极示范和引导，构建适合农业农村良性发展的生产关系。恩格斯在《法德农民问题》中指出："当我们掌握了国家政权的时候，我们绝不会考虑用暴力去剥夺小农（无论有无报偿，都是一样），像我们将不得不如此对待大土地占有者那样。我们对于小农的任务，首先是把他们的私人生产和私人占有变为合作社的生产和占有，不是采用暴力，而是通过示范和为此提供社会帮助。"③ 总之，要把选择权交给农民，不要强行干预甚至损害他们的财产关系。

---

① 《马克思恩格斯文集》第3卷，人民出版社2009年版，第404页。
② 《马克思恩格斯文集》第3卷，人民出版社2009年版，第160页。
③ 《马克思恩格斯文集》第4卷，人民出版社2009年版，第524页。

（4）实施农民政策要符合社会发展趋势和无产阶级整体利益。

马克思、恩格斯将实现农民的完全解放视为处理农民问题的最终目的，提出了最高纲领和最低纲领的科学论断，强调无产阶级政党和政府要始终以改善和提高农民的生存状况为主要责任。但是，也要注意克服一种错误倾向，即为了取得农民的支持而不切实际地无原则迁就和满足农民提出的任何要求，从而做出违背社会发展趋势和无产阶级整体利益的过多承诺，导致承诺无法实现而失信于民，最终会削弱工人阶级的力量，影响社会发展的进程。

4. 对"三农"问题发展前景的预测

基于对资本主义"三农"问题的深入分析，马克思、恩格斯运用辩证唯物主义和历史唯物主义原理，对未来社会"三农"问题的发展前景进行了科学的预测。

（1）农民的结构分化和身份转化是工业化和城市化发展的必然趋势。

马克思、恩格斯通过研究英国、法国、德国的历史发展进程，发现工业化、城市化和市场经济的持续推进，导致原来农村的家庭小农逐渐被大农场的资本家阶级和农业工人所取代，传统的小块土地所有制和小农生产方式也被大中农场的企业化现代生产方式代替，在此进程中，大量小农在工业化和城市化的浪潮中出现了结构分化和身份转化的普遍现象，他们逐渐向城市转移和聚集，农民阶级在现代化过程中趋于消亡和终结。马克思、恩格斯对西欧国家的描述清晰展现了这种情景："在大不列颠本土，大土地占有和大农业完全排挤了自耕农；在普鲁士易北河以东地区，几百年来一直发生着同样的过程，在这里，农民也是日益被'驱逐'，或者至少在经济上和政治上日益被挤到次要地位。"①

随着生产社会化和机器大工业推动的资本主义生产方式在社会上日渐占据统治地位，自19世纪中叶以来，现代化大农业逐渐侵入农村并扩散蔓延，造成传统小农生产方式让位于现代农业生产方式，相应地农民也产生了分化和转化。恩格斯指出："1680年，小农业还是一种

---

① 《马克思恩格斯文集》第4卷，人民出版社2009年版，第509页。

常见的生产方式，而大地产只是个别的，尽管不断增加，但总还是个别的。今天，大规模使用机器耕种土地已成了一种常规，而且日益成为唯一可行的农业生产方式。所以，看来农民在今天是注定要灭亡的。"①

（2）城乡对立和工农差别趋于消失是未来社会发展的必然趋势。

马克思、恩格斯运用历史唯物主义基本原理，按照生产力水平由低级向高级逐渐演进的趋势，对人类社会长期发展规律进行深刻认识和科学分析，指出工农业关系将依次经历结合、分离、再结合三个阶段，同样城乡关系也要经历结合、对立、融合三个发展阶段。马克思、恩格斯明确指出："乡村农业人口的分散和大城市工业人口的集中，仅仅适用于工农业发展水平还不够高的阶段，这种状态是一切进一步发展的障碍，这一点现在人们就已经深深地感觉到了。由社会全体成员组成的共同联合体来共同地和有计划地利用生产力；把生产发展到能够满足所有人的需要的规模；结束牺牲一些人的利益来满足另一些人的需要的状况；彻底消灭阶级和阶级对立；通过消灭旧的分工，通过产业教育、变换工种、所有人共同享受大家创造出来的福利，通过城乡的融合，使社会全体成员的才能得到全面发展，这就是废除私有制的主要结果。"② 马克思、恩格斯认为，在未来社会，城乡对立和工农差别必然随着社会生产力的持续发展而逐步消灭，尽管这是一个长期的过程。

（3）西方现代大农业逐步走向社会主义高级阶段是农业发展的必然趋势。

马克思、恩格斯坚信，西方资本主义的现代农业由于自身的历史局限性，必然向更高级的社会主义阶段发展。这样既摒弃了雇佣劳动方式下农民被农业资本家和大土地所有者共同剥削的制度缺陷，又可以通过建立新的生产关系，以自由联合的劳动条件代替劳动受奴役的经济条件，即由工业工人和农业工人的联合阶级占有生产资料并控制生产过程，通过联合劳动的形式运用现代化科学技术和生产方式进行

---

① 《马克思恩格斯全集》第 38 卷，人民出版社 1972 年版，第 306 页。
② 《马克思恩格斯文集》第 1 卷，人民出版社 2009 年版，第 689 页。

大规模农业生产经营，推动农业生产力大发展。马克思、恩格斯深刻指出，为了达到这个目标，无产阶级及其政党在掌握政权后，需要"把大地产转交给（先是租给）在国家领导下独立经营的合作社，这样，国家仍然是土地的所有者"，"至于在向完全的共产主义经济过渡时，我们必须大规模地采用合作生产作为中间环节"，"使社会（即首先是国家）保持对生产资料的所有权，这样合作社的特殊利益就不可能压过全社会的整体利益"[①]。

（二）国内学者关于乡村振兴的主要研究

中国是一个农业大国，自古以来，"三农"问题就是关系国计民生的根本性问题，在中国经济社会发展过程中发挥着重要而独特的作用。进入新时代，中国"三农"发展取得历史性成就，发生历史性变革，特别是党的十九大首次提出乡村振兴战略这一宏阔构想之后，引领国内学界就乡村振兴的丰富内涵、提出背景、推进主体、实现路径、具体案例等方面开展了广泛而深入的研究。

1. 解读乡村振兴的丰富内涵

此项研究主要可以分为两大类：一类是用历史的视角长周期考察中国农业农村的演变，进而把握乡村振兴的发展特征与演进趋势。例如，黄季焜（2004）、项继权（2009）、黄祖辉等（2009）、潘家恩和温铁军（2016）等从时间维度，站在过去、现在和未来的角度，通过长周期分析了中国农业农村发展的经验和路径，重点关注了分析框架、脉络梳理、经验总结等一些基础性、理论性研究问题。另一类是基于党的十九大报告中对乡村振兴战略的官方定义进行的个性化解读。例如，郑风田（2017）明确提出了乡村振兴的六大策略；陈明星（2017）阐释了乡村振兴的价值意蕴和政策取向；韩长赋（2016）阐述了新时代实施乡村振兴战略的重大意义和具体部署；也有部分学者就乡村振兴战略的总方针、总要求、总目标等主要内容进行了细致解读（陈秧分等，2018；李长学，2018；黄祖辉，2018；魏后凯，2019）。

---

① 《马克思恩格斯全集》第 36 卷，人民出版社 1974 年版，第 416-417 页。

2. 阐述乡村振兴的时代背景

乡村振兴战略是中国特色社会主义新时代提出的重大战略，其提出有着独特的历史背景，准确把握这一重大战略的历史方位有助于更好地立足现实、开创未来。陈锡文（2018）、韩俊（2016）、刘彦随（2018）等对当下中国农业农村问题战略布局，特别是对新时期城乡发展面临的主要问题进行探索。王勇等（2016）、张勇（2016）、潘家恩（2017）、徐勇（2019）等对中国出现的农业低效、乡村衰败、城乡失衡等问题进行了详细分析。贺雪峰（2018）则直接指出了当今分化的农村带来了复杂的社会治理难题；姜德波等（2018）从乡村振兴战略实施视角分析了城市化进程中乡村衰落的成因和治理之策；魏后凯（2017）论述了中国特色社会主义进入新时代后，我国提出乡村振兴战略的必然要求。

3. 探究乡村振兴的主体和要素

乡村振兴是一个结构复杂的系统工程，涉及多元利益主体和多种生产要素，需要充分发挥各主体和各要素的潜力，形成聚合效应最大化。刘奇（2017）强调乡村振兴需要强大的外力支撑，即除了激发农民的内生动力之外，政府及社会也应发挥积极作用；张晓山（2018）从集体经济、产权制度、新兴经营主体等几个主要抓手强化乡村振兴；罗必良（2017）把处理好"人、地、钱"三个重点作为乡村振兴的主线；党国英（2017）、王春光（2018）等认为，农民是乡村振兴的主体，要发挥好农民在新时代乡村振兴中的主体作用；张丙宣等（2018）认为，乡村振兴应协同处理好政府、企业家、创业者、技术专家等新时代乡村振兴主体的相互关系；黄建红（2018）强调政府是各类乡村振兴主体的领导者和整合者，发挥着不可替代的独特作用；林亦平等（2018）、刘祖云等（2019）则认为"城归"人口在新时代乡村振兴中可以发挥重要作用。

4. 剖析乡村振兴的实现路径

要实现新时代中国特色社会主义乡村振兴宏伟目标，确定并选择合理有效的实施路径是关键，对此学者提出了不同的观点和措施。郭晓鸣（2018）认为乡村振兴实施路径包括基本动力、支撑条件、实施手段和目标指向四个部分。刘合光（2018）认为乡村振兴的关键路径是机制创新、产业发展、科技创新和人才培育的有机组合。张丙宣

（2018）认为激发技术创新内生动力和进行包容性制度建设是乡村振兴的两条重要发展路径。黄祖辉（2018）指出需要构建农民主体、政府主导、企业引领、科技支撑、社会参与的"五位一体"协同路径来推动新时代乡村振兴。韩长赋（2016）认为应该依靠政策顶层设计，通过"五推进、一加强"具体措施全面系统稳步推进乡村振兴战略的实施。陈志国等（2019）强调乡村文化复兴的重要价值，认为可借助农耕文明、民俗文化等力量来助推乡村振兴。

5. 乡村振兴具体案例的实证研究

乡村振兴既有顶层设计和宏观战略，又需要实事求是和因地制宜，所以有大量文献聚焦于具体案例的实证研究。程恩富（2017）、简新华（2017）、周建明（2017）、彭海红（2017）、张慧鹏（2017）等学者以贵州省塘约村的实践为研究对象，从土地流转、集体经济、实现农业"第二次飞跃"、精准扶贫等方面探讨了新时期乡村振兴的理论和实践问题；王佳宁（2017）在乡村振兴的视野下分析梁家河发展的取向；朱建江（2018）以上海为例，提出发展乡村旅游是乡村振兴的重要抓手的理论意义和综合策略；黄祖辉（2018）以浙江为样本系统分析了其乡村振兴的重要经验和独特价值；杨新荣等（2018）对广东省各个阶段农村发展和建设经验进行历史梳理，进而就乡村振兴战略推进路径进行了分析。

（三）国外学者关于乡村振兴的主要研究

围绕"乡村振兴"这个主题，国外学者相关研究主要可以分成两大类：一类是西方有一些代表性的理论流派，对城市化进程中导致的城乡关系变化、乡村衰落致因、乡村复兴路径、利益主体关系等问题进行了基于普遍意义的理论研究；另一类是个别西方学者关注中国经济社会发展实践，聚焦中国的"三农"问题，专门研究中国农业发展、农村演变、农民境遇等与中国乡村振兴有关的现实问题。

1. 国外学者关于乡村振兴的一般理论研究

（1）研究城乡经济关系演变的二元经济理论。

一是以分析发展中国家城乡经济结构演变趋势为代表的发展经济学二元经济理论，也称作"刘易斯-费景汉-拉尼斯模型"（Lewis，

1954；Fei and Ranis，1964）。二是以经典二元经济理论模型为基础进行修正和改进，探究二元结构的成因、劳动力转移影响因素（Bardhan and Udry，1999；Fields，2005）及农业发展路径选择（Fei and Ranis，1999；Cao and Birchenall，2013）。

（2）探究资本主义国家农业农村衰落的成因与对策。

针对西方发达资本主义国家在推进工业化、城镇化进程中导致的农业农村发展衰落问题，国外众多学者探究实现乡村振兴的影响因素与政策措施（Gladwin et al.，1989；Kawate，2005；Johnson，1989）。此外，Bai 等（2014）、McLaughlin K（2016）站在乡村发展和全球治理角度，探究其世界性意义。

（3）具体剖析乡村振兴的影响因素。

Greene（1988）通过分析农业多元化状况，认为政府在乡村振兴中具有不可替代的重要作用；Kawate（2005）分析了农村复兴和改革组织在日本农村振兴中的作用；Gladwin 等（1989）通过对北佛罗里达州农村企业家的研究，认为农民创业精神是乡村振兴的关键；Johnson（1989）则认为发展农村金融对乡村振兴至关重要；Korsching（1992）在考察美国和加拿大两国的乡镇社区联盟的基础上，认为多社区协助有利于推进乡村振兴。

（4）对具体国家和地区乡村振兴实践的实证分析。

Wood（2008）、Carr（2009）、Nonaka 和 Ono（2015）分别对东亚地区、日本等国家和地区的农村发展计划和实践过程进行经验介绍和实证分析。

2. 国外学者关于中国乡村振兴实践的具体研究

随着近些年来中国经济的快速发展和国际地位的显著提高，中国问题成为世界各学科研究的显学。特别是中国"三农"问题既反映世界各国发展的普遍规律，又具有中国独特的民族特征，引起了国外部分学者的高度关注，进而开始聚焦中国"三农"实践，展开了具体深入的研究。

（1）测度中国城乡收入差距及贫困问题。

其一，实证研究中国改革开放以来城乡收入差距的演变趋势、影响因素和发展规律（Ravallion and Chen，2007；Li and Sicular，2014；

Bourguignon and Morrison，1998）；其二，基于宏观和微观视角分析中国农村的贫困程度、影响因素和政策效应（Gustafsson and Li，1998；Rozelle et al.，2000）。

（2）关于中国农业生产问题的研究。

卜凯（2015）从农村农业的生产规模、技术条件、组织形式、农产品竞争力、劳动力状况等方面进行了中美比较研究，发现中国的农业生产技术落后是导致中国农民贫困的根本原因。此外，还有国外学者基于中国数据实证测算分析生产要素、技术进步、制度变迁、自然条件等因素对中国农业和粮食产出增长的贡献（McMillan et al.，1989；Colby et al.，2001）。

（3）关于中国城镇化进程的研究。

白苏珊（2009）探讨农民个体、地方政府及其所处宏观政策环境等因素之间的复杂互动，阐明了我国城镇和乡村工业变革的制度背景，以及农村产权改革的趋势和影响。米勒（2014）考察了农村人口大量流入城市，加速了城镇化进程，促进了城镇和工业服务业的发展繁荣，同时也揭示了城市化进程中所存在的诸如"农民工""城中村"等问题。

（4）关于中国局域"三农"问题的研究。

黄宗智（2000）以中国长江三角洲的家庭小农经济和农村社会发展为研究对象，论述了中国局域"三农"的现实情况和发展变化。杜赞奇（2020）研究了中国华北地区农村的政治改革，提出国家政权的内卷化，即国家将农村纳入政治系统中，国家税收显著增加，而农村效益却呈现递减的态势。

（四）对已有相关文献的评述

鉴于"三农"问题在国家经济社会发展中的重要地位，世界各国都十分重视对该问题的研究。马克思、恩格斯、国内外众多学者都对"三农"相关问题进行了深入研究，提出了许多充分反映时代特征、具有重要时代价值的思想和理论，为更好把握"三农"理论、指导"三农"实践提供了重要指导和有益借鉴。

纵观中国"三农"发展演变历史，国家始终重视"三农"问题，学界也普遍给予了高度关注。特别是党的十九大首次提出乡村振兴战略之后，社会各界围绕该问题进行了深入学习和积极探讨。各地区各部门也在中央政策的指导下进行了卓有成效的实践。但是，由于时间较短，目前理论界关于乡村振兴的研究还处于初步探索阶段，存在一些薄弱环节和关键问题尚需时日加以深入研究。

（1）对马克思主义经典作家关于乡村振兴思想的评述。

马克思、恩格斯运用辩证唯物主义和历史唯物主义的世界观和方法论对资本主义的"三农"问题进行了深刻分析，揭示了其发展规律和演变趋势，并且对未来社会主义和共产主义的"三农"问题进行了科学预测，进而提出了一些重要理论和基本原则。这些"三农"重要思想对指导中国的乡村振兴实践具有重要方法论意义。

然而，马克思、恩格斯的"三农"思想毕竟是基于资本主义国家"三农"典型事实特征对未来社会提出的理论构想，必然受到其所处资本主义社会生产力发展水平和生产关系现状的约束，所以提出的理论更多是带有原则性、一般性、普遍性的基本命题和原理。而中国的乡村振兴已经是该理论提出一个半多世纪之后的伟大实践，时空逻辑已发生翻天覆地的变化，所以不能教条式地囿于马克思、恩格斯的具体论述。

（2）对国内学者关于乡村振兴研究的评述。

自党的十九大提出乡村振兴战略以来，国内学者对于乡村振兴战略相关问题高度关注，多个学科掀起了研究热潮，研究视角不断创新，研究范围逐步拓宽，经过几年的持续深入研究，取得了丰硕成果，为本书开展研究提供了重要参考和直接启发。尽管如此，已有相关研究仍可以从以下三方面找寻增量：

一是对乡村振兴的研究主要集中于对党的十九大报告、中央经济工作会议和中央农村工作会议中有关乡村振兴战略内容的政策性解读，而对于这些政策之间的内在联系，以及政策的本质和规律一定程度上缺乏系统的理论建构和严密的逻辑体系，需在后续研究中加以深化。

二是当前社会各界涌现出了大量的因地制宜实施乡村振兴战略的成果，但对乡村振兴问题的研究存在具体化、操作化的倾向，大量文献是通过对某个地区实践的简单描述来介绍乡村振兴战略的落实情况，缺少理论的升华。在一定程度上，强调了具体性和特殊性，而忽略了一般性和普遍性，因而需要在后续研究中深入展开。

三是对乡村振兴的研究视角比较单一，往往侧重于乡村振兴的某个方面，而对乡村振兴这个大系统没有进行充分的分析和论证，缺乏整体性和协同性，这在一定程度上弱化了对问题本质及规律的把握，不利于提供有效的对策，应对该问题的后续研究给予足够的重视。

（3）对国外学者关于乡村振兴研究的评述。

国外学者通过考察发达国家和发展中国家"三农"实践，在一定程度上揭示了"三农"发展变化规律，总结形成了不同的理论体系，而且还有部分成果以中国"三农"为对象，聚焦农业农村改革的现状和影响，指出了中国"三农"实践存在的问题，为我们更好地研究和解决乡村振兴问题提供了参考和借鉴。

但是，上述研究大多基于资本主义制度"三农"现状而进行，与中国特色社会主义的制度差异必然导致其经济现象解释力和实际问题指导性有所弱化，如果运用不当，甚至会出现南橘北枳的情况。即使是那些专门聚焦中国"三农"问题的研究，也存在着普遍偏向于微观和局部，缺乏宏观整体性，且对中国乡村振兴的理论创新、实践创新和制度创新研究比较薄弱的情况。

三、研究思路和框架

本书从马克思主义政治经济学视角，以习近平总书记关于乡村振兴相关问题的重要思想和重要论述为指导，坚持目标导向和问题导向相统一，理论和实践相结合，揭示问题本质和规律，提出政策建议和实现路径。本书遵循"目标导向引领—重要讲话指导—现实问题分析—解决问题之策"的总体思路构建研究的框架结构，具体步骤如下：

第一，运用马克思主义政治经济学的学科特点和研究优势确立全面推进新时代乡村振兴的本质。马克思和恩格斯指出，马克思主义政治经济学的任务是揭示经济运动的客观规律，就是通过对纷繁复杂的经济现象和经济活动进行考察，探究其内在的、本质的、必然的联系，进而认识把握其规律。习近平总书记也明确指出，学习马克思主义政治经济学基本原理和方法论，有利于认识经济运动过程，把握社会经济发展规律，更好回答我国经济发展的理论和实践问题。这些重要论述都表明，马克思主义政治经济学的独特优势在于透过经济社会发展运动的表层现象揭示其深层本质。全面推进新时代乡村振兴的本质就是立足中国特色社会主义新时代这一历史方位，服务于建设社会主义现代化强国的第二个百年奋斗目标，确立其目标定位，即实现农业农村现代化。

第二，运用系统分析方法阐明实现农业农村现代化的系统结构。一个国家的经济社会结构是一个相互联系、对立统一的有机体，只有深入剖析并充分了解有机体的外部与内部结构，才能找寻行之有效的实现途径。农业农村现代化作为一个大系统，一方面，存在工农城乡紧密联系，产生了"三农"与工业、城市、市民这两大系统的耦合与对立，决定了全面推进新时代乡村振兴需要构建新型中国城乡经济关系；另一方面，存在于"三农"内部的各个子系统的结构特征，具体可以分解为五大现代化目标，即农村产业现代化、农村生态现代化、农村文化现代化、乡村治理现代化、农民生活现代化。

第三，明确实现两大系统目标的指导思想。指导思想是行动的先导和实践的指南。全面推进新时代乡村振兴是立足于中国新时代历史方位的伟大理论和实践课题，新时代中国的经济社会发展必须以习近平新时代中国特色社会主义思想为指导，而就乡村振兴问题而言，必须以习近平新时代中国特色社会主义经济思想、习近平总书记关于"三农"工作的重要论述等马克思主义政治经济学中国化最新成果为指导，重点是对讲话原文进行梳理、选择、归纳、整合，并将其作为分析乡村振兴相关理论和实践的重要基础。

第四，以新时代中国乡村发展实际情况为研究对象，具体考察并实证分析乡村振兴现状，逐个对标农业农村现代化子目标，发现其各个方面存在的问题。结合习近平有关乡村振兴的重要思想和论述，运用马克思主义政治经济学研究方法，按照一定的逻辑分析推演，找寻全面推进新时代乡村振兴的有效对策和实现路径，实现理论与实践的结合以及理论向现实的转化。

四、研究意义和方法

（一）研究意义

1. 理论意义

首先，党的十八大以来，习近平总书记多次强调学好用好马克思主义政治经济学，坚持和发展中国特色社会主义政治经济学，不断完善中国特色社会主义政治经济学理论体系，本书尝试提炼和总结我国乡村振兴的规律性成果，把实践经验上升为系统化的经济学说，这将有助于为我国形成中国特色社会主义政治经济学提供必要素材，从而丰富中国特色社会主义政治经济学理论体系。其次，研究全面推进新时代乡村振兴是对习近平新时代中国特色社会主义思想的应用，这将有利于深化对该理论的应用，推动理论与实践的有机结合和创造性转化。最后，运用马克思主义政治经济学的方法论、最新理论系统研究全面推进新时代乡村振兴这个重大时代课题，有助于在已有研究成果的基础上不断丰富该问题研究内涵，拓展其研究边界。

2. 实践意义

一方面，秉持问题意识，坚持问题导向，本书主要运用系统分析和矛盾分析方法，系统全面地剖析全面推进新时代乡村振兴的现状，分析其取得的成就和存在的问题，有助于更加全面完整地把握乡村振兴的实践状况和发展趋势，进而为提出全面推进新时代乡村振兴有效政策提供可靠的实践基础。另一方面，运用个案分析，对当下我国进行的乡村振兴实践过程中的代表性案例进行实证研究，能够从微观案例的精准解析中详尽把握乡村振兴的具体情况，可以为全面推进新时代乡村振兴实践提供更有针对性的参照样本。总之，通过将乡村振兴宏观研究和微观分析有机结合，将有助于更好揭示其本质、把握其规律，进而为今后卓有成效地推进乡村振兴提供借鉴和指导。

（二）研究方法

本书以习近平新时代中国特色社会主义思想为指导，综合运用马克思主义政治经济学基本原理和方法论以及历史学、社会学、政治学、管理学等学科中的一些相关理论知识，采用多种分析方法，立足全面推进新时代乡村振兴进行研究。具体研究方法有以下五种：

一是辩证唯物主义和历史唯物主义的方法。遵循辩证唯物主义和历史唯物主义的研究方法是全面推进新时代乡村振兴研究的根本要求。在本书中，这将是贯穿整个研究的基本研究方法。

二是系统研究法。乡村振兴是多要素协同作用的系统过程，要按照乡村振兴的总目标，将其分解为内外两个大系统，以及内部五个子系统，从整体的、系统的角度研究乡村振兴问题。

三是文献研究法。全面推进新时代乡村振兴涉及许多重大理论和实践问题，几乎都与习近平总书记的相关重要思想和论述息息相关。所以需要全面查阅、系统整理、准确理解习近平新时代中国特色社会主义经济思想及其关于"三农"工作的重要论述的思想内涵和理论精髓，为本书研究提供重要理论基础。

四是矛盾分析法。新时代乡村振兴在主体、要素、政策等方面都呈现出对立统一的矛盾关系，分析这些变量的矛盾运动将深化彼此的普遍联系，进而探寻合理可行的实现路径。

五是个案研究法。普遍性寓于特殊性之中，采用个案研究有利于具体问题具体分析，实现具体到抽象、特殊到普遍、现象到本质、实践到理论的逻辑跃升，从而加强对乡村振兴规律的把握。

·第二章·
全面推进新时代乡村振兴的
政治经济学基础

> 农业、农村、农民问题，即"三农"问题，是关系国计民生的根本性问题，也是进行学术研究的重要理论和实践问题。立足新时代中国"三农"发展实际情况，运用马克思主义政治经济学的立场、观点、方法，充分依托习近平总书记关于"三农"工作的重要论述，以新发展理念为统领，走中国特色社会主义乡村振兴道路，以"五个振兴"为抓手，以"五大现代化"为目标，从马克思主义政治经济学视角构建全面推进新时代乡村振兴的整体性分析框架。

一、马克思主义政治经济学的重要理论品格

走中国特色社会主义道路必须坚持马克思主义的理论指导，中国特色社会主义政治经济学理论体系的构建也必须以马克思主义的基本原理和方法论为指导。马克思主义政治经济学是一套深刻、宽广、辩证、开放的理论体系，有以狭窄、封闭、细致、精密为主要特征的西方主流经济学说所无法比拟的巨大优势。[①] 习近平总书记明确指出，坚持和发展中国特色社会主义政治经济学要以马克思主义政治经济

---

① 蔡昉、张晓晶：《构建新时代中国特色社会主义政治经济学》，中国社会科学出版社2019年版，第16页。

学为指导。马克思主义政治经济学不是静止不变的学说,恰恰相反,它是随着时代发展、实践变化、科学进步而与时俱进的科学理论。在新时代,马克思主义政治经济学依然具有强大生命力和独特理论优势。

(一) 马克思主义政治经济学奠定了分析问题的根本立场

马克思主义政治经济学从不隐瞒自己的根本立场、政治主张、价值取向,中国特色社会主义政治经济学同样具有一致的鲜明立场,两者都以实现绝大多数人的利益为出发点和归宿。在新时代,我国实现"两个一百年"的奋斗目标和中华民族伟大复兴中国梦的宏伟目标必须始终坚持以人民为中心的发展理念,坚守正确立场。马克思主义政治经济学理所应当成为我国经济社会发展的指导思想。

(二) 马克思主义政治经济学重视对现实问题进行本质分析

马克思主义政治经济学总是力图透过错综复杂、纷繁多样的经济现象,从人与物之间的关系,分析其内在联系和客观规律,进而揭示出隐藏在经济社会表层现象之下的深层本质。新时代,面对中华民族伟大复兴战略全局和世界百年未有之大变局的内外部环境,我们要"不畏浮云遮望眼",形成善于揭示本质和把握规律的能力。马克思主义政治经济学无疑为我们提供了重要的方法论指导。

(三) 马克思主义政治经济学重视对经济利益的矛盾分析

"人类奋斗所争取的一切,都与他们的利益有关。"[①] 经济利益是一切经济活动的核心,马克思主义政治经济学强调经济利益矛盾的发展是决定经济关系变化趋势的直接原因。在新时代,我国利益主体多元化和利益关系复杂化,更需要运用马克思主义政治经济学的分析方法来研究新情况、新问题。

---

① 《马克思恩格斯全集》第 1 卷,人民出版社 1956 年版,第 82 页。

（四）马克思主义政治经济学重视生产力与生产关系相互关系的研究和运用

马克思主义政治经济学既考察经济社会运行过程中生产方式对生产关系的影响，又分析生产关系对生产力的反作用。在新时代，社会主要矛盾转化为人民日益增长的美好生活需要和不平衡不充分的发展之间的矛盾，其实质是生产力和生产关系的矛盾表现。需要把生产力和生产关系放在同等重要的地位，既要大力发展社会主义国家生产力，不断提高劳动生产率，创造更多社会财富，满足人民群众美好生活需要，彰显社会主义制度优越性；又要调整生产关系，全面深化改革，创新各项体制机制，更好适应并推动生产力的发展，逐步实现共同富裕的目标。以上社会主义目标的实现离不开政治经济学的指导。

（五）马克思主义政治经济学具有鲜明的开放性和包容性

经过一个半多世纪的实践检验，充分证明马克思主义政治经济学的科学性和真理性，也体现其开放性和包容性，它将经济分析的视野置于历史发展的宏阔背景之下，把技术、制度、人口、偏好、预期等因素视为内生变量，从而构建了一个博大精深、海纳百川的理论结构。在新时代，我国经济社会发展处于前所未有的快速发展变革时期，其深度和广度超过了已有的任何国家和时代，我们需要在坚持马克思主义政治经济学基本原理的基础上，结合我国国情和实践进行理论创新，为我国的实践创新提供磅礴动力。

总之，马克思主义政治经济学奠定了分析中国经济现象的指导思想和逻辑基础。但它并不是教条，也没有穷尽一切真理。恩格斯深刻指出："马克思的整个世界观不是教义，而是方法。它提供的不是现成的教条，而是进一步研究的出发点和供这种研究使用的方法。"[①] 马克思主义政治经济学的立场、观点、方法及其基本原理将有助于观察、分析、解决我国的现实问题。

---

① 《马克思恩格斯文集》第10卷，人民出版社2009年版，第691页。

二、中国特色社会主义新时代标识我国发展新方位

党的十八大以来，中国特色社会主义进入新时代。党的十九大报告从五个方面对新时代的内涵进行了深刻阐述：第一，承前启后、继往开来、在新的历史条件下继续夺取中国特色社会主义伟大胜利的时代。这里以深邃的历史视角指出了新时代和历史的关系，新时代不是一个简单的历史学上的时代划分的概念，也不是割裂历史、另起炉灶，而是从我们党和国家事业发展的角度来划分的，是在前人已有成就的基础上继续奋斗。第二，决胜全面建成小康社会、进而全面建设社会主义现代化强国的时代。这里指明了新时代的历史任务，新时代就是要紧紧围绕历史任务而谋篇布局、开展工作，为胜利完成新任务开启新的征程。第三，全国各族人民团结奋斗、不断创造美好生活、逐步实现全体人民共同富裕的时代。这里揭示了新时代与人民的关系，完成新时代的任务要紧紧依靠广大人民群众，同时发展的目的是实现全体人民共同富裕。第四，全体中华儿女勠力同心、奋力实现中华民族伟大复兴中国梦的时代。这里阐明了新时代与中华民族的关系，从更加宏大的视野标明新时代的目标就是实现中华民族伟大复兴。第五，我国日益走近世界舞台中央、不断为人类作出更大贡献的时代。这里指明新时代与世界的关系，昭示伴随着中国国际地位的提高，中国将会在国际舞台上发挥更大作用，为人类贡献更多中国价值。

党的十九大报告指出，中国特色社会主义进入新时代，意味着近代以来久经磨难的中华民族迎来了从站起来、富起来到强起来的伟大飞跃，迎来了实现中华民族伟大复兴的光明前景；意味着科学社会主义在 21 世纪的中国焕发出强大生机活力，在世界上高高举起中国特色社会主义伟大旗帜；意味着中国特色社会主义道路、理论、制度、文化不断发展，拓展了发展中国家走向现代化的途径，给世界上那些既希望加快发展又希望保持自身独立性的国家和民族提供了全新选择，

为解决人类问题贡献了中国智慧和中国方案。[①]

中国特色社会主义进入新时代这一重大政治判断，明确了我国发展新的历史方位，赋予党的历史使命、理论遵循、目标任务以新的时代内涵，为我们深刻分析、科学把握当代中国发展变革的新特征，提供了时代坐标和科学依据。理解这一判断提出的理论依据、实践依据、时代依据有助于阐明其形成逻辑。

（一）中国特色社会主义进入了新阶段

党的十八大以来，以习近平同志为核心的党中央科学把握时代大势，顺应实践要求和人民愿望，举旗定向，开拓创新，砥砺奋进，推动党和国家事业发生历史性变革，取得了建设中国特色社会主义各项事业的历史性成就。其变革力度之大、范围之广、效果之显著、影响之深远，在党的历史上、在新中国发展史上、在中华民族发展史上都具有开创性意义。目前，我国站在了新的历史起点上，中国特色社会主义进入了新阶段。这个新阶段既是新中国成立70多年特别是改革开放40多年发展的继承接续，又具有许多与时俱进的新特征，比如党和国家的发展环境和条件出现巨大变化、发展要求和任务需要极大提高、发展战略和理念实现重大创新等。

（二）我国社会主要矛盾发生了新转化

习近平总书记在党的十九大报告中指出，中国特色社会主义进入新时代，我国社会主要矛盾已经转化为人民日益增长的美好生活需要和不平衡不充分的发展之间的矛盾。这个论断，准确反映了我国发展的实际情况，正确揭示了我国发展的制约因素，科学指明了我国发展的解决之道。一方面，从需求端来看，伴随我国经济社会持续发展，人民群众的生活水平显著提高，需求也由以前主要的物质和文化需要跃升至民主、法治、公平、正义、安全、环境等更广泛、更多样、更高级的需要。另一方面，从供给端来看，由于社会主义制度优势，我

---

① 习近平：《决胜全面建成小康社会 夺取新时代中国特色社会主义伟大胜利——在中国共产党第十九次全国代表大会上的报告》，人民出版社2017年版，第10-11页。

国社会生产力水平显著提高，社会生产能力在很多领域进入世界前列，但仍存在着发展不平衡不充分的问题，这是影响我国未来发展目标实现的主要障碍。我国社会主要矛盾发生转化，必将对我国发展全局产生广泛而深刻的影响。

（三）我们党的奋斗目标确立了新要求

我们党自建立之日起，就确立了其最终理想和奋斗目标，并且在各个历史时期，根据经济社会发展实际情况与时俱进地对其进行分解、调整、优化，明确短期、中期、长期目标。进入新时代，我国首先要在 2020 年全面建成小康社会，实现第一个百年奋斗目标，进而乘势而上，开启全面建设社会主义现代化国家新征程，向第二个百年奋斗目标进军。党的十九大对决胜全面建成小康社会提出明确要求，同时将实现第二个百年奋斗目标分为两个阶段。第一个阶段，从 2020～2035 年，在全面建成小康社会基础上，再奋斗 15 年，基本实现社会主义现代化；第二个阶段，从 2035 年到 21 世纪中叶，在基本实现现代化的基础上，再奋斗 15 年，把我国建成富强民主文明和谐美丽的社会主义现代化强国。这是新时代中国特色社会主义发展的战略安排，是建成社会主义现代化强国的时间表和路线图，为我国各项工作的部署和开展提供了战略指引。

（四）我国发展面临的国际环境发生了新变化

世界正处于大发展大变革大调整时期，我国仍处于重要战略机遇期，前景十分光明，挑战也十分严峻。在我国实现由大变强的历史关键点，我国国际地位和影响日益提高，我国要顺应全球开放融通的国际大势，主动扩大对外开放，积极参与全球治理，充分获取全球化红利。同时，国际环境错综复杂，世界进入动荡变革期。今后一个时期，我们将面对更多逆风逆水的外部环境，必须做好应对一系列新的风险挑战的准备。现在，我国发展同外部世界的关联性、交融性、互动性不断增强，正日益走近世界舞台的中央。客观研判这一新变化有利于我们统筹两个大局、开拓两个市场、运用两种资源，从而为我国各项事业发展创造更大空间。

三、新时代中国乡村振兴的政治经济学逻辑

历史和现实都证明，我国经济社会发展在各个时期都取得了巨大发展成就，一条重要的经验是，我国善于把马克思主义政治经济学基本原理同我国经济社会发展实际相结合，不断推动马克思主义政治经济学中国化与时代化，不断进行理论创新，形成中国特色社会主义政治经济学和习近平新时代中国特色社会主义思想，成为指导新时代我国经济社会发展的理论遵循和实践指南。在新时代，面对错综复杂的国内外环境、纷繁多样的经济现象，我们依然需要学好用好马克思主义政治经济学。运用马克思主义政治经济学研究全面推进新时代乡村振兴这一重大理论和实践问题，能够更好地阐明其逻辑机理，揭示问题本质，提供路径对策。

（一）新时代中国乡村振兴的必要性

党的十九大报告首次提出乡村振兴战略，并对新时代"三农"工作进行了全面部署。2017 年底，召开中央农村工作会议，贯彻落实党的十九大精神，对实施乡村振兴战略谋篇布局。2018 年中央一号文件《关于实施乡村振兴战略的意见》，提出了实施乡村振兴战略的具体举措，形成了乡村振兴的时间表和路线图。这是我们党深刻把握现代化建设规律和城乡关系变化特征，顺应亿万农民对美好生活的期待，从党和国家事业发展全局作出的一项重大发展战略，是全面建成小康社会，建设社会主义现代化国家的必然选择，也是实现农业农村现代化的必然要求。

1. 乡村振兴是我国新的历史方位决定的重大使命

中国特色社会主义新时代是我国发展新的历史方位。在中国共产党成立 100 周年之际，我们党如期兑现全面建成小康社会、实现第一个百年奋斗目标的庄严承诺。在此基础上，再奋斗 30 年，到新中国成立 100 周年时，把我国建设成为社会主义现代化强国。基于我国的奋斗目标和发展战略，党的十九大报告对我国社会主义建设发展的中心任务作出了重大判断，即"中国特色社会主义进入新时代，我国社会

主要矛盾已经转化为人民日益增长的美好生活需要和不平衡不充分的发展之间的矛盾"。所以，在新时代，党和国家的工作中心要始终围绕这个主要矛盾开展。

习近平总书记指出："从实践看，发展不平衡，最突出的是城乡发展不平衡；发展不充分，最突出的是农村发展不充分。"[①] 这一重要科学判断表明，在实现"两个一百年"奋斗目标进程中，推动农业农村与城镇协调发展，是我们必须完成的重要任务，这也是乡村振兴战略提出的大背景。乡村振兴战略的提出，是我们党在新时代对"三农"工作提出的新任务、新要求，其实质是把坚持新发展理念，按照高质量发展要求，统筹推进"五位一体"总体布局，协调推进"四个全面"战略布局的指导思想，贯彻落实到我国农业农村工作中去。党的十九大提出乡村振兴战略，要始终把"三农"问题作为全党工作的重中之重，采取切实有力的举措，优先发展农业农村，拉长"四化同步"发展中农业这条短腿，补齐全面建成小康社会进程中农村这块短板，使农业农村现代化成为国家现代化的重要基础与根本标志。

2. 我国基本国情决定了乡村不能衰败

综观世界各国发展历史，在经历漫长的以农业经济为主导的自然经济时代之后，工业化和城镇化逐渐成为实现国家现代化的强大动力和必由之路，这个规律具有一定的普遍性。然而，世界各国在资源禀赋、初始条件、发展水平、社会制度、文化传统等方面都存在差异，因此在实现现代化的进程中，我们既要借鉴发达国家的有益经验，又要基于我国城乡关系发展变化的实际情况来推进中国特色社会主义农业农村现代化。习近平总书记指出："在现代化进程中，城的比重上升，乡的比重下降，是客观规律，但在我国拥有近14亿人口的国情下，不管工业化、城镇化进展到哪一步，农业都要发展，乡村都不会消亡，城乡将长期共存，这也是客观规律。即便我国城镇化率达到70%，农村仍将有4亿多人口。如果在现代化进程中把农村4亿多人落下，到头来'一边是繁荣的城市、一边是凋敝的农村'，这不符合我们

---

① 中共中央党史和文献研究院：《习近平关于"三农"工作论述摘编》，中央文献出版社2019年版，第43页。

党的执政宗旨，也不符合社会主义的本质要求。这样的现代化是不可能取得成功的！"[1]

按照联合国的统计数据，截至 2020 年底，世界上超过 1 亿人口的国家共有 14 个，其中已经成为经济发达国家的只有美国和日本。但是，美国人口约 3.30 亿，不足我国的四分之一；日本人口约 1.26 亿，不足我国的十分之一。

（1）我国是一个国土面积广阔和人口规模巨大的国家。

我国国土面积约 960 万平方千米，地域广阔且地形地貌复杂多样，不同地区的资源禀赋、区位条件、发展水平等各不相同，特别是城市和农村在基础设施、公共服务、收入消费等方面存在明显差距，农村普遍落后于城市。另外，我国是人口大国这一事实决定了我国不可能实现百分百的城市化，任何时候都有一部分人要生活在农村。正如习近平总书记指出的那样，即使将来城镇化率达到 70%，全国仍将有 4 亿多人生活在农村。这些基本特征决定了我国实现农业农村现代化的必要性，因为"农业强不强、农村美不美、农民富不富，决定着全面建成小康社会的成色和社会主义现代化的质量"。所以，我国农业人口始终会占总人口较高比例，决定了我国的现代化一定要走符合我国发展规律的独特道路。

（2）中国城镇化进程具有独特的复杂性。

随着城镇化的推进，农村人口会逐步转移到城市，农村人口会逐渐减少，有些村庄也会由于各种原因逐渐消失，但这是一个"产业、人口、土地、社会、农村"五位一体互动式过程，更是一个渐进的历史过程，不可能一蹴而就。[2] 按照一般规律，城镇化一般会经历城市化、郊区城市化、逆城市化和再城市化的过程。然而，我国的城镇化过程具有其特殊性，1949~1960 年，城镇化速度和进程比较正常，城镇人口的比重从 10.64% 提高到 19.75%。但是从 1961 年开始出现了逆城镇化，之后严格的城乡户籍制度限制了农村人口向城市的转移，强

---

① 中共中央党史和文献研究院：《习近平关于"三农"工作论述摘编》，中央文献出版社 2019 年版，第 44 页。

② 陈锡文、罗丹、张征：《中国农村改革 40 年》，人民出版社 2018 年版，第 486 页。

化了"二元经济"特征，致使我国的城镇化率长期徘徊在 17%，直至改革开放。以计划体制向社会主义市场经济体制转型为主要特征的改革开放持续推进了城镇化。如果按常住人口计算，我国城镇化率从 1978 年开始以每年约 1 个百分点的速度持续增长，2011 年第一次超过 50%，到 2017 年达到 58.52%。[①] 2011~2016 年，虽然城镇化率总体处于上升趋势，但增速明显放缓。这说明中国农业转移人口城镇化进程十分复杂，全面推进新时代乡村振兴需要走符合实际的中国特色道路。

（3）中国乡村承载着城市之外的其他主要功能。

在一个国家或地区，特别是中国这样的超大经济体，城市和乡村是一个整体，两者在经济、社会、文化、生态等方面承载着不同功能，这些功能对国家整体发展都是不可或缺的，只有形成城乡之间不同功能的互补，才能使整个国家的现代化进程持续健康发展。因此，不管城镇化推进发展到什么程度，乡村永远不能被完全代替，不可消失。具体而言，城市的功能主要是积聚人口、资金、技术、产业，从而形成显著的积聚效应、规模效应、网络效应，使劳动力、土地、资本等生产要素的使用效率更高，成为经济发展的重要动力，起到带动一个地区乃至国家经济社会发展的作用。而乡村的主要功能则是为城市提供生态屏障，为社会成员提供基本的农产品，保存国家和民族自己源远流长的优良传统、习俗人文和历史文化，具有文明传承的功能。从某种意义上说，城市和乡村是一个命运共同体，这两种功能共生共存、缺一不可，如果我国只重视城市的建设而忽视了农村，全面小康社会就不可能建成，社会主义现代化国家就不可能实现。我国经济持续多年高速增长，人均 GDP 不断跃上新台阶，从 2003 年开始我国人均GDP 超过 1000 美元，2006 年超过 2000 美元，2008 年超过 3000 美元，2012 年超过 6000 美元，2020 年超过 10000 美元。这对农业农村功能提出了更高要求，不仅需要保证 14 亿人口对农产品数量和质量的基本需求，而且需要拓展其功能外延，在环境保护、文化传承、社会保障、经济缓冲等方面承担更多、更大的任务。

---

① 陈锡文、罗丹、张征：《中国农村改革 40 年》，人民出版社 2018 年版，第 486 页。

3. 我国发展的阶段性特征要求乡村必须振兴

当前我国经济由高速增长阶段转向高质量发展阶段。这种经济发展特征的新变化给我国城乡关系带来显著影响，之前我国主要是通过将农村剩余劳动力转移到城市从事非农产业，借助城市化和工业化实现农民增收致富，一定程度上解决了农民问题。但是这种途径正在遭遇一定的现实困境，户籍人口城镇化率比常住人口城镇化率低意味着虽然有些农业户籍人口已经在城镇居住和生活，但尚未落户城镇。尽管我国正在积极推进这项工作，但如此大规模的城镇化，必然涉及城镇基础设施和公共服务等多方面的供给和平衡，不可能在短时间内完全解决，需要有足够的历史耐心。

诚然，解决我国"三农"问题，确实要依靠城镇化，但也绝不能只依靠城镇化。随着我国经济进入新常态，经济增速放缓，产业结构升级，对劳动力的需求结构势必发生相应变化，农民工外出就业的成本也在逐年上升，一定程度上制约了农民工市民化步伐。所以，我国"三农"问题除了借助城镇化外力拉动，还必须寻求乡村自身优势并激发其内生动力，这将是未来的主要途径和手段。而这种动力转向有着充分的客观条件和坚实的物质基础。随着经济持续快速发展，我国城镇居民的收入水平和消费能力都有了明显提升，新的消费需求必然催生新的产品和服务供给。私家车的普及意味着大量的城镇人口借助交通工具可以大大延伸活动半径，加之我国社会主义新农村建设的持续推进，农村的水、电、路、气、通信等基础设施都在提档升级，客观上对城市居民形成了较大吸引力，将农村异于城市的别具一格的生态、生活、文化、旅游等潜在消费力顺利转化为现实的消费力。这种城镇新消费引致的农村新产业、新业态将为农民创造更加广阔多元的就地就业增收机会。

实施乡村振兴战略，就要客观全面地看待当前农村的现状，不能人云亦云、以偏概全，更不能道听途说、妄下结论。据国家电网公司对其经营区域内居民房屋空置率（年用电量低于 20 千瓦时）的统计，2017 年城镇居民房屋空置率为 12.9%（其中大城市为 11.9%，小城市为 13.9%），而乡村居民的住房空置率为 14%。第三次农业普查数据显示，在农业经营人员中，男性占 52.5%，35 岁以下人员占 19.2%，36~

54 岁人员占 47.3%，55 岁及以上人员占 33.6%。[①] 我国农村各地的情况差异性很大，要根据实际情况，因地制宜，精准分析，科学施策。

在新时代，我国农业科技水平大幅提升，农业机械化逐步推广普及，农业社会化服务体系日益健全，农民投入农业生产的劳动强度在逐步降低，劳动时间也不断减少，使得原本必须由青壮年劳动力才能胜任的一些农业生产劳动，老人和妇女也能顺利完成。这样就能使青壮年劳动力有更充裕的时间外出务工经商、兼业挣钱，也可以在农村从事第二、第三产业，开拓就业创业新机会，为城镇居民提供新需求。农民的收入渠道随之拓宽，收入水平必将提高，乡村振兴指日可待。

4. 新时代农业农村仍然是我国实现"两个一百年"奋斗目标的薄弱环节

习近平总书记指出："没有农业现代化，没有农村繁荣富强，没有农民安居乐业，国家现代化是不完整、不全面、不牢固的。"[②] 因此，为实现"两个一百年"奋斗目标，农业、农村、农民各方面都不能落下。然而，当前我国的"三农"工作还存在不少薄弱环节，我们需要高度重视，认真对待。

（1）农业供给质量和效益亟待提升。

与发达国家相比，目前，我国农业生产能力基础依然薄弱，耕地质量保护和提升任务艰巨，全国耕地一半以上为中低产田，高标准农田面积亟需扩大；农田水利总体水平和发展质量仍然不高；农机产品的可靠性、适用性有待提升，农机农艺融合不够，集成配套的全程机械化体系研究有待加强；种子的高效性、稳定性、安全性还需提升；科技进步贡献率和科研成果转化率远低于发达国家水平。

目前，我国农产品阶段性供过于求和供给不足并存，其症结在于农业结构性矛盾，供给质量和效益不高。一方面，农业中低端供给导致农产品缺乏知名品牌和核心竞争力，容易产生供过于求的情况，形成过度竞争，最终损害农业生产者利益；另一方面，农业缺乏高端供

---

① 陈锡文、罗丹、张征：《中国农村改革 40 年》，人民出版社 2018 年版，第 489 页。

② 中共中央党史和文献研究院：《习近平关于"三农"工作论述摘编》，中央文献出版社 2019 年版，第 32 页。

给，不能很好满足高品质的生活需要，同时，由于高质量供给不足，生产者无法获得高额的创新收益。我国粮食供求中的突出矛盾，体现为大豆供求缺口太大。2017 年，我国大豆产量为 1500 万吨左右，但大豆进口量达到了 9553 万吨，即 85% 以上的需求依赖国际市场供给。2002 年我国大豆亩产量曾经达到历史最高点的 252 斤，此后的亩产就再也没有突破 250 斤。假如 2017 年的大豆进口量完全实行进口替代，需要占用耕地面积 7.6 亿亩，对我国而言，这绝无可能。所以，要降低大豆的对外依存度，增加我国的自给能力，应通过技术创新增加亩产量。目前，我国有些新品种的大豆亩产在试种中已经达到了 800 斤以上，关键是种子的繁育和栽培技术的推广，如果达到普遍应用，大豆供求缺口太大的问题就会迎刃而解。[①] 此外，农业种植中偏重粮食作物，多种经营发展不足，农业产业链较短和价值链低端，以及农业的规模效益尚未得到合理充分体现等是制约农业增值的主要瓶颈。

（2）农村基础设施和民生领域欠账有待解决。

现阶段，我国城乡发展不平衡最直观的表现是基础设施和公共服务存在较大差距。一方面，由于我国社会在长期发展中逐渐形成了城市偏向的发展战略，大量投资投向城市，农村投资严重不足，农村的基础设施亟需提档升级。进入新时代，随着城乡协调发展的新要求，原有的农村公路、水利设施、电网电路、通信物流等传统设施已经不适应新时代农村居民生产生活的需要。尤其是少数民族地区、偏远地区、革命老区等经济社会发展欠发达的地区，基础设施"最后一公里"的问题十分突出。基础设施的落后和通达程度的低下严重制约了农村与外界在产品、人才、资金等方面的双向流动。

另一方面，农村基本公共服务水平与城市有较大差距。农村的教育投入、教学设备、教室宿舍、师资队伍等均处于较低水平，有较大的提升空间；农村的医疗保障水平明显偏低，因病致贫、因病返贫问题突出，农民工在外参加城镇职工医疗保险者不足 30%；农村居民的养老保障水平仅相当于城镇居民的 1/20，有超过 1 亿农民工未参加城镇职工养老保险，有 1.5 亿农民游离于城乡居民基本养老保险之外；

---

① 陈锡文、韩俊：《乡村振兴制度性供给研究》，中国发展出版社 2019 年版，第 4-5 页。

农民的最低生活保障标准低于城镇水平。

（3）农村生态和环境问题比较突出。

习近平总书记曾经指出，良好生态环境是农村最大优势和宝贵财富。然而，当前我国农村的生态环境问题则是制约"农村美"目标的主要障碍。一方面，我国资源利用强度持续走高，资源承载力逼近或接近上限，生态环境特别是大气、水、土壤污染严重。目前，我国农业用水的平均缺口达到 300 亿立方米，近年来全国地下水平均超采 228 亿立方米。各地区水资源分布极不平均，北方地区的粮食产量占全国粮食总产量已经超过 60%，但水资源总量占比仅有 7%，华北平原因地下水超采成为世界最大地下水漏斗区，严重威胁该地区生产生活的持续健康发展。与此同时，70% 以上的江河湖泊受到不同程度的污染，其中被严重污染的河湖数量占比约为 40%，地下水质量较差和极差的比重高达 57% 左右。全国耕地土壤点位超标率达 19.4%，被重金属污染的耕地有 3 亿亩。根据第四次全国荒漠化和沙化检测数据，截至 2009 年底，全国荒漠化土地面积 262.37 万平方千米，沙化土地面积 173.11 万平方千米，分别占我国国土总面积的 27.33% 和 18.03%。全国现有土壤侵蚀面积 357 万平方千米，占国土总面积的 37.2%。[①]

另一方面，我国在农业生产过程中粗放式生产特征明显，对于化肥农药的超标使用不仅影响到了农产品的质量，降低了其安全、绿色、优质的标准，弱化了市场竞争力，而且造成土壤质量的破坏，需要较长时间修复，才能恢复和提高其肥力。

（4）农村精神文明建设任重道远。

源远流长、绵延悠久的中华民族，创造了多姿多彩、灿烂辉煌的中华文明，为人类文明进步作出了重大贡献。习近平总书记强调："乡村文化是中华民族文明史的主体，村庄是这种文明的载体，耕读文明是我们的软实力。"[②] 但是，自改革开放以来，随着农村联产承包责任制的推行，集体经营不断弱化，加之随着社会主义市场经济的建立和

---

① 陈锡文、罗丹、张征：《中国农村改革 40 年》，人民出版社 2018 年版，第 492 页。

② 习近平：《在中央城镇化工作会议上的讲话》，载中共中央文献研究室编《十八大以来重要文献选编（上）》，中央文献出版社 2014 年版，第 605 页。

发展，农村原有的生产生活方式受到很大冲击，农民的利益关系日趋多元复杂，产生了许多新问题。

现如今，我国不少地方的农村，人们的国家观念和集体观念虚化；个人主义、利己主义、功利主义、自由主义等思潮甚嚣尘上；仁爱、义利、孝悌、节俭等传统美德弱化；公德意识、法制意识、责任意识、诚信意识等观念淡化；低俗文化、大操大办、红白喜事盲目攀比、厚葬薄养等陈规陋习盛行。农村甚至出现了境外宗教势力加强渗透、宗教极端思想蔓延、非法宗教活动猖獗等现象，这些现象有的已经损害了农民的正常生产生活，影响了农村社会的稳定与和谐，需要我们明辨是非、提高警惕，正确处理。

（5）农村治理效能亟须提高。

党的十九届四中全会审议通过《中共中央关于坚持和完善中国特色社会主义制度、推进国家治理体系和治理能力现代化若干重大问题的决定》，这是新时代我国制度建设和完善的重大成果。由于我国长期存在"二元经济"结构，城市的经济社会发展水平长期走在农村前列，城市治理体系不断完善，治理水平和治理能力逐步提高。相较而言，农村的各项建设处于相对落后的状态，特别是乡村治理水平和治理能力落后，这既是乡村发展滞后的重要表现，也是其产生的主要原因。

鉴于农村在我国全局发展中的重要地位和作用，乡村治理是国家治理的基石，也是乡村振兴的基础。随着工业化、信息化、城镇化、市场化、国际化的深入发展，我国农村发展正面临巨大挑战，农村社会结构深刻转型，农村经济体制深入转轨，农民利益关系深度调整，新的问题和矛盾相继产生，交织演化，影响农村和谐稳定的因素在不断叠加。由于农村很多地区的集体经济薄弱，成为"空壳村"，导致大量农村基层政权组织成为"悬浮型"组织，名存实亡。基层党组织领导的弱化又会诱发宗教、宗族、村霸等破坏力量的滋生和介入。所以，"散"成了当前农村社会结构的基本特征，亟须巩固和加强农村党组织建设，完善乡村治理体系，提高乡村治理效能。

（6）农民生活水平相对落后。

改革开放以来，我国城乡居民收入普遍显著提高，但两者差距仍然较大，农村居民的收入水平明显落后于城市居民。无论是从城乡收入水平还是从城乡居民消费水平来看，农民生活水平都相对落后于城市居民。除农村和城市两者之间，农村内部发展也存在差距，呈现一定的不平衡。

(二) 新时代中国乡村振兴的有利条件

中国特色社会主义进入新时代，乡村迎来了难得的发展机遇，我们有党的领导的政治优势，有社会主义的制度优势，有亿万农民的创造精神，有强大的经济实力支撑，有历史悠久的农耕文明，有旺盛的市场需求，为全面推进新时代乡村振兴创造并提供了有利条件和坚实基础，确保我国能够推动农业全面升级、农村全面进步、农民全面发展，进而谱写新时代乡村振兴新篇章。[①]

1. 习近平总书记关于"三农"工作的重要论述提供根本理论保障

长期以来，习近平总书记在治国理政实践中，就做好我国"三农"工作提出一系列新理念、新思想、新战略，这些重要论述是实践经验的科学总结和理论结晶，是对中国共产党历代领导人"三农"思想的继承和发展，是习近平新时代中国特色社会主义思想的重要组成部分，是我国新时代"三农"工作的理论指导和行动指南，必须认真学习领会，全面贯彻落实。

党的十八大以来，习近平总书记站在全面建成小康社会和实现中华民族伟大复兴的战略高度，高度重视"三农"工作，强调把"三农"问题作为全党工作的重中之重，提出一系列新论断、新战略、新要求。主要内容包括"三农"工作的重要地位、国家粮食安全、稳定和完善农村基本经营制度、城乡融合发展体制机制、深化农村改革、中国特色农业现代化、新农村建设、扶贫开发与脱贫攻坚、加强和改善党对农村工作的领导等多个方面，内涵丰富，思想深刻。

在党的十九大报告中，首次提出实施乡村振兴战略，并把乡村振兴战略作为新时代"三农"工作的总抓手和新旗帜，详细描绘了到2050年实现社会主义现代化进程中"三农"事业发展的时间表和路

---

① 《中共中央　国务院关于实施乡村振兴战略的意见》，人民出版社 2018 年版，第 3-4 页。

线图，规划了我国在各个关键历史节点达到的具体目标，为指导乡村振兴提供了遵循。党的十九大报告指出，农业、农村、农民问题是关系国计民生的根本性问题，必须始终把解决好"三农"问题作为全党工作重中之重；要坚持农业农村优先发展，按照产业兴旺、生态宜居、乡风文明、治理有效、生活富裕的总要求，加快推进农业农村现代化。

党的十九大之后，习近平总书记根据我国"三农"工作的实际情况，与时俱进提出一些新论述。在 2017 年底召开的中央农村工作会议上，习近平总书记系统阐述了实施乡村振兴战略的重大意义和深刻内涵，提出了走中国特色社会主义乡村振兴道路的新命题，即重塑城乡关系，走城乡融合发展之路；巩固和完善农村基本经营制度，走共同富裕之路；深化农业供给侧结构性改革，走质量兴农之路；坚持人与自然和谐共生，走乡村绿色发展之路；传承发展提升农耕文明，走乡村文化兴盛之路；创新乡村治理体系，走乡村善治之路；打好精准脱贫攻坚战，走中国特色减贫之路。[①] 2018 年全国"两会"期间参加山东代表团审议时，习近平强调要推动乡村产业振兴、人才振兴、文化振兴、生态振兴、组织振兴。2020 年中央农村工作会议上，基于"立足新发展阶段、贯彻新发展理念、构建新发展格局"的时代要求，习近平总书记指出，从中华民族伟大复兴战略全局看，民族要复兴，乡村必振兴。从世界百年未有之大变局看，稳住农业基本盘，守好"三农"基础是应变局、开新局的"压舱石"。构建新发展格局，把战略基点放在扩大内需上，农村有巨大空间，可以大有作为。要坚持用大历史观看待农业、农村、农民问题，只有深刻理解了"三农"问题，才能更好理解我们这个党、这个国家、这个民族。必须看到，全面建设社会主义现代化国家，实现中华民族伟大复兴，最艰巨最繁重的任务依然在农村，最广泛最深厚的基础依然在农村。[②]

习近平总书记关于我国乡村振兴的重要论述，科学回答了为什么

---

① 《中央农村工作会议在北京举行》，《光明日报》2017 年 12 月 30 日。
② 《必须把解决好"三农"工作作为全党工作重中之重 促进农业高质高效乡村宜居宜业农民富裕富足》，《光明日报》2020 年 12 月 30 日。

要振兴乡村、怎样振兴乡村等一系列重大理论和实践问题，是我们党"三农"工作理论创新的最新成果，是指导我国新时代"三农"工作的重要理论和政策依据，为全面推进新时代乡村振兴提供了根本理论保障。

2. 新时代经济社会发展巨大成就奠定坚实物质基础

改革开放以来，我国工业化、城镇化、现代化水平显著提高，经济实力和综合国力跃升新台阶。2020 年中国国内生产总值达 101.36 万亿元，全国财政一般公共预算收入达 18.29 万亿元。其中，中央一般公共预算收入 8.28 万亿元，地方一般公共预算本级收入 10.01 万亿元。2020 年全国财政收入是 1978 年的 161.5 倍。国家和地方财力的提升为支持农业农村发展提供了物质条件。

从我国产业结构演进趋势来看，与"配第-克拉克定理"阐述的规律相一致，即一二三产业呈现递次演变的趋势，三大产业结构逐步优化。我国第一产业所占比重从 1978 年的 28.2% 下降到 2017 年的 7.9%，农业增加值占比已经降到 10% 以下。与之相应，2017 年我国第二产业和第三产业的增加值分别占到当年 GDP 总量的 40.5% 和 51.6%。这表明，我国工业体系日益健全，工业结构逐步优化，服务业特别是生产性服务业持续发展，以上产业的发展均能为农业生产和农村发展提供更多更好支持。同时，产业的转型升级必然引致需求结构的相应变化，创造新的需求，从而激发居民对农村优良生态、优秀文化、优质产品的需求，为农业农村进一步发展创造新型产业机会。产业结构变动也会引发人口结构和就业结构的相应变化，2017 年我国常住人口城镇化率达 58.52%，城镇就业人口比重达 54.69%，参照国际经验，在未来较长时间，我国城镇化的进程仍不会停止，农村人口向城镇转移的趋势也将会继续。当第二、第三产业和城镇人口逐渐趋于饱和，农业和乡村就需要吸引人才、资金、技术等生产要素流向乡村，进而带动乡村振兴。

从投资的比较优势来看，新时代乡村的吸引力也在增强，价值在不断释放。如今，国家高速交通网络和互联网的大规模建设发展逐渐向农村辐射和延伸，突破了农村空间阻隔产生的局限性，大大降低了农村产品、信息等有形和无形生产要素与外界的连接和互动。在市场经济的作用下，资源要素得以在城乡更广区域和更大范围内流动配置，农村较低的土地成本、劳动力成本、经营成本等优势正在显现。我国乡村的传统文化有着丰富的内涵，包括理念、知识、制度三个主要方面，文化价值愈加彰显。很多人都持有深厚的乡村情结，有着浓郁的回报家乡、建设家乡的强烈愿望，打好乡情牌、乡愁牌，念好引才经、用才经，把各种有利资源汇聚起来，形成振兴乡村的磅礴力量。

3. 社会主义新农村建设创造鲜活实践经验

实现乡村振兴是我们党和政府一以贯之、矢志不渝的奋斗目标。实施乡村振兴战略是我们党"三农"工作一系列方针政策的继承和发展。进入 21 世纪以来，我们党更加重视"三农"问题，加大了对"三农"工作的支持力度，出台了一系列政策措施。2005 年 10 月党的十六届五中全会，将建设社会主义新农村作为一项重大历史任务，并对社会主义新农村建设提出了"生产发展、生活宽裕、乡风文明、村容整洁、管理民主"的具体要求。2006 年的中央一号文件以《关于推进社会主义新农村建设的若干意见》为题，聚焦社会主义新农村建设，旨在落实社会主义新农村建设这一重大历史任务。

这些政策措施符合当时我国经济社会发展的实际，赋予其新的时代内涵。全社会形成了重视"三农"、参与"三农"、建设"三农"的良好社会氛围，逐步提升农业农村在国民经济中的地位，重视维护农民权益，千方百计实现农民利益，充分体现社会公平；加大对农村的资金投入，大力改善农村基础设施，终结了在中国延续数千年的农业税历史；注重调整城乡利益格局，缩小城乡差距，农村义务教育、社会保障等公共服务实现城乡一体、全面覆盖、均衡发展，逐步消除城乡二元体制，农村面貌焕然一新。

在我国推行社会主义新农村建设的过程中，各地区因地制宜，积极探索，积累了很多成功经验和成熟做法，必将为全面推进新时代乡村振兴提供宝贵借鉴。如浙江省针对城乡发展不协调、农村发展滞后的问题，从 2003 年开始在全省推行"千村示范、万村整治"工程。改革开放以来，浙江省工业化、市场化、城镇化发展迅猛，经济水平跃居全国前列，但农村经济社会发展远落后于城市，没有能够充分体现社会主义国家城乡融合、共同富裕的制度优势。于是，浙江省从直接影响农民生产生活质量的实际问题入手，制定政策，分步推进，取得了很好的成效。针对当时浙江省农村普遍存在的"脏、乱、散、差"状况，2003 年 6 月，浙江省政府从全省选择 1 万个左右的行政村进行全面整治，目标是把其中的 1000 个左右的中心村建成全面小康示范村。2008～2012 年，以垃圾收集、污水处理为重点，从源头上实施农村环境综合整治。从 2008 年起，浙江每年新建 100 个镇乡级污水集中处理厂，到 2012 年底，基本实现全省镇乡污水集中处理全覆盖。2013～2015 年，浙江全省 70% 的县达到"美丽乡村"建设目标；到 2017 年底，全省 2.7 万多个村实现整治全覆盖。[①] 在实施"千村示范、万村整治"工程的过程中，浙江省政府始终秉持实事求是的态度，注重从实际出发，充分考虑本省境内各地自然差异和经济差异明显的特点，因地制宜制定政策措施，不搞"一刀切"。同时，充分考虑浙江的资源禀赋和发展优势，注重处理好保护历史文化与推进乡村建设的关系，处理好发展产业与保护生态的关系。通过落实"绿水青山就是金山银山"的指导思想，在保护生态中发展产业，实现保护生态环境与促进经济发展，提高农民收入的双赢局面。

在深化农村改革的实践中，如何处理好农民与土地的关系是核心。江西余江的宅基地制度改革对欠发达地区典型农业县有很好的示范作用。2015 年 3 月，余江被列为全国宅基地制度改革试点县，2016 年 9 月又承担了集体经营性建设用地入市和征地改革试点任务。改革前，余江农村"空心村"问题突出，"一户多宅"现象普遍存在，大量闲置住宅造成资源低效和浪费。与之并存的则是新增农户的宅基地获地困难，需求无法被满足，被迫违法违规占地建房，整个村庄管理缺位，规划无序，村庄道路设施、环境卫生等严重恶化。宅基地改革涉及千家万户利益，既敏感，也棘手，为了破解这一难题，余江根据当地实际，采取"国家定政策、县里出办法、村里议规则"的措施，主要从以下五个方面推行试点：其一，开展入户调查，彻底摸清宅基地利用和管理现状，编制完善村级土地利用规划，严格建房管理。其二，明确界定每户应当享有的法定住房面积，采用灵活的付费使用方式，针

---

① 陈锡文、罗丹、张征：《中国农村改革 40 年》，人民出版社 2018 年版，第 505 页。

对面积超标的、非本集体经济组织成员的、初次取得宅基地需要择位竞价的情况，均需有偿使用，明确农村宅基地的集体所有制属性。其三，将宅基地流转对象严格限定在本集体经济组织成员内部，将流转收益分为宅基地收益和房屋收益两部分，在集体经济组织和原宅基地使用者之间按照一定比例合理分配。其四，建立分工合理、权责明确的制度体系。成立村民事务理事会作为组织主体，将村民之间的宅基地取得、退出、补偿、拆迁等具体事务交由村民事务理事会解决，明确村委会为责任主体、村民事务理事会为实施主体、乡镇政府为指导协助主体。其五，服务乡村可持续发展目标，将宅基地制度改革与美丽乡村建设有机结合。宅基地制度改革推动乡村环境大幅改善，促进农业发展现代化、基础设施标准化、公共服务均等化、农村治理规范化。[①]

(三) 新时代乡村振兴战略的系统推进

前文我们首先从研究经济社会问题的立场、观点、方法等方面解析了马克思主义政治经济学的理论品格，把握了马克思主义政治经济学分析现实问题的范式和优势；其次分析了中国特色社会主义进入新时代这一新的历史方位体现的新阶段、新变化、新要求、新发展，揭示了全面推进新时代乡村振兴的时代背景；再次从重大使命、基本国情、阶段特征、薄弱环节四个方面综合分析，指出全面推进新时代乡村振兴的必要性；最后从理论保障、物质基础、实践经验三个方面阐述了全面推进新时代乡村振兴的有利条件，指明了全面推进新时代乡村振兴的可行性。

马克思主义政治经济学的根本任务是揭示经济现象的本质和经济社会的运动规律，我们的研究需要在前人研究的基础上，进一步解析全面推进新时代乡村振兴的本质及其实现路径，这既是遵循马克思主义政治经济学理论逻辑的必然推演，也是彰显马克思主义政治经济学时代价值，体现马克思主义政治经济学实践性的必然选择。

全面推进新时代乡村振兴是我国经济社会发展到一定阶段的特定

[①] 陈锡文、罗丹、张征：《中国农村改革 40 年》，人民出版社 2018 年版，第 506 页。

任务和要求，必然要将它放置于我国经济社会发展历史演进的宏观背景下去考量，它必然要服从和服务于我国新时代经济社会特定发展阶段的总目标和总任务。党的十九大报告提出了新时代中国特色社会主义发展的战略安排，擘画了我国未来发展的宏伟蓝图。简言之，我国新时代经济社会发展的总目标是全面建设社会主义现代化国家，这是推动我国一切工作的战略指引。社会主义现代化是一个内涵十分丰富的范畴，是包括经济、政治、文化、社会、生态全面发展的现代化，是包括物质文明、政治文明、精神文明、社会文明、生态文明全面提升的现代化，是包括乡村产业现代化、乡村生态现代化、乡村文化现代化、乡村治理现代化、农民生活现代化全面实现的现代化。

为了实现这一目标，基于对我国资源禀赋和初始条件的综合分析和战略研判，党的十九大报告阐明了新时代我国社会的主要矛盾，这是实现我国战略目标的现实制约和突破重点。新时代乡村振兴的推进和实现，需要着眼全面建设社会主义现代化国家这一战略目标，立足新时代我国社会主要矛盾，客观分析矛盾的表现和成因，寻求解决矛盾的路径和对策。

我国经济社会是由多个子系统构成的大系统，单个子系统独立运动，按照一定的运行方式，达成自己的微观目标；与此同时，各个子系统之间相互作用、相互影响，形成了一个大的运行系统，它也存在特定的运行方式，达成自己的宏观目标。整个经济社会运动皆是在上述两个维度上同时并存、互动运行的。实施乡村振兴战略的总目标是农业农村现代化，是新时代我国经济社会发展总目标，即建设社会主义现代化国家的基础前提与集中体现。习近平总书记指出："没有农业农村现代化，就没有整个国家现代化。"[①]

为了实现这一目标，需要运用矛盾分析法和系统论方法，构建科学合理的实现路径和对策措施。为此，需要处理好全面推进新时代乡村振兴相关的两个系统的关系：一是处理好乡村这个系统与其外部系统的关系，即城乡之间的关系，构建新型工农城乡关系，促进城乡协

---

① 中共中央党史和文献研究院：《习近平关于"三农"工作论述摘编》，中央文献出版社 2019 年版，第 42 页。

调发展，在城乡两个子系统的良性互动中助力农业农村现代化；二是处理好乡村这个系统内部所包含的五个子系统的关系，即乡村产业、乡村生态、乡村文化、乡村治理、农民生活的关系，在实现现代化的过程中独立发展，相互支撑，最终实现农业农村现代化。

·第三章·

坚持协调发展理念，推动城乡融合发展，助力新时代乡村振兴

中国特色社会主义进入新时代，我国社会主要矛盾已经转化为人民日益增长的美好生活需要和不平衡不充分的发展之间的矛盾，而城乡发展不平衡是该矛盾的集中表现。所以，全面推进新时代乡村振兴必须以习近平新时代中国特色社会主义思想为指导，坚持协调发展理念，处理好农业农村与工业城市两大系统的关系，通过构建新型工农城乡关系，推动城乡融合发展，助力新时代乡村振兴。

一、协调发展的政治经济学意蕴

（一）马克思主义经典作家关于协调发展的重要思想

协调发展是经济社会发展的内在要求，协调发展的思想和方法论来源于马克思主义政治经济学。马克思运用唯物辩证法对资本主义社会再生产运动进行了分析，指出社会再生产分为生产资料生产和消费资料生产两大部类，两大部类必须保持一定比例关系才能保证社会再生产顺利进行。虽然马克思以资本主义生产方式为研究对象，但是他关于资本主义再生产的研究，揭示了资本主义的基本矛盾，提供了分析一般经济社会运行的基本立场和方法论。

我国在建设社会主义的长期实践中，形成了许多具有中国特色的关于协调发展的理念和战略，丰富和发展了马克思主义关于协调发展

的思想。毛泽东同志提出了统筹兼顾、"弹钢琴"等思想方法和工作方法。他说："弹钢琴要十个指头都动作，不能有的动，有的不动。但是，十个指头同时都按下去，那也不成调子。要产生好的音乐，十个指头的动作要有节奏，要互相配合。党委要抓紧中心工作，又要围绕中心工作而同时开展其他方面的工作。我们现在管的方面很多，各地、各军、各部门的工作，都要照顾到，不能只注意一部分问题而把别的丢掉。凡是有问题的地方都要点一下，这个方法我们一定要学会。"①《论十大关系》是毛泽东同志运用普遍联系观点阐述社会主义建设规律的典范。在《关于正确处理人民内部矛盾的问题》一文中，毛泽东同志进一步提出了"统筹兼顾、适当安排"的方针。

改革开放后，邓小平同志针对我国新时期出现的新情况、新问题，提出"现代化建设的任务是多方面的，各个方面需要综合平衡，不能单打一"②。在我国改革开放的不同时期，邓小平同志有针对性地提出一系列"两手抓"的战略方针。江泽民同志在《正确处理社会主义现代化建设中的若干重大关系》中提出了事关我国发展全局的 12 个重大关系。胡锦涛同志提出全面协调可持续的科学发展观。

进入新时代，党的十八大提出中国特色社会主义事业"五位一体"总体布局，后来又提出"四个全面"战略布局。这些论断继承了马克思主义政治经济学关于协调和平衡的论述，吸取和借鉴了国际国内经济社会发展的历史经验及教训，强调必须注重发展的整体性和协调性。习近平总书记更是将协调纳入五大发展理念，指出："协调发展注重的是解决发展不平衡的问题。我国发展不协调是一个长期存在的问题，突出表现在区域、城乡、经济和社会、物质文明和精神文明、经济建设和国防建设等关系上。在经济发展水平落后的情况下，一段时间的主要任务是跑得快，但跑过一定路程后，就要注意调整关系，注重发展的整体效能，否则'木桶效应'就会愈加显现，一系列社会矛盾会不断加深。"③

---

① 《毛泽东选集》第 4 卷，人民出版社 1991 年版，第 1442 页。
② 《邓小平文选》第 2 卷，人民出版社 1994 年版，第 250 页。
③ 习近平：《习近平谈治国理政》第 2 卷，外文出版社 2017 年版，第 198 页。

(二) 协调发展理念的丰富内涵

在中国特色社会主义新时代，无论是理论上还是实践中，协调发展理念都充分体现出鲜明的时代感，把握其丰富内涵，需要结合习近平总书记治国理政新理念、新思想、新战略进行深刻领会。

首先，协调发展是统筹推进"五位一体"总体布局的要求。"五位一体"是中国特色社会主义进入新时代，中国特色社会主义事业的总体布局，这个表述内涵丰富，外延完整，关系清晰，是一个一脉相承、逻辑严密的科学体系。这决定了在新时代统筹推进"五位一体"总体布局不能单兵突进、一枝独秀，而必须是齐头并进、百花齐放。要完整准确把握"五位一体"总布局，必须深刻理解"五大建设"的丰富内涵和内在联系，其中经济建设是根本，政治建设是保证，文化建设是灵魂，社会建设是条件，生态文明建设是基础。[①]

其次，协调发展是发展手段与发展目标的统一。协调是经济社会持续发展的客观要求，协调发展有利于补齐发展的短板和弱项，化解发展的制约因素，拓宽发展的空间，增强发展的后劲。协调发展理念强调，协调既是发展手段又是发展目标，同时还是评价发展的标准和尺度。协调发展要践行以人民为中心的发展思想，稳步推进社会公共服务均等化，最终实现共同富裕。

再次，协调发展是"两点论"与"重点论"的统一。唯物辩证法认为，一切存在的事物都由既相互对立又相互统一的矛盾组合而成。在促进协调发展的进程中，要善于运用对立统一论，坚持"两点论"和"重点论"的统一，善于厘清主要矛盾和次要矛盾、矛盾的主要方面和次要方面，区分轻重缓急，抓主要矛盾和矛盾的主要方面。习近平总书记强调，坚持唯物辩证法，就要从客观事物的内在联系去把握事物，去认识问题，处理问题。马克思主义经典作家十分重视并善于运用唯物辩证法来认识和探索人类社会发展中的矛盾运动规律。我们要学会运用辩证法，善于"弹钢琴"，处理好局部和全局、当前和长远、重点

---

① 蔡昉、张晓晶：《构建新时代中国特色社会主义政治经济学》，中国社会科学出版社2019年版，第198页。

和非重点的关系，在权衡利弊中趋利避害，作出最为有利的战略抉择。①

最后，协调发展是挖掘发展潜力与补足短板的统一。在经济社会的发展过程中，经济总量和经济结构都在进行动态演化，因此，平衡与不平衡是统一的，平衡是相对的，不平衡是绝对的，协调发展也不是绝对的静态的平衡，而是由初始平衡到不平衡再到新的平衡的动态过程。新时代，我国经济社会发展既具备发展优势，也存在制约因素；在发展思路上既需要着力破解难题、补齐短板，又需要巩固基础、厚植优势。上述两个方面应该相辅相成、相得益彰，从而实现经济社会高质量发展。

对于我国新时代如何贯彻落实协调发展理念，社会上也存在一些片面或错误的看法，比如，认为协调发展就是搞"一刀切"、齐步走、平均主义，就是完全依靠政府的力量来实现目标。针对种种误读，习近平总书记正本清源，精准阐述，指出："协调发展不是搞平均主义，而是更注重发展机会公平、更注重资源配置均衡。……协调是发展短板和潜力的统一，我国正处在由中等收入国家向高收入国家迈进的阶段，国际经验表明，这个阶段是各种矛盾集中爆发的时期，发展不协调、存在诸多短板也是难免的。协调发展，就要找出短板，在补齐短板上多用力，通过补齐短板挖掘发展潜力、增强发展后劲。"②

二、新时代我国推动城乡融合发展的逻辑

推动城乡融合发展是破解我国新时代社会重要矛盾的关键抓手。其深刻逻辑既表现为马克思主义经典作家和西方诸多流派学者提出的相关理论所揭示的理论逻辑，又立足于新时代中国城乡关系演变所反映的实践逻辑。

---

① 习近平：《在省部级主要领导干部学习贯彻党的十八届五中全会精神专题研讨班上的讲话》，《人民日报》2016 年 5 月 10 日。

② 习近平：《习近平谈治国理政》第 2 卷，外文出版社 2017 年版，第 206 页。

（一）新时代我国推动城乡融合发展的理论逻辑

1. 马克思、恩格斯关于城乡融合发展的经典理论

城乡关系是关乎一个国家经济社会发展全局的重要关系。马克思在《哲学的贫困》中指出"城乡关系一改变，整个社会也跟着改变"。① 马克思、恩格斯运用历史唯物主义的科学方法，从生产力和生产关系矛盾运动的视角，将城乡关系产生与演变的运动过程视作历史发展的必然结果。它与一个国家一个时期特定的生产力发展水平密切相关，生产力的发展推动人类生产方式和生活方式的变革，由此带动城乡关系相应演进，提出城乡关系大致要经历相互依存、相互对立、相互融合三个阶段，揭示了城乡关系在生产力的进一步发展中趋于融合的历史趋势。

马克思、恩格斯所考察的资本主义时期，正值资本主义国家产业革命蓬勃发展，城市工业快速增长，而乡村仍处于传统农业生产方式占主导的发展阶段。社会生产方式的变化导致生产关系的相应调整，进而产生不同的社会生产生活形态。"城市已经表明了人口、生产工具、资本、享受和需求的集中这个事实；而在乡村则是完全相反的情况：隔绝和分散。"② 这种城乡的分离和对立是生产力和生产关系相互作用的结果。一方面，生产力的发展是引致城乡分离和城乡利益对立的根本性力量，它在阶级社会中具体外化为社会分工的变迁。"一切发达的、以商品交换为中介的分工的基础，都是城乡的分离。"③ 这种分工使得城乡内部的各种资源和要素倾向于按照有利于自己的生产方式进行配置和积累，导致城乡各自的功能被不断强化和固化，两者的利益冲突也伴随着分工的深化而日益显现，致使城乡之间逐渐由相互统一依存转化为相互分离对立。"文明时代巩固并加强了所有这些已经发生的各次分工，特别是通过加剧城市和乡村的对立而使之巩固和加强。"④ 另一方面，私有制生产关系的产生是造成城乡由分离走向对立

---

① 《马克思恩格斯文集》第 1 卷，人民出版社 2009 年版，第 618 页。
② 《马克思恩格斯文集》第 1 卷，人民出版社 2009 年版，第 556 页。
③ 《马克思恩格斯文集》第 5 卷，人民出版社 2009 年版，第 408 页。
④ 《马克思恩格斯文集》第 4 卷，人民出版社 2009 年版，第 185 页。

的重要因素。城乡分离并不等同于城乡对立，城乡对立是城乡矛盾激化的结果。马克思、恩格斯指出："城乡之间的对立是随着野蛮向文明的过渡、部落制度向国家的过渡、地域局限性向民族的过渡而开始的，它贯穿着文明的全部历史直至现在"[①]，"城乡之间对立只有在私有制的范围内才能存在"[②]，"资本主义社会不能消除这种对立，相反，它必然使这种对立日益尖锐化"[③]。

城乡关系变化既是生产力和生产关系相互作用的结果，同时又会对生产力和生产关系的演变产生影响，当经济社会发展到一定阶段后，城乡分离与对立会阻碍社会生产力的进一步发展，因此消除城乡对立有助于促进社会生产力发展。针对资本主义城乡对立问题，马克思、恩格斯指出："消灭城乡对立不是空想，不多不少正像消除资本家与雇佣工人的对立不是空想一样。消灭这种对立日益成为工业生产和农业生产的实际要求。"[④] 同时，他们还辩证地指出，正如当初生产力发展和社会分工产生了城乡分离和对立一样，城乡分离是生产力发展的必然结果，而城乡对立也将会伴随着生产力的进一步发展消失，未来的城乡关系一定会在新的基础上实现协调和平衡发展，最终走向融合。最先进的国家应该"把农业和工业结合起来，促使城乡对立逐步消灭"[⑤]，实现"城市和农村生活方式的优点结合起来，避免二者的片面性和缺点"[⑥]。而且，"只有通过城市和乡村的融合，现在的空气、水和土地的污染才能排除，只有通过这种融合，才能使现在城市中病弱群众的粪便不致引起疾病，而被用作植物的肥料"[⑦]。

马克思、恩格斯还论述了促进城乡融合的具体措施。例如，基于城乡对立造成的不合理社会分工，使劳动者的主体作用弱化甚至丧失，致使劳动者不得不屈从于其被迫从事的某种生产活动，这种隶属关系形成了劳动的片面性和局限性，提出要消除旧的分工；重视农业的基

---

①② 《马克思恩格斯文集》第1卷，人民出版社2009年版，第556页。

③ 《马克思恩格斯文集》第3卷，人民出版社2009年版，第283页。

④ 《马克思恩格斯文集》第3卷，人民出版社2009年版，第326页。

⑤ 《马克思恩格斯文集》第2卷，人民出版社2009年版，第53页。

⑥ 《马克思恩格斯文集》第1卷，人民出版社2009年版，第686页。

⑦ 《马克思恩格斯文集》第9卷，人民出版社2009年版，第313页。

础性地位，提出要以土地的社会所有制为基础，开展农业合作社的社会化生产，发展现代化农业；高度评价城市作为经济中心的积极作用，认为在资本主义市场经济条件下，城市聚集着大量的人口与资本，城市中心功能的发挥能够带动农村人口的流动，帮助农村摆脱愚昧落后的状态；提出在全国平衡布局大工业，把工业与农业有机结合起来，突破地域限制，推动生产力提升，促进城乡融合。①

2. 人类文明发展视域下的城市关系

文明是人类历史积累下来的有利于认识和适应客观世界、符合人类精神追求、能够被绝大多数人认可和接受的人文精神、发明创造的总和；文明是人类脱离野蛮状态的所有社会行为和自然行为构成的集合。在人类文明的组织中，能够将文明的全部要素集合起来的，只有乡村和城市。实际上，纵观人类文明演化进程，乡村和城市的关系一直呈现出对立统一的关系。近代以来，在西方城市文明主导背景下形成的所有理论，包括城乡关系理论，都是以城市为中心，为城市文明服务的。在此理论范式和框架之下，乡村在城乡关系中始终处于从属或隶属地位，缺乏属于自己独立的理论体系，即使是有关于乡村方面的理论，也是处在城市中心论前提下的乡村理论。其实，乡村和城市所携带的信息是等量的，其关系与功能则表现为正反相对、阴阳相合。两者不可分离，不可偏废。

毋庸置疑，过去的近百年间，世界工业文明和城市文明的迅猛发展是时代的主要特征，由此也相应形成了一套根植于工业文明和城市文明的现代化理论体系，并且在很长一段时间将其作为判定经济社会文明发展进步的标准。上述观念如果仅仅滞留在工业文明主导的时空中去审视判断，毋庸置疑有其一定的合理性。然而，如果站在中国特色社会主义进入新时代这一新的历史方位，运用辩证唯物主义和历史唯物主义的观点来审视我国乡村与城市的关系，必然会得出全新的结论。

相比城市而言，乡村的自足封闭恰恰形成了城市不具有的独特的物质财富自养体系，这使得乡村可以成为一个自我循环、独立运行的

---

① 张晖：《马克思恩格斯城乡融合理论与我国城乡关系演进路径》，《学术交流》2018年第 12 期。

生态系统，从而获得有别于城市的持续、安全的发展特征。城市则恰恰相反，尽管城市能够吸引多种要素从而产生集聚效应，形成一个要素相互作用的开放竞争系统，但是，这也必然造成城市抵御风险的能力不足，容易受到外部因素的冲击，导致城市缺乏持久发展能力。2000 多年前，古希腊、古罗马城邦，在经历短暂的繁荣辉煌之后，像划过天际的流星一样消失在历史长河中，成了一种短命的文明形态。反之，拥有 5000 多年的中华文明源远流长，绵延至今，这得益于中华民族自古以来就发达的农业文明，以及高度分散的乡村自足和自养体系，使中华文明获得了一种持续稳定的物质给养保证。

此外，在社会治理方面，乡村也与城市有着明显差别。城市是由陌生人组成、基于完善的法律法规来保护个人的权益、实现社会治理的法治模式，由于主要依靠外部约束发挥法治作用，必然产生较高的社会管理运行成本。而乡村是由熟人组成的社会，这种以宗法和乡规民约等内生约束机制为根本的自治模式，具有社会治理管理难度较小、运行成本较低的典型特征。上述两种管理模式分别脱胎建构于不同的社会环境和背景之下，前者主要是西方以城市为中心的生人社会法治管理，后者主要是古代中国以乡村为核心的熟人宗法自治管理。对于这两种不同的社会治理模式，我们不能简单地判定孰优孰劣，应该根据一个国家的历史特点、时代特征、国情特色实事求是地选择适宜的治理模式。

我们不能生搬硬套、不加改造地将城市治理模式移植到乡村治理中。如将基于城市生人社会的民主选举制度简单输入熟人社会的广大乡村，该制度可能不会落地生根，深入人心，而且还有可能衍生出各种乱象，未能充分发挥预期效果。因此，在认识和处理新时代中国城乡关系时，不能只站在城市角度，将城市视为中心，而将乡村仅看作城市的从属，进而去贬低乡村，改造乡村。这显然是不符合全面推进新时代乡村振兴的战略要求的，必须构建一种"城乡价值平等"的新文明观。

（二）新时代我国推动城乡融合发展的实践逻辑

中国是一个拥有 14 亿多人口的发展中大国，协调好城乡关系始终是我国现代化建设中具有全局性和战略性意义的重大课题。中国现代化进程与西方发达国家的一个重要区别是，我国的工业化和城镇化不同步，工业化先于城镇化。近年来，随着城镇化的快速推进，2017年我国的城镇化率达到 58.52%，2020年超过 60%，按照这种发展态势，预计到 2030年，我国城镇化率将达到 65%，2050年可能超过 70%。我国以城镇为主的人口分布格局已经基本形成，城镇化发展迈入中后期转型提升阶段。纵观世界其他国家的发展历程，各国在推进城镇化进程中，普遍遇到了乡村衰落的问题，而一般要到城镇化率达到 70%以后，城乡矛盾才能逐步得到解决。①

针对我国面临的这一现实情况，习近平总书记高屋建瓴，深谋远虑，作出了深刻论述，他指出："在现代化进程中，如何处理好工农关系、城乡关系，在一定程度上决定着现代化的成败。从世界各国现代化历史看，有的国家没有处理好工农关系、城乡关系，农业发展跟不上，农村发展跟不上，农产品供应不足，不能有效吸纳农村劳动力，大量失业农民涌向城市贫民窟，乡村和乡村经济走向凋敝，工业化和城镇化走入困境，甚至造成社会动荡，最终陷入'中等收入陷阱'。这里面更深层次的问题是领导体制和国家治理体制问题。我国作为中国共产党领导的社会主义国家，应该有能力、有条件处理好工农关系、城乡关系，顺利推进我国社会主义现代化进程。"②

进入新时代，以习近平同志为核心的党中央不断调整工农关系、城乡关系，着力推动城乡发展一体化，促进城乡融合。习近平总书记指出："健全城乡发展一体化体制机制，是一项关系全局、关系长远的重大任务。各地区各部门要充分认识这项任务的重要性和紧迫性，加强顶层设计，加强系统谋划，加强体制机制创新，采取有针对性的政策措施，力争不断取得突破性进展，逐步实现高水平的城乡发展一体化。"③

---

① 湖南省中国特色社会主义理论体系研究中心：《实施乡村振兴战略 走城乡融合发展之路》，《求是》2018年第6期。

② 习近平：《习近平谈治国理政》第3卷，外文出版社2020年版，第255—256页。

③ 《习近平在十八届中央政治局第二十二次集体学习时的讲话》，《人民日报》2015年5月2日。

为此，党中央先后采取了一系列举措推动"工业反哺农业、城市支持农村"。特别是党的十九大作出实施乡村振兴战略的重大决策部署，从我国"两个一百年"奋斗目标的全局和高度来把握和处理工农关系、城乡关系，强调建立健全城乡融合发展体制机制和政策体系。现阶段推进我国城乡融合发展，既有深刻而现实的时代背景，又有重大而长远的历史意义，既是破解我国新时代社会主要矛盾、实现社会主义现代化战略目标的关键抓手，又是衡量现代化程度的重要标准，还是构建新发展格局、拓展我国发展空间的强大动力。

我们一定要认识到，城镇和乡村是互促互进、共生共存的。能否处理好城乡关系，关乎社会主义现代化建设全局。建立健全城乡融合发展的体制机制和政策体系，是实现新时代乡村振兴和农业农村现代化的制度保障。习近平总书记指出："要把乡村振兴战略这篇大文章做好，必须走城乡融合发展之路。我们一开始就没有提城市化，而是提城镇化，目的就是促进城乡融合。"[①]

三、新时代我国城乡融合发展存在的主要问题

虽然我国城乡融合发展的体制机制已初见雏形，成效也逐步显现，但是，与新时代乡村振兴的要求相比，仍存在一些问题，应该引起我们高度重视。正如习近平总书记所指出的："城乡发展不平衡不协调，是我国经济社会发展存在的突出矛盾，是全面建成小康社会、加快推进社会主义现代化必须解决的重大问题。改革开放以来，我国农村面貌发生了翻天覆地的变化。但是，城乡二元结构没有根本改变，城乡发展差距不断拉大趋势没有根本扭转。根本解决这些问题，必须推进城乡发展一体化。"[②]

---

① 习近平：《习近平谈治国理政》第3卷，外文出版社2020年版，第260页。
② 中共中央党史和文献研究院：《习近平关于"三农"工作论述摘编》，中央文献出版社2019年版，第29页。

（一）城乡二元经济特征依然明显

近年来，随着党中央持续加大强农惠农富农政策力度，农村产业发展稳步推进，特别是现代农业发展取得显著成效。例如，我国农业科技进步贡献率、主要农作物耕种收综合机械化水平、主要农作物良种率在不断提高。随着农业现代化水平的不断提升，我国城乡二元经济问题有所缓解，但改善程度有限，当前城乡二元经济特征依然明显。

1. 城乡居民收入差距较大

包含城市和乡村两大子系统的大系统在整体运行中，城乡两大部门的商品和要素配置会产生相应的结果，这种结果集中表现为城乡居民之间的收入差距变动。我国将城乡收入差距理解为城乡关系的主要部分，并将其看作影响整个国家收入分配格局的重要因素。

表3-1和图3-1为1978~2020年我国城乡居民收入差距的演变过程。从演变趋势来看，1978~2020年我国城乡居民收入差距并不是单向度变化，而是在不同时期呈现出扩大和缩小相互交织的态势。但是，典型特征是农村居民的绝对收入仍大幅低于城镇居民，这是造成农民生活水平相对落后的重要原因，也是城乡二元经济最明显的表现。

表3-1　1978~2020年我国城乡居民收入差距的变动情况

年份	城镇居民人均可支配收入（元）	农村居民人均纯收入（元）	城镇人均收入指数（1978年=100）	农村人均收入指数（1978年=100）	城乡收入名义差距（倍）	城乡收入实际差距（倍）
1978	343.4	133.6	100.0	100.0	2.57	2.57
1979	405.0	160.2	115.7	119.2	2.53	2.49
1980	477.6	191.3	127.0	139.0	2.50	2.35
1981	500.4	223.4	129.9	160.4	2.24	2.08
1982	535.3	270.1	136.3	192.3	1.98	1.82
1983	564.6	309.8	141.5	219.6	1.82	1.66
1984	652.1	355.3	158.7	249.5	1.84	1.63
1985	739.1	397.6	160.4	268.9	1.86	1.53
1986	899.6	423.8	182.5	277.6	2.12	1.69

续表

年份	城镇居民人均可支配收入（元）	农村居民人均纯收入（元）	城镇人均收入指数（1978 年 = 100）	农村人均收入指数（1978 年 = 100）	城乡收入名义差距（倍）	城乡收入实际差距（倍）
1987	1002.2	462.6	186.9	292.0	2.17	1.64
1988	1181.4	544.9	182.5	310.7	2.17	1.51
1989	1375.7	601.5	182.8	305.7	2.29	1.54
1990	1510.2	686.3	198.1	311.2	2.20	1.64
1991	1700.6	708.6	212.4	317.4	2.40	1.72
1992	2026.6	784.0	232.9	336.2	2.58	1.78
1993	2577.4	921.6	255.1	346.9	2.80	1.89
1994	3496.2	1221.0	276.8	364.4	2.86	1.95
1995	4283.0	1577.7	290.3	383.7	2.71	1.94
1996	4838.9	1926.1	301.6	418.2	2.51	1.85
1997	5160.3	2090.1	311.9	437.4	2.47	1.83
1998	5425.1	2162.0	329.9	456.2	2.51	1.86
1999	5854.0	2210.3	360.6	473.5	2.65	1.96
2000	6280.0	2253.4	382.3	489.6	2.79	2.01
2001	6859.6	2366.4	414.1	512.3	2.90	2.08
2002	7702.8	2475.6	469.1	539.2	3.11	2.24
2003	8472.2	2622.2	510.6	564.9	3.23	2.32
2004	9424.6	2936.4	549.0	606.1	3.201	2.33
2005	10493.0	3254.9	600.9	646.6	3.22	2.39
2006	11759.5	3587.0	662.5	697.6	3.28	2.44
2007	13785.8	4140.4	742.2	767.7	3.33	2.48
2008	15780.8	4760.6	803.5	833.1	3.31	2.48
2009	17174.7	5153.2	881.0	908.3	3.33	2.49
2010	19109.4	5919.0	948.5	1012.1	3.23	2.41
2011	21809.8	6977.3	1028.1	1127.4	3.13	2.34
2012	24564.7	7916.6	1126.8	1248.1	3.10	2.32
2013	26955.1	8895.9	1205.4	1364.5	3.03	2.27
2014	28843.9	10488.9	1287.1	1490.5	2.75	2.22

续表

年份	城镇居民人均可支配收入（元）	农村居民人均纯收入（元）	城镇人均收入指数（1978年=100）	农村人均收入指数（1978年=100）	城乡收入名义差距（倍）	城乡收入实际差距（倍）
2015	31194.8	11421.7	1371.5	1602.3	2.73	2.20
2016	33616.2	12363.4	1448.0	1702.1	2.72	2.19
2017	36396.2	13432.4	1541.6	1825.5	2.71	2.17
2018	39250.8	14617.0	1627.6	1945.3	2.69	2.15
2019	42358.8	16020.7	1708.4	2066.0	2.64	2.13
2020	43833.8	17131.5	1728.4	2144.2	2.56	2.07

资料来源：城乡人均收入与指数原始数据均来自《中国统计年鉴》。名义差距与实际差距数据根据上述数据计算得出。

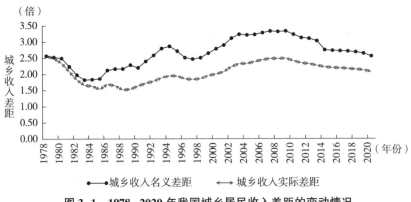

图 3-1 1978~2020 年我国城乡居民收入差距的变动情况

2. 城乡居民消费差距较大

人们为了生存和发展，必须从事物质生活资料的生产活动。从事物质生活资料的生产、发展经济，其落脚点在于不断提高社会成员的生活质量和福利水平，毋庸置疑，收入是影响人们生活质量和福利水平的一个重要因素，但并非全部因素。相对于城乡收入差距，城乡消费差距是一个可以直接标度生活状态的指标，能够更好反映城乡居民的福利差距，是衡量城乡经济差距更理想的代理变量。这意味着，城乡消费差距相较于城乡收入差距更能在结果意义而不是工具意义上反映城乡经济关系。①

如表 3-2 所示，从支出法角度观察，我国 GDP 可以分解为最终消

表 3-2　1978~2020 年中国支出法 GDP 构成（亿元）

| 年份 | 最终消费 | | | | | 资本形成总额 | 货物和服务净出口 |
	最终消费支出	政府消费支出	居民消费支出	城镇居民消费	农村居民消费		
1978	2234	475	1759	667	1092	1383	-11
1979	2579	565	2014	759	1255	1488	-20
1980	2968	631	2337	922	1415	1588	-15
1981	3278	651	2628	1017	1610	1626	17
1982	3577	710	2867	1050	1817	1718	91
1983	4061	840	3221	1197	2024	1922	51
1984	4787	1097	3690	1438	2251	2502	1
1985	5921	1293	4627	1841	2787	3554	-367
1986	6731	1437	5294	2180	3113	3915	-255
1987	7644	1596	6048	2576	3472	4544	11
1988	9429	1897	7532	3381	4152	5932	-151
1989	11044	2266	8778	3913	4865	6392	-186
1990	12012	2577	9435	4194	5241	6447	510
1991	13626	3081	10544	4971	5573	7754	618
1992	16239	3927	12312	6366	5947	10625	276
1993	20815	5120	15695	8694	7001	15440	-679
1994	28297	6854	21443	12271	9172	19479	634
1995	36229	8163	28066	16528	11538	23823	999
1996	43122	9478	33644	19489	14155	26960	1459
1997	47549	10963	36586	21625	14961	28317	3550
1998	51502	12733	38768	23894	14875	29660	3629
1999	56667	14821	41846	27035	14811	30891	2537

① 高帆：《从割裂到融合：中国城乡经济关系演变的政治经济学》，复旦大学出版社 2019 年版，第 13 页。

续表

年份	最终消费					资本形成总额	货物和服务净出口
	最终消费支出	政府消费支出	居民消费支出	城镇居民消费	农村居民消费		
2000	63947	16886	46863	31251	15612	33667	2383
2001	68661	18196	50465	34167	16297	39403	2325
2002	74227	19561	54667	37650	17017	44005	3094
2003	79735	21045	58690	40915	17775	54447	2965
2004	89394	23670	65725	46492	19233	67726	4236
2005	101873	27719	74154	53242	20912	75576	10209
2006	115364	32522	82842	60203	22640	87579	16655
2007	137737	39506	98231	72643	25589	109339	23423
2008	158899	46245	112655	84414	28241	134942	24227
2009	174539	51417	123122	93198	29924	158079	15037
2010	201581	60116	141465	108938	32527	191867	15057
2011	244747	74357	170391	131555	38836	227673	11688
2012	275444	84859	190585	148273	42312	248960	14636
2013	306664	94186	212477	165890	46588	275129	14552
2014	338031	101793	236238	184739	51500	294906	13611
2015	371921	111718	260202	203780	56423	297827	22346
2016	410806	122138	288668	226960	61708	318198	16976
2017	456518	135829	320690	252083	68606	357886	14578
2018	506135	152011	354124	277365	76759	402585	7054
2019	552632	165444	387188	305131	82057	423379	11398
2020	556986	169810	387176	303993	83183	442401	26530

资料来源:《中国统计年鉴2021》。

费支出、资本形成总额、货物和服务净出口三个组成部分,其中最终消费支出可以分解为政府消费支出和居民消费支出,居民消费支出又可以分解为城镇居民消费支出和农村居民消费支出。结合图3-2观察城镇居民和农村居民消费占比变化,可以直观地发现,我国城镇居民消费和农村居民消费这两部分的占比变化几乎是单方向的,即城镇居民消费占比逐步上升而农村居民消费占比逐步下降。农村居民消费占比变化与我国城镇化推进紧密相关，而且，农村居民消费占比下降速度远高于其人口占比的下降速度，这充分说明我国庞大农村人口的普遍低消费是引致居民消费率走低的核心原因，这也是导致我国城乡发展差距的直观表现和重要原因。

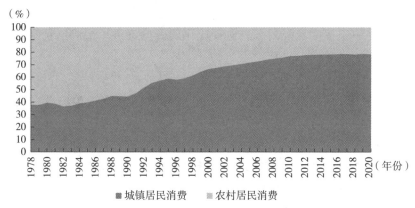

图 3-2　1978~2020 年中国城镇居民消费与农村居民消费占比变化

资料来源：《中国统计年鉴 2021》。

（二）我国小农户与现代农业发展有效衔接存在障碍

我国小农生产有几千年的历史，"大国小农"是我国的基本国情农情，小规模家庭经营是农业的本源性制度。人均一亩三分地、户均不过十亩田的小农生产方式，是我国农业发展需要长期面对的现实。① 但是，也要看到，我国各地农业资源禀赋差异很大，不是所有地方都能搞集中连片经营。还要看到，小农生产在传承农耕文明、稳定农业生产、解决农民就业增收、促进农村社会和谐等方面都具有不可替代的作用。因此，在未来较长时期内，小农生产方式和广大小农户依然有存在的价值。实现城乡融合发展的一个重要标志，就是在国家经济社会发展的整体进程中，广大小农户不会被社会化大生产和市场竞争抛

---

① 中共中央党史和文献研究院：《习近平关于"三农"工作论述摘编》，中央文献出版社 2019 年版，第 61-62 页。

弃淘汰，而是能够把小农户纳入社会的整体分工体系中，把小农生产引入现代农业发展轨道，使其能够分享社会大分工相应收益。

新时代，我们推动小农户和现代农业有机衔接的主要思路是，在农村土地所有权、承包权、经营权"三权分置"的制度安排下，小农户通过土地流转，将土地经营权让渡给新型农业经营主体，进而实现土地的适度规模经营，小农户因此从中分享一部分现代化农业经营利益。但是，在当下农村经营实践中，外出务工农民的土地流转规模仍然有限，一定程度上限制了农业现代化的普遍推进。造成这种现象的原因主要有以下两个方面：

1. 土地流转的交易成本较高，经营效益有限

根据农业农村部公布的数据，2020 年我国家庭承包经营的耕地面积为 15.62 亿亩，土地流转面积为 5.32 亿亩，占所有土地承包面积的 34%，意味着仍有 66% 的承包地没有流转，这表明要大规模推进家庭承包经营土地向新型经营主体流转，未来仍然存在较大空间和面临艰巨任务。这个过程需要挨家挨户进行协商，协调的工作量很大，致使许多农业经营主体对高昂的交易成本望而却步，从而延缓或阻滞了土地流转的进程。加之，虽然当前新型农业经营主体流转土地后，经营面积和规模扩大，但与普通农户的家庭经营在技术、生产手段及装备上并无实质性差异，导致农业生产经营效益的增加并不显著。

2. 农业综合效益不高，农产品国际竞争力不强

长期以来，我国是农业生产大国，但还不是农业生产强国。我国农业生产的这种特征在全球化的背景下体现得更加明显。我国农业生产面临来自国外的双重压力：一方面，来自可耕种国土面积广袤，能够大规模经营土地的新大陆国家，诸如美国、加拿大、澳大利亚等。这些国家的农业机械化程度很高，在农业生产中可以大规模使用先进的技术和物质装备，一个家庭农场能够轻松经营一两万亩土地，其农业生产经营效率高、成本低、价格低。另一方面，来自国际上有生产要素成本优势的国家，如东南亚的越南、泰国等，由于其是新兴市场经济国家，经济总体发展水平相对较低，国内劳动力、土地等主要生产要素价格相对低廉，与中国相比具有明显的比较优势，这些国家生

产的农产品价格大都远低于我国。综上，我国农业生产和农产品价格如三明治一样，处于中间夹心层，既面临来自技术与规模优势国家的上方压力，又面对来自劳动力与资源优势国家的下方压力，对我国农业生产形成上下双向挤压效应。由于我国农产品价格的制约，导致我国的农民即使把土地流转出去，也难以从中获得可观收益，这无疑降低了农民对外流转土地的意愿。

（三）我国新型城镇化缺乏城乡人口互动机制

当前我国正处于工业化和城镇化的中后期，城乡融合也进入新发展阶段。此前，由于城乡在就业、收入、公共服务等方面的显著差距，城市较农村对人口更具吸引力，致使大量农村人口向城市单向流动。据国家统计局数据，2017 年，我国外出务工的农民工超过 2.8 亿人，而与此形成鲜明对照的是，返乡创业人员仅有 700 多万人。如果不能形成城乡人口双向流动的交互机制，新时代城乡融合的目标就难以实现。目前，阻碍人口向农村流动的主要原因有以下四个方面：

1. 城乡公共服务差距较大

在我国，公共服务主要是政府提供给居民的具有公益性的产品和服务。城乡在公共服务的供给上存在明显差距。第一，生活保障方面。农村居民的最低生活保障平均标准、最低生活标准平均支出水平、基本医疗保险、养老保险、社会养老金等均大幅低于城镇居民水平。比如，农村医疗卫生服务人力资源的数量和质量改善速度和成效都明显落后于城市。农村每千人卫生技术人员数量从 2007 年的 2.7 人增加到 2016 年的 4.1 人，增幅达到 51.85%；但是城市这一指标增幅更大，2007 年城乡每千人卫生技术人员比为 2.37：1（农村为 1），2016 年则扩大到 2.54：1 。[①] 第二，人力资本方面。当前，城乡教育差距扩大的趋势依然没有得到明显改善，2007 年城乡人口受教育年限比为 76.36（城镇为 100），而到 2016 年这一比值没有增加反而下降到 75.62，说明城乡教育均衡程度在不断下降。具体表现为农村教育经费投入有限、

---

① 魏后凯、闫坤：《中国农村发展报告（2018）：新时代乡村全面振兴之路》，中国社会科学出版社 2018 年版，第 158 页。

教育资源严重不足、师资队伍平均素质不高等。大量农村适龄儿童有的能够正常接受教育，而有的留守儿童则处于无人照料、无人教育的失控状态，农村人力资本的形成和积累长期处于较低水平，与城市有天壤之别。而这又形成正反馈的强化机制，农村的优质师资倾向于单向流入城市，城乡人力资本差距呈现出代际传递的趋势，造成城乡持续分化和长期固化。第三，生活环境方面。城市更加重视生活生态环境，相应地投入大量资金进行环境治理，而农村面临来自城市和工业"三废"污染的转移，以及对环境保护的忽视，带来的水环境污染、土壤和面源污染、生活污染等，结果导致农村的环境无法达到宜居宜业的要求，既迫使大量农村人口逃离农村，又无法吸引更多优秀城市人才流向农村。

2. 农民市民化进程缓慢

我国的新型城镇化战略有别于传统的以"物"为主的城镇化，而是以"人"为主的城镇化，这是基于我国国情进行的实践和理论创新。但是，在推进新型城镇化的进程中，仍有诸多制度性的障碍限制了城乡人口双向流动，导致农民市民化进程缓慢。具体而言，各地户籍制度、公共服务制度、生活保障制度等配套制度体系改革不完善，使得农业转移人口市民化受到很多隐性的约束；同时，地方政府的有些政策不能承担农民市民化引致的长期化解成本。其结果是我国城镇化发展表现出三个滞后的典型特征：城镇化滞后于工业化；人口城镇化滞后于土地城镇化；户籍人口城镇化滞后于常住人口城镇化。

3. 人口返乡达不到理想状态

尽管伴随着农村剩余劳动力向城市的转移，也出现了部分人口返乡的逆城市化现象，但是，返乡人口的数量、质量、结构等都无法满足全面推进新时代乡村振兴的理想状态。一方面，人口返乡程度较浅。随着我国经济由高速增长阶段转向高质量发展阶段，经济发展的空间结构正在发生深刻变化，各地区的产业也在重新配置。产业转移大多遵循"雁阵模式"，即大量的劳动密集型产业由我国东部沿海地区向中西部内陆地区、从大城市向中小城市转移，相应地，劳动力也同步迁移，大量外出务工人员向城郊或县城移动。由于就业机会和公共服务产生的城乡差距，许多人往返于"城—乡"之间，而不在"城—县—

乡"之间流动，没有真正回流到乡村。另一方面，人口返乡成分单一。由于相较于城市而言，当前农村的就业创业条件和环境都亟待完善，返乡人口仍以回乡务农者居多，而且大多是年龄较大或技能相对缺乏者，在城市逐渐丧失竞争力，或积劳成疾被迫回乡。相反，青壮年劳动力、专业技术人才、回乡创业者比较少。因此，当前的乡村人才存量与全面推进新时代乡村振兴对人才的要求还有较大距离。

4. 科技要素流向乡村存在障碍

科学技术是第一生产力，科技创新是我国现代化的战略支撑，农业生产力的发展、农业竞争力的提升、农业全要素生产率的提高、农产品质量的保证等，无不依靠科技要素的贡献。但是，在我国农业科技突飞猛进、种业和生物技术日新月异、科技创新成果相继涌现的今天，大量先进的科技要素无法及时有效地流向乡村并顺利转化为现实生产力。这导致了城市的先进技术由于缺乏广阔的农村市场而推广受限，无法获得可观的规模收益，另外，农村缺乏城市先进技术的支撑，传统农业向现代农业的转型受阻，致使农业生产力水平得不到显著提升，影响了农村综合环境的改善，以及农民生活水平的提高。究其原因，在于当前我国农村基层农技组织能力建设不足、技术资源假性匮乏、人才结构失调、外部支持羸弱等制度性问题，使得科技要素流向乡村存在障碍，无法实现城乡科技要素的双向流动和充分融合。

（四）我国农村基本经营制度不完善

中国改革开放的大幕是从农村改革徐徐拉开的，家庭联产承包责任制打响了农村改革第一枪，确立了以家庭承包经营为基础、统分结合的双层经营体制的农村基本经营制度，并且一直延续至今。改革开放以来，我国农业发展取得举世瞩目的伟大成就，农村发生了翻天覆地的深刻变革，可以说，农村基本经营制度是我国农业农村发展取得重大成就的制度基础。但是，经过几十年的演变，农业农村发展的内外部环境都发生了广泛深刻变化，我国农村基本经营制度不完善之问题也逐渐显现并日益突出。例如，农村人口大量外出，出现了农村空心化；农业经营效益不高，出现了农业兼业化；大量家庭成员外出打工，甚至举家搬迁，出现家庭空巢化；大量青壮年劳动力外出，出现农村劳动力老龄化；农村"分"得彻底，但"统"得不足，导致农村集体经济空壳化；家庭经营仍以小农生产的传统方式进行，无法实现规模化、集约化生产，出现农业生产低效化等。我们可以从以下四个方面具体论述。

1. 农村空心化严重

伴随我国工业化和城镇化的持续快速推进，大量农村居民选择离开家乡，到城市务工经商，当有了一定积累之后，会举家搬迁到城市定居，相应地，农村人口会大幅度减少。整个乡村没有了人气，也逐渐失去了发展的活力，乡村慢慢沦为荒芜的农村、留守的农村、记忆中的故园。从人口总量来看，主要是青壮年劳动力在外打工，老人、妇女、儿童留在农村，这种"三留守"现象极大弱化了农村的自我发展能力，人才缺口制约了新时代乡村振兴的实现。

2. 传统农业经营效益低

人多地少是我们不能回避的现实国情。第三次国土调查显示，2019年底，我国人均耕地面积仅为 1.36 亩，不足世界平均水平的40%，户均耕地规模仅相当于欧盟的 1/40、美国的 1/400。在全球化、市场化、工业化、城市化的浪潮中，农村一家一户的传统小农经营模式要承受自然和市场的双重风险，农业赚钱的主要途径是劳动力变现，除去种子、肥料、机械设备等必要投入，农业基本没有多大利润，呈现出高风险、低收益的特点。当前的农业收入只能维持农民的基本生活，很难满足新时代农民对美好生活的需要。

3. 农村集体组织弱化

马克思主义政治经济学原理明确指出，经济基础决定上层建筑，上层建筑反作用于经济基础。社会主义劳动群众集体所有制经济是农村实现良好社会治理的基础。然而，由于我国部分地区农村集体经济发展缓慢，规模小，效益差，有些乡村党支部和村委会不能为农民群众提供有效的产品和服务，在此情况下，农民群众对村集体的认可度和依赖度不够，出现有些农民不关心村庄公共事务，不能完全听从集体安排，甚至有时不支持集体工作，乡村出现了很多"公共地悲剧"的现象，导致乡村美、农民富的目标实现受阻。

4. 农民主体意识淡薄

农民是农村的主人，是乡村振兴的主体，也是乡村振兴的主要参与者、受益者，必须激发农民的积极性和主动性，尊重农民意愿，发挥好农民主体作用。但是，在当前我国的一些农村，农民群众主体意识和主体作用弱化，存在"等靠要"思想。加之，在农村建设过程中，政府积极引领群众发展不够，农民群众参与度不够；也有的工商资本及企业凭借自己的资金、技术、渠道等优势和农民进行不平等的协商与合作，结果导致农民成为合作中的弱势群体，削弱了农民的主体意识。

（五）我国农村公共治理面临危机

随着我国工业化和城镇化的持续推进，以及经济的持续快速发展，大量农村人口特别是农村精英陆续向城镇转移，农村地区社会结构发生了深刻变迁，出现了农村空心化、人口老龄化、土地非农化等显著问题。在此背景下，农村的公共产品和服务的供给意愿与能力在不断下降，公共治理水平也明显降低，农村公共治理面临前所未有的危机。

1. 农村自然资源条件恶化

农村与城市的最大区别是农村对自然资源和生态环境的依赖非常强，自然资源状况是影响农村发展的重要因素，所以，农村自然资源条件的变化也会直接影响农村的公共治理。我国一些农村地区自然条件恶劣，人多地少矛盾突出，生态环境脆弱，自然灾害频发。这样的环境制约了当地发展高效农业，也难以吸引资本、技术、人才发展第二产业和第三产业，结果是当地难以发展出有竞争力的产业，不仅农民就业难、增收难，而且村集体也缺乏稳定的集体收入，整个乡村难以找到打破贫困陷阱的方法，为新时代开展乡村公共治理提出了巨大挑战。

2. 农村治理主体的缺失

随着我国城镇化进程的加快，大量农村青壮年劳动力进城务工。根据我国农村劳动力转移的现实状态和特征，向城镇转移的农村人口，往往具有"精英移民"的特征。在社会主义市场经济条件下，由于价值规律和自由竞争的作用，资源配置的结果必然是有竞争力的资源从市场回报低的领域转移向收益利润高的领域。结果是，农村有领导能力、组织能力、协调能力的精英人才倾向于到城市寻求更好的发展环境。由于当前农业的规模化和经营效益不尽如人意，兼业农民比重不断增加，农户从农业经营中取得的收入无法满足家庭正常需要，因此，大量青壮年劳动力被动选择离开农村进入城市择业就业，留守在农村的往往是各种资本处于劣势状态的老、弱、妇、幼等弱势群体。上述情况的出现，必然导致新时代乡村振兴人才瓶颈制约明显，导致农村公共治理主体缺失，乡村公共治理陷入困境。

3. 农村基层治理能力薄弱

进入 21 世纪，我国为了进一步支持农业农村发展，减轻农民负担，规范农村收费行为，中央明确提出改革现行农村税费制度，并从 2001 年开始在我国部分省市逐步试点推广，并于 2005 年全面取消农业税。改革带来的一个重要结果是农村基层政权组织与农民的关系发生了实质性变化，两者由改革前紧密联系的政府"汲取型"关系转化为联系松散的"输入型"关系，甚至出现了基本脱钩的"离散型"关系。有些乡村财政不足，致使部分公共服务机构正常运行困难，甚至降低了乡村公共产品和服务的供给能力。

4. 农村自主治理水平较低

由于当前农村集体经济发展不足，基层政权组织呈现"悬浮型"特征，其社会组织动员能力没有提高，村民的集体观念和集体意识不强，农民的"去组织化"导致农村社会出现原子化，农民参与公共事务的热情不高。尽管农村也成立了不少的专业合作社，但是很多组织机构凝聚力不强，运行效率不高，甚至有的依靠国家的各种补贴，还只是流于形式。

5. 农村公共治理保障机制缺位

保障制度的有效性，既需要在制定时符合实际情况，科学合理，又需要保障机制健全、贯彻执行到位。为此，既要建立奖赏激励机制，让遵守制度者从中受益，获得相应报酬和补偿，又要制定明确的监督和惩罚机制，使违反制度者受到相应的追责和惩罚，发挥制度的刚性约束作用。当前我国基层社会治理中，传统的乡规民约等非正式制度的影响力日渐式微，而基于现代法治的正式制度运行体系尚未建立健全，致使对违反公共治理制度的行为的制裁和惩罚普遍缺乏有效有力的手段，农村公共治理保障机制缺位导致违法违规成本低下，影响了公共治理效能的充分发挥。

四、新时代推进我国城乡融合发展的路径

针对上述我国城乡融合存在的问题，新时代推动我国城乡融合要坚持系统观念，精准应对，综合施策。既要处理好城与乡两个系统之间的联动和融合，促进城乡要素自由流动、平等交换，逐步实现城乡基本公共服务均等化，又要充分发挥城乡两个独立系统的价值与功能。一方面，继续推动新型城镇化发展，为乡村发展提供更大支撑和空间；另一方面，深入实施乡村振兴战略，深化农村各项改革，强化制度供给，激发农村内生发展动力和自我发展能力。具体可以从以下四个方面明确新时代推动我国城乡融合发展的路径：

（一）深化改革，破除城乡二元体制，促进城乡均衡发展

1. 通过改革破除城乡二元结构

在我国城乡二元结构体制下，城乡要素自由流动受到诸多限制，特别是农村劳动力受到户籍制度的制约，只能从事劳动生产率较低的行业，获得的收益显著低于城市居民。改革开放之后，伴随市场化的推进，农村劳动力进城就业限制逐渐松动，但是农民工身份转化仍然存在较大障碍。同时，由于投资回报在城乡之间的落差，各种资源和要素从农村单向度流入城市是普遍现象。因此，促进城乡融合发展，首先要破除制度藩篱，引导和鼓励城乡资源要素在城乡之间自由流动、平等交换。

习近平总书记指出："走城乡融合发展之路，要向改革要动力，加快建立健全城乡融合发展体制机制和政策体系。要健全多元投入保障机制，增加对农业农村基础设施建设投入，加快城乡基础设施互联互通，推动人才、土地、资本等要素在城乡间双向流动。要建立健全城乡基本公共服务均等化的体制机制，推动公共服务向农村延伸、社会

事业向农村覆盖。要深化户籍制度改革，强化常住人口基本公共服务，维护进城落户农民的土地承包权、宅基地使用权、集体收益分配权，加快农业转移人口市民化。"①

2. 推进城乡公共服务均等化，助力城乡均衡发展

城乡基本公共服务差距大是城乡发展不平衡的集中体现，要着力促进城乡均衡发展。习近平总书记指出："推进城乡发展一体化要坚持从国情出发，从我国城乡发展不平衡不协调和二元结构的现实出发，从我国的自然禀赋、历史文化传统、制度体制出发，既要遵循普遍规律、又不能墨守成规，既要借鉴国际先进经验、又不能照搬照抄。要把工业与农业、城市和乡村作为一个整体统筹谋划，促进城乡在规划布局、要素配置、产业发展、公共服务、生态保护等方面相互融合和共同发展。着力点是通过建立城乡融合的体制机制，形成以工促农、以城带乡、工农互惠、城乡一体的新型工农城乡关系，目标是逐步实现城乡居民基本权益平等化、城乡公共服务均等化、城乡居民收入均衡化、城乡要素配置合理化，以及城乡产业发展融合化。"②

推进城乡基本公共服务均等化，需要着重加强以下几个方面：第一，加快城乡一体化就业服务体系建设。建立城乡统一的就业失业登记制度，精准跟踪了解就业人口的实际情况，开展有针对性的职业培训，提升劳动者就业素质和能力。规范完善企事业单位招聘和用工制度，建立健全以国有人力资源市场为主体、市场职业中介机构为补充的人力资源市场体系，丰富畅通劳动者就业渠道。第二，促进城乡教育一体化发展。加强城乡教育规划一体设计，教育资源一并建设，优化教育布局。加大城市优质教育资源向农村的辐射，加大财政对农村教育的支持力度，在教师配置、教学设备、生活设施等方面向农村倾斜，确保城乡教育资源和教学条件逐步趋于均等。第三，构建城乡均衡医疗卫生体系。推进县、乡、村医疗卫生一体化管理，建设标准化和规范化的乡镇卫生院，实现村级医疗卫生服务全覆盖，促进县级卫

① 习近平：《习近平谈治国理政》第3卷，外文出版社2020年版，第260页。
② 中共中央党史和文献研究院：《习近平关于"三农"工作论述摘编》，中央文献出版社2019年版，第33-34页。

生人员定期向乡和村流动，提高三级诊疗机构信息共享。逐步提高乡村医生的待遇及其退休生活保障机制。第四，完善城乡一体化社会保障体系建设。统筹城乡各类社会群体和保障待遇，建立城乡公平的可持续的生活保障制度。同时建立健全覆盖城乡现有居民的社会保障体系，加快向外来落户人口覆盖，巩固并提高城乡社会保障并轨成果。

（二）创新农村土地多样经营模式，实现小农户与现代农业发展有机衔接

针对当前农村存在的小农发展困境问题，需要根据我国各地生产力和生产关系发展实际情况，因地制宜采取多样化的行之有效的经营模式，确保既能发挥农业规模化、机械化、集约化、专业化、社会化等现代生产方式的优势，又能够保护小农在社会主义市场经济大潮中不被淹没淘汰，争取实现小农户与现代农业发展有机衔接。目前主要有如下三种方式：

1. 土地股份合作社

农民将土地经营权流转给合作社，并按照土地的数量和质量分配持有合作社相应比例的股份，把农民原来的土地承包经营权转变为合作社股权，农民的身份也相应地转变为股东。合作社的土地由合作社成员统一经营，农民除了获得劳动收入，还可以根据合作社经营状况，定期参与合作社分红。其优点在于农户直接参加合作社的生产经营，仍然是生产主体，因此可以简化土地流转流程，降低土地流转过程中的交易成本，能够顺利实现土地高效率、大面积集中，有利于开展土地的规模化经营，实现其规模效应。

2. 土地托管

由于农业要面对自然环境和市场竞争的双重挑战，农产品价格具有高度的不稳定性和不确定性，所以对于大面积流转农户土地进行规模经营的主体来说，要承担比较大的风险。经营主体为了降低自身的经营风险，便与农户通过博弈达成一种利益共享、风险共担的合作模式，即农户依然对土地具有承包经营权，但为了实现规模化经营，将大田农作物的主要环节委托给新型经营主体统一经营、统一管理。这种土地托管的方式相较于单纯的土地流转，在农业生产经营方面具有

更好抵御防范风险能力。

3. 农业社会化服务

由于广义的农业生产涉及产前、产中、产后全部环节，产业链长，如果每个环节都完全依靠农户自己独立运营，必然会受制于农户的资金、技术、规模、渠道等因素而无法实现农业经营效益最大化。因此，在不改变农户对土地承包经营权、收益主体地位的情况下，将农业生产的某个或多个环节交由专业合作社、企业等社会化服务组织统一运营，农户直接向其购买服务，这些服务主要包括农业市场信息服务、农资供应服务、农业技术服务、农机作业服务、农产品营销服务五大类。由社会化服务组织向农户提供服务，可以实现专业化、规模化。

同时，农业社会化服务也满足了农户以下四个方面的需求：一是省力。农户自己进行耕种防收，主要依靠人力畜力，劳动极为繁重且效率低下，而购买大规模农业机械服务能够有效减轻农民的劳动，提高生产效率。二是省钱。农户分散购买种子、化肥、农药、农机等农资，价格高，利用效率低，而借助社会化服务机构集中采购、集中作业，可以实现价低质优。三是省心。农产品最难的不是产得出，而是卖得好，马克思曾经把商品转化为货币称为"惊险的跳跃"。依靠农民自己单打独斗闯市场，往往不具有信息优势和渠道优势，很难卖上好价钱。农户借助专业的销售企业和平台，能够实现产销有机衔接，保障农民利益。四是赚钱。农户通过社会化服务组织赋能，帮助农民实现降本增效，有利于正常盈利。显然，以农业社会化服务为主要形式的服务型规模经营形式，保留了农户的土地经营权，迎合了农户对土地的复杂心理，获取了农业现代化的规模效应，从而较好解决了农业生产规模与要素投入规模的匹配问题，由此推动土地规模快速提升。

（三）强化"四维"制度供给，完善城乡人口互动机制

新时代，我国新型城镇化建设正在推进，农村人口向城镇转移仍然是较长时期内的大趋势。我国即使基本实现城镇化，仍将有 4 亿人左右生活在农村。要着力推动城乡融合发展，协同推进城市和乡村现

代化。具体而言，可以从钱、地、人、科技"四维"着手，强化制度供给。①

1. 钱：建立农业转移人口市民化成本三方共担机制

推动新时代农业转移人口市民化需要真刀真枪干，更需要真金白银投，必须解决钱从哪里来的问题。要充分发挥政府、企业、个人三方积极作用，汇聚强大合力，形成农业转移人口市民化成本三方共担机制。

第一，充分发挥中央政府和地方政府基本财政投入的保障功能，统筹协调好两者在分担农业转移人口市民化过程中的成本。中央政府主要注重宏观调控和协调管理，负责跨省农业转移人口市民化成本支出；地方政府重点解决省内人口转移产生的成本；当地城市负责促进城乡资源均等的基础设施和公共服务等事关民生项目的支出。

第二，企业作为市场运行的重要微观主体，既是农业转移人口的主要需求者，又是农民生活所需商品和服务的重要供给者，与农业转移人口的利益紧密相关。新时代，企业要遵循国家相关法律法规标准，严格落实农业转移人口的各项社会保障政策。企业要在就业方面对农业转移人口与城镇职工一视同仁、同工同酬，并且加大职业技能培训投入力度，提高其就业能力，为农业转移人口务工人员足额缴纳各种社会保险费用。

第三，劳动者是生产主体，应鼓励农业转移人口充分发挥自身主观能动性，主动提高融入城乡融合发展能力。在力所能及的情况下，通过购买服务的方式，前瞻性地进行人力资本投资，积极参加政府、企业、社区等机构开办的劳动技能培训和相关就业指导活动，积极参加城镇社会保险，通过多样化形式学习、锻炼，不断打造适应企业和市场需要的新技能，提升自己在劳动力市场的择业竞争力，持续培育融入城乡融合发展的能力。

2. 地：维护农业转移人口土地合法权益

土地是从事农业生产的最基本要素，是农民的"命根子"，处理好人地关系是我国解决"三农"问题的重要抓手和宝贵经验。新时代，

---

① 陈锡文、韩俊：《乡村振兴制度性供给研究》，中国发展出版社 2019 年版，第 337 页。

推进农业农村改革，实现乡村振兴，依然要把解决农民与土地的关系作为改革的主线，充分尊重农民意愿，坚决维护农民利益，破除现有土地制度障碍，推动土地制度创新。

第一，维护农民土地权益。新时代，随着大量农村人口外出务工经商，农民与土地的关系也发生了深刻变化。我国农村的基本经济制度是生产资料的劳动群众集体所有制，这是社会主义公有制在农村的有效实现形式，也是符合我国国情的制度安排。农民作为农村集体的成员，为了维护其合法权益和根本利益，法律赋予其土地承包权、宅基地使用权、集体收益分配权三项基本权利。这是我国制度优势的具体体现，任何人和任何组织都无权剥夺农民的合法权益。

其一，完善土地承包制度。逐步完善农民承包地"三权分置"制度，在依法保护土地集体所有权和农户承包权前提下，平等保护土地经营权。保持土地承包关系稳定且长久不变，有序推进落实第二轮土地承包到期后再延长30年政策，推进农民承包地确权颁证工作，让农民吃上长效定心丸。健全土地流转管理制度，鼓励新型经营主体获取土地经营权后，开展农业产业化经营，发展符合当地资源禀赋，具有可持续竞争力的特色产业。其二，稳慎推进农村宅基地制度改革。探索农村宅基地所有权、资格权、使用权"三权分置"，落实农村宅基地集体所有权，保障宅基地农户资格权和农民房屋财产权，放活宅基地和房屋使用权。加快完成房地一体宅基地确权颁证。在符合政府规划和用途管制前提下，鼓励农民盘活利用闲置宅基地和闲置房屋。

第二，创新当前农村土地供给制度。农业转移人口进城之后，在遵循依法、自愿、有偿原则的前提下，将其在农村的上述三项土地权利流转让渡给本村集体成员，既可以保证农村土地经营者获得足够数量土地，进行规模化经营，推动农业农村发展，也可以使农业转移人口获得土地转让收入，作为财产性收入拓宽农民的增收渠道，提高家庭收入水平，有助于其更好放地融入城市。

通过完善农村耕地"三权分置"和落实农村宅基地"三权分置"有关制度，可以激发农村生产要素活力，释放农村改革红利。习近平总书记指出："提高城乡发展一体化水平，要把解放和发展农村社会生产力、改善和提高广大农民群众生活水平作为根本的政策取向，加快形成以工促农、以城带乡、工农互惠、城乡一体的工农城乡关系。"①应逐步探索、稳步推进农村土地经营权和农民房屋财产权的金融属性，扩大其抵押融资功能，进一步厘清承包主体、经营主体和银行三者之间的权利义务关系。

3. 人：深化农业转移人口市民化户籍制度改革

我国的户籍制度是计划经济时期的独特产物，对于促进经济社会发展曾经发挥过积极作用。然而，随着时间的推移，该项制度逐渐不适应时代要求，需要与时俱进创新完善。

第一，推动户籍去福利化。对于农业转移人口而言，其农村户籍在城市受到诸多限制，不能像城市居民一样享受同等的待遇。因为当前城市户籍仍然附着隐含着区别于农村户籍的福利，这是形成城乡鸿沟的重要原因。因此，有必要通过户籍制度体制机制创新，逐渐削弱政府对资源的直接差异化配置，着力破除户籍制度弊端，剥离清除户籍相关的差异性福利，从而恢复户籍制度作为证明公民身份、提供人口资料、便利社会治理的基本功能，最终消除农业转移人口市民化的阻力。

第二，全面推行居住证制度。诚然，现阶段在较短时间完全解决农业转移人口户籍问题面临不少困难，行之有效的方法是健全并全面推行居住证制度。中央和地方政府可根据地方经济社会发展实际情况，因地制宜精准制定办理居住证资质相关制度。建立健全新居民信息平台，按照统一采集、统一录入、分类管理、按需服务的要求，整合民政、人口计生、劳动保障、教育、卫生、统计等部门信息，推行居住证持有人无条件平等共享城市义务教育、基本社会保险、临时性救助等制度。②

4. 科技：破解科技下乡困境

科技是推动新时代乡村振兴的战略支撑，要通过制度创新提高科技下乡、科技成果顺利转化、科技人才愿意服务乡村的环境和氛围。面向农业实际需求及未来发展趋势，健全涉农技术创新市场导向机制

---

① 《习近平在浙江调研时的讲话》，《人民日报》2015年5月28日。
② 陈锡文、韩俊：《乡村振兴制度性供给研究》，中国发展出版社2019年版，第338页。

与产学研用合作机制，鼓励学校、企业、科研院所、农村集体、农户等多方技术相关主题协商合作，进行技术研发、使用、推广。

鼓励科技人员到乡村和企业挂职、兼职和离岗创业制度，保证其在职称评定、工资福利、社会保障等方面的权益。建立健全农业科研成果产权制度，赋予科研人员成果所有权，健全以知识产权为基础、以知识价值为导向的分配政策。同时，探索经营性和公益性农技推广融合发展机制，重点服务乡村产业发展和农民生活改善，通过市场定价和社会评价相结合，给予农技人员增值服务合理报酬，形成农技人员和农机成果持续稳定供给的制度保证。

(四) 以农村"三变"为抓手，推进农村基本经营制度实践创新

以家庭承包经营为基础、统分结合的双层经营体制是我国农村的基本经营制度，这是新时代乡村振兴的基点，也是其内在动力源。但是，在长期的实践中，"分"有余而"统"不足，农村基本经营制度优势没有得到充分发挥。进入新时代，农业农村改革全面深化，其中资源变资产、资金变股金、农民变股东的"三变"改革正在全国各地实践并推广，通过开展多种形式的股份合作，实现了土地、人力、资金的整合和规模化使用，推动乡村产业规模扩大、农民收入增加、集体经济增强、乡村治理完善、乡村活力提升。实践证明，"三变"改革成为新时代农村制度创新和实践创新的典范，具体有如下主要举措：

1. 实现农村集体所有权转化为集体经济收入

合理的产权制度是维持社会有效运行的基础，所有权是产权制度的核心，所有权必须能够获得相应的经济利益，否则就是有名无实或名存实亡。农村生产资料集体所有是我国农村基本经济制度的灵魂，村集体作为所有者在农村经济社会发展过程中扮演重要角色，发挥必要作用，理所当然要获得相应的经济收入。一方面，以土地集体所有权为基础，通过落实集体所有权权益，增加集体经济收入。土地新型经营主体需要通过适当的利益分享机制，向拥有土地所有权的村集体支付一定的费用，作为村集体为其提供必要服务的报酬。另一方面，以农村集体资产为基础，通过集体产权制度改革，获得集体经济收入。在科学精准确定集体所有资源、资产、资金的基础上，明确资产规模

和数量，通过集体资源、资产投资、入股等模式，将资产量化到集体组织成员，伴随经营资产增值，村集体也获得相应的经济收入。

2. 培育推动集体经济发展的人才体系

要实现农村集体经济持续良性发展，规模不断增大，离不开乡村各类高素质人才的倾情奉献和努力工作，也需要制定科学合理的激励机制，鼓励各类人才脱颖而出，充分发挥其积极性和主动性。首先，需要乡村领导干部发挥积极带头作用，进一步优化考核评价机制，将为村集体服务的质量作为重要考评依据，与薪资报酬挂钩，可以采取薪资结构灵活的方式，如在基础工资的基础上，适当给予上级奖励及村集体经济纯收入一定比例，以发挥更好的激励作用。其次，村集体经济的发展壮大必然需要大量的专业人才，要加大人才教育培训力度，提高从事生产、经营、服务、旅游等多方面事务的能力。最后，通过政府和市场双重调节，吸引更多社会优秀人才投身农业发展和农村建设，通过"政府引导、农民主体、社会参与"共建格局推动村级乡村集体经济发展。

·第四章·

坚持发展农业生产力，促进乡村产业兴旺，实现农村产业现代化

马克思主义政治经济学研究的根本任务是揭示现代社会的经济运动规律，其基本原理揭示了生产力和生产关系的矛盾运动是社会经济制度变革的根本动力，其中生产力是经济社会发展的首要的、根本的要素。依据上述理论，全面推进新时代乡村振兴战略的总目标是农业农村现代化，其重点是坚持大力解放和发展农业生产力，通过推动乡村产业振兴，促进乡村产业兴旺，最终实现农村产业现代化。为此，需要发挥生产关系对于生产力的积极促进作用，不断巩固和完善我国农村基本经营制度。在新时代乡村承载的多重功能中，发挥农业在保证国家粮食安全的压舱石作用，需要实施好新时代国家粮食安全战略。除此之外，推动乡村一二三产业融合发展是全面推进新时代乡村振兴的重要举措。

一、产业兴旺是实现新时代乡村振兴的战略重点

新时代，基于对我国长远发展目标和社会主要矛盾变化的科学判断，习近平总书记提出实施乡村振兴战略重大战略部署。实施乡村振兴战略的总要求是"产业兴旺、生态宜居、乡风文明、治理有效、生活富裕"，其中产业兴旺位于实施乡村振兴战略总要求之首，表明其重要地位。按照马克思主义政治经济学基本观点，物质资料生产是人类社会存在和发展的基础，乡村产业的形成和发展是支撑乡村全面振兴

的物质基础和重要依托。习近平总书记多次强调，产业兴旺是解决我国农村一切问题的前提。就中国广大农村地区而言，如果没有产业的发展壮大，即便再有"生态宜居、乡风文明"，广大农民也不可能"饿着肚子唱着歌""看着美景跳着舞"，更不可能专心致志开展组织建设和社会治理，"生活富裕"的要求更无异于天方夜谭。① 所以，要加快发展乡村产业，以产业振兴推动乡村全面振兴，促进农业高质高效、农村宜居宜业、农民富裕富足。

（一）产业兴旺是新时代解决农村一切问题的前提

1. 产业兴旺有利于推动乡村各项事业全面振兴

只有乡村产业发展壮大，才能提供数量更多、范围更广、质量更高的就业岗位，满足不同人才的多样化需求，进而有效吸引优秀人才、大学毕业生、务工群众等群体回乡就业创业，服务乡村发展，推进乡村人才振兴。乡村产业持续高质量发展，能够为村民提供稳定有竞争力的工作岗位，确保农民收入持续增长，不仅满足其物质生活需要，也能够进一步满足农民群众文化和生态等方面的美好生活需要，有效推进乡村文化振兴和乡村生态振兴。乡村产业发展仅仅依靠农户分散经营、单打独斗是无法实现现代化经营的，需要基层党组织发挥总揽全局、协调各方的领导作用，强化自身建设，有效整合乡村各种资源，实现规模化、专业化、社会化生产经营。客观上要求基层党组织必须主动联系农民群众，密切党群干群关系，提高乡村治理水平，夯实执政根基，这个过程也必然推进乡村组织振兴。

2. 产业兴旺有利于畅通城乡经济良性循环

新时代新发展阶段，我国要构建以国内大循环为主体、国内国际双循环相互促进的新发展格局。其中，城乡经济循环是我国国内大循环的重要组成部分，是实现国内国际双循环相互促进的关键因素。由于我国二元经济结构影响，生产要素长期从农村单向流入城市，农村的基础设施和公共服务建设长期滞后于城市，农村发展蕴含着巨大的发展潜力和拓展空间。加快发展乡村产业，农村提供的优质农产品、

---

① 张利庠：《中国乡村振兴理论与实施路径研究》，经济科学出版社 2020 年版，第 129 页。

良好生态产品、优秀文化产品能够满足城市居民美好生活需要，激发城市居民的巨大消费潜力，有利于打通城乡要素流动堵点，推动城乡要素自由流动、平等交换，能够重新发现乡村价值，激发乡村发展活力，有利于畅通城乡经济循环，缩小城乡发展差距。此外，新时代推动乡村产业发展，既可以实现较高投资效率，避免产能过剩，又可以有效改善农村生产生活条件，逐渐缩小城乡差距，这不仅可以创造出巨大的农村投资需求，而且会相应释放农村的消费需求，必将为城市工业和服务业产品拓展新的增长空间，促进形成新发展格局。

3. 产业兴旺有利于巩固拓展脱贫攻坚成果

我国打赢脱贫攻坚战，全面建成小康社会，始终高度重视发展乡村产业，将其视为实现乡村脱贫致富的根本之策。习近平总书记提出精准脱贫方略，实施"五个一批"工程，第一项便是"发展生产脱贫一批"，可见发展产业的重要性。[1] 在脱贫攻坚实践中，许多贫困地区因地制宜，发展特色优势产业，培育乡村发展内生动力，成功实现了脱贫摘帽。但是从总体来看，多数脱贫地区的产业很多得益于政府和社会的精准帮扶而建立，发展仍处于初始起步阶段，人才、资金、技术、市场等支撑因素很不稳固，市场竞争力和可持续发展能力都亟待提高。从我国脱贫实践看，凡是富裕的乡村，大多具有基于地方资源禀赋建立的主导优势产业，广大村民通过产业发展实现充分就业，并且不断提高收入。[2] 未来，脱贫地区需要在前期产业发展的基础上，继续做大做强主导产业，着力培育新型产业，塑造产业竞争优势，才能为农民提供稳定的就业机会、持久的增收渠道，确保不发生规模性返贫。

4. 产业兴旺有利于增进农民福祉

习近平总书记指出："农业农村工作，说一千、道一万，增加农民收入是关键。要加快构建促进农民持续较快增收的长效政策机制，让广大农民都尽快富裕起来。"[3] 乡村产业发展壮大，能够为乡村创造新

---

① 中共中央党史和文献研究院：《习近平关于"三农"工作论述摘编》，中央文献出版社2019年版，第166页。

② 孙志刚：《加快发展乡村产业》，《人民日报》2021年2月25日。

③ 中共中央党史和文献研究院：《习近平关于"三农"工作论述摘编》，中央文献出版社2019年版，第150-151页。

的就业机会，拓宽农民就业和增收渠道，有效改善农民生活。同时，让更多农民就地就近就业，避免了大量农民外出打工而产生的农村留守问题、"空心村"问题、"空巢化"问题等现代"乡村病"，重新聚拢了人气，焕发出乡村发展新活力。在脱贫攻坚期间，得益于党的政策激励，一大批农民工返乡就业创业，助推乡村产业发展，农民不用背井离乡，在家门口就可以获取收益，还可以兼顾家庭，农民的获得感、幸福感、安全感显著增强，有效增进了农民福祉。

5. 产业兴旺有利于夯实国家粮食安全基础

对于我国这样一个有 14 多亿人口的世界第一人口大国，解决好吃饭问题，始终是治国理政的头等大事。随着我国新型城镇化的持续推进和居民消费水平的不断提高，我国消费结构转型升级，加之国际局势严峻复杂，国际粮食市场供给不确定性增强，紧平衡将是我国粮食安全的长期态势。[①] 为此，我们需要牢牢把握粮食安全主动权，推动农村产业结构合理配置，保障粮食生产能力不下降，耕地面积不减少。深入实施藏粮于地、藏粮于技战略，深化农业供给侧结构性改革，不断提高农业质量效应和竞争力，延伸粮食产业链，提升粮食价值链，打造粮食供应链，保障粮食产量和质量总体稳定，确保中国人的饭碗任何时候都牢牢端在自己手中，坚决夯实国家粮食安全基础。

（二）新时代乡村产业振兴的重要原则

推动乡村产业振兴、人才振兴、文化振兴、生态振兴、组织振兴是实施乡村振兴战略的核心内容和主要抓手，是"五位一体"总体布局和"四个全面"战略布局在农业农村领域的具体体现。产业振兴是促进农业农村生产力发展的重要动力和根本支撑，是乡村振兴的物质基础，事关乡村就业机会的提供和农民增收渠道的拓宽。产业振兴就其本质和内涵而言，与产业兴旺的核心要求是高度一致的。产业振兴是实现产业兴旺的主要路径和具体举措，产业兴旺是产业振兴的最终目标和根本任务。新时代推动我国乡村产业振兴，需要立足各地经济

---

① 中共中央党史和文献研究院：《习近平关于"三农"工作论述摘编》，中央文献出版社 2019 年版，第 67 页。

社会发展实际，围绕农业强、农村美、农民富的目标选择培育发展产业，实现农业全面升级、农村全面进步、农民全面发展。

1. 把涉农产业更多留在乡村

之前，农村与城市、农业与工业、农民与市民存在清晰的界限，就涉农产业而言，农民在农村主要从事种养业，而且大多只负责生产，位于产业链的上游，由于这个环节多处于市场完全竞争态势，农民几乎无法影响农产品价格，只是价格的被动接收者。涉农产业中下游的加工流通环节，往往是在城市由企业承担，这些环节恰恰是价值链中最赚钱的部分，农民很少能够从中分享增值收益。为了扭转涉农产业城乡割裂的困局，要培育基于乡村资源禀赋的特色产业，打造乡村产业新优势。应重点发展现代种养业、农产品加工流通业、乡土特色产业、乡村休闲旅游业、乡村新型服务业、信息服务业，把这些可以充分依托乡村资源优势且具备长期可持续发展能力的产业更多留在乡村。

2. 把就业岗位更多留给农民

就业是民生之本，当前，大量农民外出务工经商，造成乡村"空心村"现象，其根本原因在于，乡村产业发展水平低，无法为农民提供多样化的就业岗位，致使大量农村剩余劳动力被迫转移到城市找寻工作机会。因此，发展乡村产业要把解决农民就地就近就业作为一个重要考量指标，培育发展多层次多样性的产业，充分挖掘乡村多重功能和多元价值，引导新创办的企业尽可能在农村设立生产工厂。之前设立在城市的负责农产品加工流通的企业也可以适时将整个工厂或部分环节重心下沉，向有条件的中心镇和物流节点集中。政府也要出台相应的激励政策，鼓励支持工商资本和涉农企业到农村投资兴业，把更多的相关产业留在乡村，把更多的就业岗位留给农民，确保农民有业就、有活干、有钱赚。

3. 把产业链增值收益留给农民

乡村振兴，生活富裕是根本。发展乡村产业的目的就是要促进农民持续增收，推动乡村居民生活富裕。随着新时代农业农村改革的逐步深化，新型农业经营主体不断涌现，乡村产业发展水平显著提高。但是，也要清晰地看到，一些乡村发展的产业与农民联系不紧，农民没有真正参与到产业发展进程中，很多产业增值收益并没有平等惠泽广大农民。为了克服产业发展过程中农民被弱化、被边缘化的现象，改变农民作为"旁观者"的角色，必须建立乡村产业联农带农机制，通过农民股份合作、利润返还、保底分红等多种形式，实现农民融入产业运营全过程，让农民合理分享全产业链增值收益，从而形成农民收入持续增长的长效机制，最终实现农民共同富裕。

总之，坚持上述三条原则，将会有力助推新时代乡村振兴，农业农村就会出现三大变化：一是农业强起来。通过发掘农村蕴含的多元价值，拓展农业功能，延长产业链、提升价值链、打造供应链，坚持绿色兴农、质量兴农，深化农业供给侧结构性改革，加快构建现代农业产业体系、生产体系、经营体系，提高农业创新力、竞争力、全要素生产率，农业的质量效益和竞争力必然提升。二是农村美起来。坚持绿色发展理念，通过实施绿色兴农、质量兴农战略，依托乡村自然资源优势发展绿色产业，实现人与自然和谐共生，经济发展和保护生态良性互动，推动乡村自然资本加快增值，实现百姓富、生态美的统一。三是农民富起来。产业兴，百业兴，乡村产业兴旺，能为农民就业增收创造机会，持续拓宽渠道，农民收入增加是生活富裕的根本保证。

二、新时代巩固和完善农村基本经营制度的丰富内涵

（一）坚持农村基本经营制度

马克思主义政治经济学原理指出，生产力和生产关系是对立统一的，生产力决定生产关系，生产关系对生产力具有反作用。当生产关系适应生产力发展状况时，生产关系能够推动生产力的发展；反之，当生产关系落后于生产力，不适应生产关系发展状况时，它就会阻碍生产力的发展，即"这些关系便由生产力的发展形式变成生产力的桎梏"①。此时，通过制度创新对原有旧制度进行变革调整将会重新激发

---

① 《马克思恩格斯文集》第 2 卷，人民出版社 2009 年版，第 591 页。

生产力发展动力和经济社会发展活力。中国的农村改革便是对人民公社制度进行变革，建立以家庭承包经营为基础、统分结合的双层经营体制，并确立为我国农村基本经营制度。我国农业农村发展取得的巨大成就表明，巩固和完善农村基本经营制度，对于解决"三农"问题起着基础性作用。

党的十八大以来，习近平总书记始终强调巩固和完善农村基本经营制度、深化农村土地制度改革的重要性。习近平总书记指出："农村基本经营制度是党的农村政策的基石。坚持党的农村政策，首要的就是坚持农村基本经营制度。坚持农村基本经营制度，不是一句空口号，而是有实实在在的政策要求。"[①] 为适应新时代农业农村发展新形式，顺应城镇化进程中农村转移劳动力流转土地和农村土地适度规模经营的生产力发展需求，提出了探索创新农村土地集体所有制的实现形式。党的十九大报告指出："巩固和完善农村基本经营制度，深化农村土地制度改革，完善承包地'三权分置'制度，保持土地承包关系稳定并长久不变，第二轮土地承包到期后再延长三十年。"[②] 农民和土地这种新型关系的制度构建，解决了农村改革中最重要的影响因素，既坚持和巩固了社会主义基本经济制度，又有效推动了农业农村生产力发展。党的十八大以来的实践证明，坚持农村基本经营制度是实现农业现代化和全面建成小康社会的制度保证，也是巩固社会主义基本经济制度，进而实现农村现代化的必然要求。

坚持农村土地农民集体所有是坚持农村基本经营制度的"魂"。2016 年 4 月 25 日，习近平总书记在安徽省凤阳县小岗村农村改革座谈会上，旗帜鲜明地指出了我国农村改革的底线："不管怎么改，都不能把农村土地所有制改垮了，不能把耕地改少了，不能把粮食生产能力改弱了，不能把农民利益损害了。"[③]

---

① 中共中央党史和文献研究院：《习近平关于"三农"工作论述摘编》，中央文献出版社 2019 年版，第 50 页。

② 习近平：《决胜全面建成小康社会 夺取新时代中国特色社会主义伟大胜利——在中国共产党第十九次全国代表大会上的报告》，人民出版社 2017 年版，第 32 页。

③ 《加大推进新形势下农村改革力度 促进农业基础稳固农民安居乐业》，《人民日报》2016 年 4 月 29 日。

中国农村实行土地集体所有制是社会主义公有制的内在要求，是中国共产党在团结带领农民经历革命、建设、改革的各个时期的长期实践中形成的宝贵经验。历史证明，这一制度是符合社会主义制度的必然要求和集中体现，有利于巩固夯实党在农村的执政基础，有利于更好实现农村的公平正义和农民群众的共同富裕。同时，实行农村土地集体所有制也促进了农村社会的长期和谐稳定，避免了土地私有化导致失地农民流离失所和农村社会矛盾激化的风险与困境，极大降低了农村各项改革产生的制度变迁成本，进而为建设中国特色社会主义市场经济，平稳协同推进城镇化、工业化和农业现代化进程，提供了灵活有效的制度安排。

坚持和完善农村基本经营制度的一个重要方面是坚持家庭经营在农业中的基础性地位。习近平总书记对农村基本经营制度中的家庭经营问题做了专门论述，指出："家庭经营在农业生产经营中居于基础性地位，集中体现在农民家庭是集体土地承包经营的法定主体。农村集体土地应该由作为集体经济组织成员的农民家庭承包，其他任何主体都不能取代农民家庭的土地承包地位。农民家庭承包的土地，可以由农民家庭经营，也可以通过流转经营权由其他经营主体经营，但不论承包权如何流转，集体土地承包权都属于农民家庭。这是农民土地承包经营权的根本，也是农村基本经营制度的根本。"[1]

家庭经营是指农户以家庭为生产经营单位、以家庭成员作为主要劳动力来源开展农业经营活动的生产形式。纵观世界农业发展史可以发现，无论是传统农业生产还是现代农业发展，无论是发达国家抑或是发展中国家，家庭经营依然是农业生产的重要形式。这主要是由于农业和其他产业存在着本质的显著差异。农业受自然因素的直接影响，所以农业产业存在自然再生产和经济再生产相互交织的双重独特属性。农作物生产高度依赖生态环境和自然条件等外部因素制约，呈现出明显的季节性和周期性特征，很难像工业化一样通过社会分工来实现时空的逻辑化处理，导致生产者的劳动投入与产出之间存在诸多不确定

---

[1] 中共中央党史和文献研究院：《习近平关于"三农"工作论述摘编》，中央文献出版社 2019 年版，第 50-51 页。

性，致使农业劳动投入精准计量困难，激励机制低效。与此同时，农业劳动不易实施标准化管理，监督成本较高，约束机制也难以发挥应有作用。而家庭经营方式由于具备适应上述农业生产特征的很强的弹性空间和灵活性，可以很好地包容不同层次的生产力水平，既能满足发达国家和地区市场化导向的公司化家庭农场，也能适应欠发达国家和地区的兼业小农户。

坚持家庭经营基础性地位和稳定土地承包关系在我国具有特殊重要意义。人多地少、土地资源相对稀缺是我国最大的国情，在城镇化快速推进的背景下，农村土地作为关系农村生产、生活、生态发展的重要因素，肩负着多种功能，发挥着多重作用。一是生产功能。农村土地为广大小农户提供了必要生产资料，满足了其基本生计，在保障国家粮食安全、实现粮食基本自给方面具有不可替代的作用。二是财产性功能。伴随着城镇化进程，对于大量进城务工的农民而言，农村土地有利于拓宽他们的收入渠道，成为其重要的收入增长来源，凸显出显著的财产性功能。三是社会保障功能。当前，我国城乡统一的社会保障体系尚未完全建立，农村土地承担了农民失业、养老等社会保障的托底功能，特别是遭遇全国普遍性经济危机，引发经济周期性波动之际，土地便成为返乡农民工的生存依靠，同时也是农村老弱病残等弱势群体的主要依靠。因此，土地发挥了保障农民基本生活的功能，进城农民获得了返乡的选择权，国家获得了农村这个稳定器和蓄水池。① 四是社会心理安全功能。纵观历史，伴随城乡一体化的推进，第二、第三产业成为吸纳农民就业的主要渠道，非农收入在农民家庭总收入中所占比重逐步提升，土地的经济保障功能相应弱化，但是农民惜地、爱地的传统观念不会即刻扭转，土地带给农民的社会心理安全感功能将滞后于土地功能变化而长期存在。② 五是社会政治功能。土地所有权是农民最重要的权力，与农民利益休戚相关，地权从来都是与公民的政治社会权利紧密联系在一起的，中国能够在农村基层顺利实

① 贺雪峰：《大国之基：中国乡村振兴诸问题》，东方出版社 2019 年版，第 17 页。
② 陈锡文：《走中国特色社会主义乡村振兴道路》，中国社会科学出版社 2019 年版，第 50 页。

现村民自治制度，与中国农村实行土地集体所有制、村民成员拥有平等的土地承包经营权是密不可分的。[1]

（二）深化农村土地制度改革，实行农村土地"三权分置"

中国特色社会主义进入了新时代，中国农业农村发展也进入了新阶段。深化农村土地制度改革是坚持和完善社会主义公有制的重要内容，也是建设和推进中国特色社会主义市场经济体制的必然要求。随着我国城镇化进程加快和农村劳动力转移人口增加，一方面，农民进城之后主要以第二和第三产业就业为主，无暇回乡兼顾农村土地耕作，致使农村大量土地处于撂荒状态，而农村希望规模化种植的经营主体又由于缺乏足量土地无法达到最优经营效率；另一方面，农民工要在城市安居乐业，实现真正的"人"的城镇化，需要持续拓宽收入来源，增加收入渠道，而农村土地处于闲置状态，无法有效转化为农民的财产性收入，影响了农民在城市的稳定性。综上，新时代需要放活土地经营权，通过出租、流转、入股和托管等方式，让土地和农村各种经营主体相结合，最大程度发挥土地功能。针对农村新实践，习近平总书记提出了农村土地"三权分置"的理论，这是我国农村改革的又一次重大理论创新、实践创新和制度创新。习近平总书记指出："完善农村基本经营制度，需要在理论上回答一个重大问题，就是农民土地承包权和土地经营权分离问题。……深化农村改革，完善农村基本经营制度，要好好研究农村土地所有权、承包权、经营权三者之间的关系。……现在，顺应农民保留土地承包权、流转土地经营权的意愿，实现承包权和经营权分置并行，这是我国农村改革的又一次重大创新。这将有利于更好坚持集体对土地的所有权，更好保障农户对土地的承包权，更好用活土地经营权，推进现代农业发展。"[2]

近年来，随着农业现代化建设的深入，土地承包经营权分置的政策逐渐落地，并在全国各地不断推广，而且已经取得了良好效果，新

---

① ［美］理查德·西奥多·伊利、爱德华·莫尔豪斯：《土地经济学原理》，滕维藻译，商务印书馆 1982 年版，第 28 页。

② 中共中央党史和文献研究院：《习近平关于"三农"工作论述摘编》，中央文献出版社 2019 年版，第 52-53 页。

型经营主体正在培育壮大。截至 2015 年底，全国家庭承包耕地经营权流转面积达到 4.43 亿亩，占全国家庭承包经营耕地的 33.3%。[1] 其中，家庭承包耕地流转入合作社的面积为 9737 万亩，占流转总面积的 21.8%。[2] 同时，农业部数据显示，截至 2016 年 6 月，全国 2.3 亿农户中流转土地的农户超过 7000 万人，比例超过 30%，其中，东部沿海地区流转比例超过 50%，许多农户将承包土地流转给家庭农场、农民合作社、农业企业等 270 多万各类农业新型经营主体。[3] 之后，我国农村土地流转的速度不断加快，范围也逐步扩大，充分展现了中国农村基本经营制度的弹性空间和持久活力，开创了中国特色现代农业发展新模式。

　　"三权分置"制度中的一个内在要求和重要内涵是强调"长久不变"，即现有农村土地承包关系稳定并长久不变是维护农民土地承包经营权的关键。这里的"长久不变"是就土地承包关系而言的，任何组织和个人都不得剥夺和非法限制农民承包土地的权力。通过明晰和强化对土地承包权的物权保护，完善土地承包经营权权能，保障农民承包地占用、使用、收益、流转和承包经营权抵押、担保权利，既有利于保护广大弱势农户群体的利益，避免失去土地承包权，丧失基本生活保障的潜在风险，也有利于拓宽农民的投融资渠道，为农民就业增收创造条件。同时，放活并依法平等保护土地经营权，可以实现土地经营主体多元化，特别是对于开展规模经营、租赁合同期稳定、投资回报周期长的经营者，稳定规范的投资预期有利于农村产业的良性健康持续发展，实现经营者收益最大化，从而实现土地承包农户和土地经营者的利益双赢。所以，从长期来看，实现土地经营权有序高效流转，有赖于土地承包权的稳定。2016 年 4 月 25 日，习近平总书记在安徽省小岗村农村改革座谈会上指出，要抓紧落实土地承包经营权登记

① 张红宇：《关于深化农村改革的四个问题》，《农业经济问题》2016 年第 7 期。
② 农业部农村合作经济经营管理总站课题组：《新常态下促进农民合作社健康发展研究报告（一）》，《中国农民合作社》2016 年第 11 期。
③ 《坚持所有权　稳定承包权　放活经营权　为现代农业发展奠定基础——韩长赋在国新办发布会上就〈关于完善农村土地所有权承包权经营权分置办法的意见〉答记者问》，《农村经济管理》2016 年第 12 期。

制度，真正让农民吃上"定心丸"。①

稳定承包权是放活经营权的基础和前提，而放活土地经营权是引导土地规范有序流转的关键，是顺应现代农业发展大势，实现农业现代化的重要举措。通过土地承包方和经营方签订合同，有利于激励经营者进行长期投资，降低投资短视化倾向，实现土地产出率、劳动生产率及资源利用率的提高。与此同时，也要警惕和避免土地流转到新经营者手中出现土地非农化和耕地非粮化的现象，为此，习近平总书记提出放活土地经营权，推动土地经营权有序流转，要把握好流转、集中、规模经营的度，注重"三个适应"，即"要与城镇化进程和农村劳动力转移规模相适应，与农业科技进步和生产手段改进程度相适应，与农业社会化服务水平提高相适应"②。针对少数工商资本违法违规变更土地用途谋求私利的现象，习近平总书记强调要防止一些工商资本到农村介入土地流转后搞非农建设，影响耕地保护和粮食生产等问题；要注意完善土地承包法律法规，落实粮食生产政策，健全监管和风险防范机制，加强乡镇农村经营管理体系建设，推动土地规范有序进行，真正激发农民搞农业生产特别是粮食生产的积极性。③

（三）完善统一经营，发展多种形式的适度规模经营

我国农村基本经营制度是以家庭承包经营为基础，统分结合的双层经营体制，这里的统一经营和分散经营不是孤立割裂、毫无联系的简单相加，而是相互作用、不可分割的有机整体。习近平总书记早在福建工作期间就高度关注并深入研究了"集体经营"与"家庭经营"之间、"统"与"分"之间的辩证关系，提出要全面理解"统分结合"的完整含义，解决好"分"了以后"统"应该怎么办的核心问题。④

---

① 《加大推进新形势下农村改革力度　促进农业基础稳固农民安居乐业》，《人民日报》2016 年 4 月 29 日。

② 中共中央党史和文献研究院：《习近平关于"三农"工作论述摘编》，中央文献出版社 2019 年版，第 54 页。

③ 《依法依规做好耕地占补平衡　规范有序推进农村土地流转》，《人民日报》2015 年 5 月 27 日。

④ 习近平：《摆脱贫困》，福建人民出版社 2014 年版，第 144—146 页。

进入新时代，党中央始终强调坚持和完善农村统一经营的重要性，不断丰富统一经营的内涵，创新统一经营的实现方式，统一经营在农业现代化进程中的作用日益凸显并不断强化。2013 年党的十八届三中全会通过的《中共中央关于全面深化改革若干重大问题的决定》进一步提出："加快构建新型农业经营体系。坚持家庭经营在农业中的基础性地位，推进家庭经营、集体经营、合作经营、企业经营等共同发展的农业经营方式创新。坚持农村土地集体所有权，依法维护农民土地承包经营权，发展壮大集体经济。"[①] 2013 年 12 月，中央农村工作会议明确提出，要加快构建以农户家庭经营为基础、合作与联合为纽带、社会化服务为支撑的立体式复合型现代农业经营体系。[②]

我国幅员辽阔，由于自然和历史等多种因素作用，各区域之间经济社会发展不平衡。就农业农村发展而言，这一态势体现得更加明显，农业经营主体也呈现出显著的多类型和多层次性。东部沿海发达地区和大城市郊区家庭经营大多转向高效率的企业化和专业化生产，而中西部家庭经营仍以外出务工的兼业农户为主体，在一些欠发达地区依旧存在着维持生计的传统农户。然而，随着我国城镇化、工业化、现代化的继续推进，农村大量青壮年劳动力外流，农民老龄化和农村空心化引发了将来谁来种地和如何种地的拷问，农户家庭经营存在的弱、小、散问题直接制约着现代农业的推进和农产品市场竞争力的形成。2013 年中央农村工作会议贯彻习近平总书记重要讲话精神，指明要提高种地集约经营、规模经营、社会化服务水平，增加农民务农收入，鼓励发展、大力扶持家庭农场、专业大户、农民合作社、产业化龙头企业等新型主体。[③]农业农村部统计资料显示，近些年来我国农村新型经营主体呈现蓬勃发展态势，截至 2020 年 6 月，家庭农场达到 390 万家，农民合作社超过 220 万家，农业社会化服务组织达到 95 万多个。当前，与农业新型经营主体相配套的规模化新型农业服务主体也相继涌现，两者共同成为农业现代化的主力军。《中华人民共和国国民经济

---

① 《中共中央关于全面深化改革若干重大问题的决定》，载中共中央文献研究室编《十八大以来重要文献选编（上）》，中央文献出版社 2014 年版，第 523 页。

②③ 《中央农村工作会议在北京举行》，《人民日报》2013 年 12 月 25 日。

和社会发展第十四个五年规划和二〇三五年远景目标纲要》指出："加快培育农民合作社、家庭农场等新型农业经营主体，健全农业专业化社会化服务体系，发展多种形式适度规模经营。"①

实现规模效应是现代农业的基本特征和显著优势，新时代推进农业生产规模化，应结合中国国情和农情，实事求是，因地制宜，注重适度。同时，农民是乡村振兴的主体，推进适度规模经营要充分尊重农民意愿和保护农民利益，保护发挥好农民的积极性、主动性、创造性。2014年9月29日，习近平总书记在中央全面深化改革领导小组第五次会议上指出："要坚持规模适度，重点支持发展粮食规模化生产。……要根据各地基础和条件发展，确定合理的耕地经营规模加以引导，不能片面追求快和大，更不能忽视经营自家承包地的农户仍占大多数的基本农情。对工商企业租赁农户承包地，要有严格的门槛，建立资格审查、项目审核、风险保证金制度，对准入和监管制度作出明确规定。"②2016年4月，习近平总书记在安徽省小岗村农村改革座谈会上指出："要尊重农民意愿和维护农民权益，把选择权交给农民，由农民选择而不是代替农民选择，可以示范和引导，但不搞强迫命令、不刮风、不一刀切。"③

三、新时代保障我国粮食安全的内涵与举措

"洪范八政，食为政首。"中国是一个有着14多亿人口的大国，确保国家粮食安全、解决好人民的吃饭问题始终是治国理政的头等大事。在新时代，面对我国发展内外部环境的新变化和新特征，针对农业生产和粮食安全等重大问题，习近平总书记高屋建瓴，深谋远虑，

---

① 《中共中央关于制定国民经济和社会发展第十四个五年规划和二〇三五年远景目标的建议》，人民出版社2020年版，第22页。
② 《严把改革方案质量关督察关　确保改革改有所进改有所成》，《人民日报》2014年9月30日。
③ 《加大推进新形式下农村改革力度　促进农业基础稳固农民安居乐业》，《人民日报》2016年4月29日。

以居安思危的战略思维和高度清醒的底线思维，提出了一系列重要科学论断。习近平总书记指出："保障国家粮食安全是一个永恒课题，任何时候这根弦都不能松""中国人的饭碗任何时候都要牢牢端在自己手中""我们的饭碗应该主要装中国粮""靠别人解决吃饭问题是靠不住的""绝不能买饭吃、讨饭吃"。① 随后，习近平总书记在党的十九大报告中再次强调"确保国家粮食安全，把中国人的饭碗牢牢端在自己手中"。②

（一）新时代国家粮食安全战略的基本内涵

当前，我国粮食生产既面对国际粮食市场供给和价格变动的冲击，也面临国内资源环境约束和生产成本上升的挑战。在此情况下，党中央提出新时代必须实施"以我为主、立足国内、确保产能、适度进口、科技支撑"的国家粮食安全战略，做到谷物基本自给、口粮绝对安全，把饭碗牢牢端在自己手上的目标。③

1. 谷物基本自给、口粮绝对安全是根本底线

进入新时代，随着人民群众收入水平不断提高，消费水平和消费结构也在发生相应变化，对粮食需求的数量和质量都产生了直接影响。国家统计局数据显示，我国的粮食产量连年增加，2020 年我国粮食总产量达到 13390 亿斤，基本上达到上述粮食安全目标。但也要清醒地看到，当前我国粮食也存在着结构性矛盾：一方面，粮食数量在增加，但质量不能完全适应人民群众日益增长的高品质生活需要，还需要从国外购买大量产品，造成需求外溢，长此以往可能形成对外消费依赖，所以当务之急是不断提高我国的农产品质量，更好满足人民群众不断升级的消费需求；另一方面，我国粮食存在大量库存，由于历史、制度等多种原因，国家按照最低收购价和临时收储价收购的粮食价格普

---

① 习近平：《在中央农村工作会议上的讲话》，载中共中央文献研究室编《十八大以来重要文献选编（上）》，中央文献出版社 2014 年版，第 660-662 页。

② 习近平：《决胜全面建成小康社会 夺取新时代中国特色社会主义伟大胜利——在中国共产党第十九次全国代表大会上的报告》，人民出版社 2017 年版，第 32 页。

③ 中共中央党史和文献研究院：《习近平关于"三农"工作论述摘编》，中央文献出版社 2019 年版，第 67-68 页。

遍高于市场价格，难以收价销售出去，导致大量积压，给国家财政带来很多负担。

综合分析国内外政治经济发展环境和我国当前及未来粮食生产状况，党中央科学认识粮食安全的底线要求，主动调整粮食政策，明确指出，要结合未来一段时间我国农产品供需形式和资源条件，对主要产品进行战略平衡，合理确定目标定位和主要农产品发展的优先顺序，确保水稻、小麦、玉米三大主粮自给率保持在95%以上，其中水稻、小麦两大口粮保持100%自给。① 这种粮食基本自给的战略收缩，有利于集中资源保重点，由过去的保全部、保所有向保重点、保口粮转变，是以习近平同志为核心的党中央作出的科学战略部署，为转变农业发展方式、加快农业产业结构调整提供了更加宽松的政策环境和资源空间。②

2. 立足国内、适度进口是首要原则

中国作为世界第一人口大国和世界第二大经济体，始终坚持以我为主，保证经济社会发展的主动权是超大经济体的内生逻辑。其中，粮食安全是国家经济社会发展的"压舱石"，我国只有立足粮食基本自给，做到"立足国内、以我为主"，才能为经济社会发展大局提供有力保障和坚实支撑。根据2018年联合国粮农组织等联合发布的《全球粮食危机报告》，2017年，全球共有51个国家约1.24亿人受到急性粮食不安全的影响，较上一年多出1100万人。习近平总书记高瞻远瞩地指出："看看世界上真正强大的国家、没有软肋的国家，都有能力解决自己的吃饭问题。美国是世界第一粮食出口国、农业最强国，俄罗斯、加拿大和欧盟的大国也是粮食强国。这些国家之所以强，是同粮食生产能力强联系在一起的。所以，粮食问题不能只从经济上看，必须从政治上看，保障国家粮食安全是实现经济发展、社会稳定、国家安全的重要基础。"③ 而对于我国作为人口大国所产生的巨量粮食需求问题，

---

① 《实现中国梦 基础在"三农"》，《光明日报》2013年9月13日。

② 陈锡文主编：《走中国特色社会主义乡村振兴道路》，中国社会科学出版社2019年版，第88页。

③ 中共中央党史和文献研究院：《习近平关于"三农"工作论述摘编》，中央文献出版社2019年版，第72-73页。

完全依赖国际市场显然是不切实际的，就此问题，习近平总书记一针见血地指出："现在，全球每年粮食贸易量大约六千亿斤，相当于我国粮食需求量的一半；大米贸易量在七百亿斤左右，仅相当于我国大米消费量的百分之二十五。从世界谷物市场中我们还能够进口多少？更何况，即便我们能把国际市场上的谷物都买过来，也不够我们吃半年的。"①

当然，我们也不能走极端，立足国内并非意味着所有粮食和农产品完全依靠我们自己生产。在全球化的今天，开放融通是大势所趋，我们要善于用好国际国内两种资源、两个市场，构建农业对外开放新格局，积极参与全球粮食安全治理和农业贸易规则制定，促进形成更加公平合理的农业国际贸易秩序。② 同时，还应拓展粮食进口渠道，形成稳定多元的供给体系，把握好农产品进口的规模和节奏，既要实现对我国粮食生产的有益补充，优化我国粮食结构，又要防止冲击国内生产，给农民就业增收和国民安全带来负面影响。

3. 激发种粮农民和粮食主产区的生产积极性是内生动力

我国粮食生产主要包含三方利益主体，即中央政府、地方政府和农民，三方是利益相关者，相互作用，形成合力，共同保障国家粮食安全宏观目标的实现。然而，在粮食生产实际过程中，三方的目标并非永远兼容，有时可能会出现不一致。具体而言，中央政府关注粮食安全，保障粮食供给是其基本目标，农民是粮食的微观供给主体，粮食安全并非其主要目标，对每一个农民来说，作为理性的利益主体，其关心的是如何提高收入，如果农业比较效益较低，即从事农业生产的经营性收益低于外出务工经商的工资性收入，农民就缺乏种粮的积极性。此外，对于地方政府而言，对保障粮食安全的目标缺乏经济热情，是因为农业的经济效益一般低于工商业，在目前以经济为主导的绩效考核体系下，地方政府对粮食生产重视程度不够，种粮抓粮的积极性受到严重影响。

---

① 习近平：《在中央农村工作会议上的讲话》，载中共中央文献研究室编《十八大以来重要文献选编（上）》，中央文献出版社2014年版，第662页。

② 《中共中央 国务院关于实施乡村振兴战略的意见》，人民出版社2018年版，第12页。

所以，保障我国粮食安全，需要激发农民种粮和地方政府种粮抓粮的内生动力，充分调动两者的积极性，处理好中央、地方和农民三者利益。为此，中央需要建立种粮抓粮激励机制，使农业补贴同粮食生产挂钩，让多生产粮食者多得补贴，把有限的资金用在刀刃上。同时，要完善粮食收储政策，调动市场主体收储粮食积极性，发挥储粮对平抑市场价格和稳定经济社会发展的积极作用。地方政府也要树立大局意识，自觉担负起维护国家粮食安全的责任。习近平总书记强调时刻关心农业权益，要"通过富裕农民、提高农民、扶持农民，让农业经营有效益，让农业成为有奔头的产业，让农民成为体面的职业"①。

4. 藏粮于地、藏粮于技是要素保证

保障粮食安全，充分激发农业生产要素潜力是关键。农业经常受到自然气候和生态环境的直接影响，"土地是财富之母，劳动是财富之父"形象地说明了土地对于粮食生产的重要性。虽然我国疆域辽阔，有960万平方千米的土地，折合约144亿亩，但真正适合耕种的土地面积只有20多亿亩，而这20多亿亩耕地是宜农、宜工又宜城的土地，成了工业化、城镇化进程中各方竞相占有的对象。因此我国耕地保护形势严峻，任务艰巨，绝不能掉以轻心、麻痹大意。习近平总书记早在2013年就明确指出："推进城镇化不可避免要占用土地，但问题是我们城镇建设用地规模扩张过快，如2000年到2012年城镇建设用地增长了约70%，城镇建成区人口密度大幅下降，脱离了人多地少的国情""耕地红线一定要守住，千万不能突破，也不能变相突破。红线包括数量，也包括质量，搞占补平衡不能把好地都占了，用劣地、坡地、生地来滥竽充数，最终账目上是平衡了，但耕地质量是大大亏空了。这不是自欺欺人吗?!"② 除此之外，在保证耕地数量和质量的前提下，还需要探索实行耕地轮作休耕制度，促进耕地休养生息和农业可持续发展。虽然这些年我国粮食生产保持增长势头，但农业生产方式粗放，投资开发的强度日益提高，逼近甚至超过了农村资源和环境的承载能

---

① 习近平:《在中央农村工作会议上的讲话》，载中共中央文献研究室编《十八大以来重要文献选编（上）》，中央文献出版社2014年版，第678页。

② 习近平:《在中央城镇化工作会议上的讲话》，载中共中央文献研究室编《十八大以来重要文献选编（上）》，中央文献出版社2014年版，第595-596页。

力，长此以往，不仅影响耕地的持续产出能力，也制约农产品质量的提升。为了实现农业的可持续高质量发展，推进农业绿色转型发展势在必行。习近平总书记强调："实行耕地轮作休耕制度，国家可以根据财力和粮食供求状况，重点在地下水漏斗区、重金属污染区、生态严重退化地区开展试点，安排一定面积的耕地用于休耕，对休耕农民给予必要的粮食或现金补助。"①

保证粮食安全，关键是在耕地稳定的情况下，大力转变农业发展方式，由粗放式向集约式转变，由外延式向内涵式转变，充分发挥科技对农业生产的重要支撑作用。通过科技改造土壤结构、改良种子质量、改进生产工具、改善水利实施，以突破已有农业生产的各种资源环境约束，实现农业生产提质增效。习近平总书记明确指出："农业出路在现代化，农业现代化关键在科技进步。我们必须比以往任何时候都更加重视和依靠农业科技进步，走内涵式发展道路。"② "要给农业插上科技的'翅膀'，加快构建适应高产、优质、高效、生态、安全农业发展要求的技术体系。"③ "要推进农业供给侧结构性改革，提高农业综合效益和竞争力。要以科技为支撑走内涵式现代农业发展道路，实现藏粮于地、藏粮于技。"④

5. 保障人民群众"舌尖上的安全"是最终目标

民以食为天，食以安为先。保障人民群众健康始终是农业发展的根本目标和底线任务。进入新时代，人民群众对食物的要求正逐步从"有没有"向"好不好"、从生存型向发展型、从数量型向质量型转变，安全和优质的农产品成为众多消费者追求的目标。为了回应人民群众吃得更放心、吃得更健康的热切期盼，习近平总书记严肃指出，能不能在食品安全上给老百姓一个满意的交代，是对我们执政能力的重大考验。农产品和食品安全问题是底线要求。如果这个起码的底线

① 习近平：《关于〈中共中央关于制定国民经济和社会发展第十三个五年规划的建议〉的说明》，《人民日报》2015年11月4日。
② 韩长赋：《稳固农业基础 确保粮食安全——深入学习贯彻习近平同志关于农业问题的重要论述》，《人民日报》2013年12月29日。
③ 中共中央文献研究室：《习近平关于科技创新论述摘编》，中央文献出版社2016年版，第93页。
④ 倪光辉：《基层代表讲述总书记牵挂的事儿》，《人民日报》2016年3月9日。

要求都做不到，老百姓对"舌尖上的安全"都不放心，还谈什么质量兴农，还谈什么竞争力。[①]

食品安全源头在农产品，基础在农业，要追本溯源从农业生产端入手，通过转变农业发展方式，提高农业生产力，实现绿色发展。除了在"产出来"环节上下功夫，还需要社会各方形成合力，在"管出来"环节上建体系，各级党委和政府要把食品安全作为重要民生工程、民心工程，采取最严谨的标准、最严格的监管、最严厉的处罚、最严肃的问责对其进行锲而不舍的认真管理。习近平总书记要求，要牢固树立以人民为中心的发展理念，坚持党政同责、标本兼治，加强统筹协调，加快完善统一权威的监管体制和制度，落实"四个最严"的要求，切实保障人民群众"舌尖上的安全"。[②]

（二）保障新时代国家粮食安全的有效路径

新时代我国推出多项强农惠农富农政策，农业发展取得了历史性成就，农业供给侧结构性改革深入推进，为国家粮食安全奠定了坚实基础。但也要看到，当前我国农业生产也面临以下问题：粮食数量出现生产量、进口量、库存量"三量齐增"的现象；粮食价格经受生产成本"地板"和粮食市场价格"天花板"的双重制约；玉米、小麦、稻谷、大豆等农产品国内供需状况呈现不同特征。总之，粮食结构主要表现为供给侧结构性失衡，大量中低端农产品产量不断增加，却不能很好满足消费需要，适应市场需求，形成供给过剩，致使农产品价格大幅下降，损害农民利益；与此同时，高端优质农产品供给严重不足，不能有效满足国内消费者需要，被迫大量依靠进口。为有效应对上述问题，中央提出将深化农业供给侧结构性改革作为农业农村工作的主线，转变农业发展方式，优化农业产业结构，培育农业发展新动能，推动农业高质量发展。

---

① 习近平：《走中国特色社会主义乡村振兴道路》，载中共中央文献研究室编《论坚持全面深化改革》，中央文献出版社 2018 年版，第 402 页。

② 《牢固树立以人民为中心的发展理念 落实"四个最严"的要求 切实保障人民群众"舌尖上的安全"》，《人民日报》2016 年 1 月 29 日。

1. 推进粮食产品有效供给

农业供给侧结构性改革着力于调整和优化农业产业结构，提高农业供给体系质量和效率，提升农业综合效益和竞争力，真正形成结构合理、保障有力的农产品有效供给。[①] 习近平总书记指出，要加强和巩固农业基础地位，加大对农业的支持力度，加强和完善强农惠农富农政策，加快发展现代农业，确保国家粮食和主要农产品有效供给。[②] 关键是要科学分析我国消费现状和准确预判我国消费趋势，适时优化农业生产结构，增加农产品附加值，提高其市场竞争力，尽量减少农产品无效供给，确保稳定并提高有效供给。

农业供给侧结构性改革重在从生产端对农产品存量和增量进行精准调控，要发挥市场在资源配置中的决定性作用，通过价格机制、供求价值、竞争机制等市场价值规律作用引导粮食生产经营主体主动提质增效，提高产品市场竞争力。同时，要更好发挥政府作用，从宏观角度实现农产品供求的总量平衡和结构平衡。当前，我国储粮量已经逼近历史峰值，政策性粮食库存积压比较严重。过高的库存量不仅占用了大量资金，加大国家财政压力，也影响到粮食产业链的正常循环和周转。上游农民增产难增收，影响了农民收入和种粮积极性；下游加工企业由于成本传递，推高了其经营成本，挤压了正常利润；中游的收储环节仓容紧张，粮食损耗在所难免，致使收储部门资金大量沉淀，无利可图。所以，当务之急是完善粮食等重要农产品价格形成和收储政策，为农业供给侧结构性改革提供动力。

2. 推进粮食产业结构优化调整

农产品供需失衡源自农业产业结构的不合理，因此，推进粮食产业结构优化调整才能真正达到供需动态平衡，最终实现粮食安全的目标。党的十九大报告指出："坚持去产能、去库存、去杠杆、降成本、补短板，优化存量资源配置，扩大优质增量供给，实现供需动态平

---

① 陈锡文主编：《走中国特色社会主义乡村振兴道路》，中国社会科学出版社 2019 年版，第 96 页。

② 习近平：《习近平谈治国理政》第 3 卷，外文出版社 2014 年版，第 112 页。

衡。"① 农业供给侧结构性改革的实质在于通过调结构、转方式，提高粮食生产的质量和效益。通过优化调整结构，实现一二三产业融合发展，推动工农融合、农商融合、农旅融合等多种融合发展模式，形成全产业链大融合体。推进国内国际市场联动，形成资源节约、环境友好，符合当地资源禀赋，具有独特优势的特色产业。此外，要用新技术赋能农业生产流通各环节，提高粮食生产的科技含量，不断提升农产品综合效益和市场竞争力，促进生产由数量为主转向数量质量并重，更好满足消费者需求。

我国粮食品种多样，新时代，随着人民群众生活水平的提高和消费理念的转变，粮食消费的构成比重也在发生相应变化，引起农产品相关产业的变动。比如，长期以来，我国玉米种植面积过大且国家库存水平过高，这有其一定的历史合理性，但现在玉米已经不再作为基本口粮，而是主要当作饲料来使用，因此需要适当调减非优势区玉米种植面积和收储量。农业供给侧结构性改革的目的主要在于激发粮食生产者积极性，进而实现提质量、转方式、增效益。为此，需要深化农村改革、培育新型经营主体、完善基础设施、推广科技应用、发展社会化服务体系等，进一步调动广大农民从事农业生产经营的积极性，健全各种支持保护政策和条件，发展农业适度规模经营，不断提高农业效益。

3. 推进粮食品质提升

农业供给侧结构性改革的核心目标是聚焦农业供给端，通过全产业链管理，结构性优化，实现优质农产品供给。在新时代，应在充分了解消费者美好生活需要的基础上，从农业生产和流通全过程入手，全面提升农产品品质。首先，在生产加工过程中，保证各个环节都严格把控产品品质，不能有任何疏漏。具体而言，在生产环节要加强良种的培育和选择，坚持绿色、循环、低碳的种植理念，减少化肥农药的使用，扩大和推广绿色、安全、优质农产品的耕种；同时，在农产品加工环节，树立安全意识，强化标准管理，深化分工程序，提高整

---

① 习近平:《决胜全面建成小康社会 夺取新时代中国特色社会主义伟大胜利——在中国共产党第十九次全国代表大会上的报告》，人民出版社 2017 年版，第 31 页。

体加工档次。其次，在流通过程中，要充分借助信息技术、电子商务、互联网、大数据、人工智能新技术培育拓展新业态，精准了解市场消费变化，对接消费需要；同时，要适应消费者对生鲜食品的需求增长，建设高质量保鲜仓库，完善全程冷链运输体系，保证产品新鲜度。再次，要树立品牌意识，实施品牌战略，培育知名品牌。由于农产品大多是人民消费必需品，产品之间的使用价值差异并不大，所以农产品市场往往具有类似于完全竞争市场的特征，导致农产品价格实行差异化定价有一定难度。这就需要对农产品实行全流程管理，把各个环节标准化、透明化，让消费者可以溯源农产品的"来世今生"，进而对农产品进行严格的分级管理，提高产品的区分度，让商品的价格和价值相一致，实现优质优价，防止并杜绝"劣币驱逐良币"的现象发生。最后，要强化政府的作用，加强检测预警，健全粮食质量安全标准体系，对农产品中含有的农业、重金属等关键指标进行密切跟踪管控。

习近平总书记对于农产品品质有着深刻精辟的论述，强调要突出农业绿色化、优质化、特色化、品牌化。"实现质量兴农，既要产得出、产得优，也要卖得出、卖得好。现在，许多优质农产品还是在田头卖、在马路边卖，还是'提篮小卖'，还是'披头散发'在卖，好东西卖不出好价钱。酒好也怕巷子深。要学会给农产品梳妆打扮和营销宣传，加强农产品产后分级、包装、仓储、物流、营销，特别是要加快补上冷链物流等短板，推进农产品流通现代化，在提高农业综合效益上做足文章。"[①]

四、构建新时代农村一二三产业融合发展体系：基于上海的实证研究

新时代，中央高度重视农业农村发展，将实现农业现代化作为"三农"工作的重要内容。其中，推动农业发展方式转变，推进农村一

---

① 习近平：《走中国特色社会主义乡村振兴道路》，载中共中央文献研究室编《论坚持全面深化改革》，中央文献出版社 2018 年版，第 401-402 页。

二三产业融合发展，不断提高农业创新力和竞争力，是实现我国由农业大国向农业强国转变的重要途径。2014年中央农村工作会议提出要大力发展农业产业化，推进农村一二三产业融合互动。2015年中央一号文件《关于加大改革创新力度加快农业现代化建设的若干意见》围绕加大改革创新力度，加快农业现代化建设，提出明确要求把产业链、价值链等现代产业组织方式引入我国当前农业，促进农村一二三产业融合发展。国务院办公厅还就此专门印发《关于推进农村一二三产业融合发展的指导意见》，就相关事宜进行具体安排部署。推进农村三产融合，是拓宽农民增收渠道、构建现代农业产业体系的重要举措，是加快转变农业发展方式、探索中国特色农业现代化道路的必然要求。2016年中央一号文件再次强调，"大力推进农村现代化，着力构建现代农业产业体系、生产体系、经营体系，实施藏粮于地、藏粮于技战略，推动粮经饲统筹、农林牧渔结合、种养加一体、一二三产业融合发展，让农业成为充满希望的朝阳产业""促进农业产加销紧密衔接、农村一二三产业深度融合，推进农业产业链整合和价值链提升，让农民共享产业融合发展的增值收益，培育农民增收新模式"[1]。2017年党的十九大报告提出，要实施乡村振兴战略，要求"促进农村一二三产业融合发展，支持和鼓励农民就业创业，拓宽增收渠道"[2]。随后，《中共中央国务院关于实施乡村振兴战略的意见》和《乡村振兴战略规划（2018—2022年）》相继印发，都明确指出构建农村一二三产业融合发展体系，通过产业融合实现资源、技术、市场需求等要素的整合重组，以实现农业发展方式升级、产业空间布局优化，进而助推乡村产业兴旺。

（一）农村一二三产业融合发展提出的背景、概念与内涵

1. 农村一二三产业融合发展提出的背景

改革开放以来，在党中央的高度重视和大力支持下，我国农业快

---

① 《中共中央 国务院关于落实发展新理念加快农业现代化实现全面小康目标的若干意见》，《光明日报》2016年1月28日。

② 习近平：《决胜全面建成小康社会 夺取新时代中国特色社会主义伟大胜利——在中国共产党第十九次全国代表大会上的报告》，人民出版社2017年版，第32页。

速发展，农业现代化水平显著提高，农业发展方式正从传统农业向现代农业逐步转变。但是，在我国农业发展取得可喜成绩的同时，也要清醒地看到，与发达国家相比，我国农业竞争力仍存在不小差距。首先，近些年来，我国劳动力成本快速上涨，而很多地方的农业仍旧是劳动密集型产业，农业劳动生产率并没有伴随着劳动力成本的上升而同步提高，致使劳动密集型农产品的国际竞争力趋弱。其次，随着我国城镇化和工业化的持续推进，耕地面积面临被挤占和变更用途的风险，耕地面积的减少推高了农产品生产的成本和价格。再次，水资源的过度使用、土地面源污染的加剧、森林植被等自然生态环境破坏，都对新时代农业可持续发展造成严峻挑战。最后，由于我国农村金融制度和保险制度不健全，影响了农业的规模化经营，加上我国农产品进口平均关税率仅为15.2%，为世界平均水平的1/4，使得国内部分农产品价格高于国外农产品进口价格，形成农产品内外价差，结果出现了"洋货入市、国货入库""边进口、边挤压"的现象。

进入新时代，我国社会主要矛盾已经转化，人民群众对美好生活的需要日益增加，对农产品和食品的需求，也不再停留在比较单一的、低端的、以初级产品为主的阶段，多元化、优质化和绿色安全的农产品和食品备受青睐。我国农业生产还有不少无法适应和满足的短板弱项。由于我国国内农产品和食品无法完全满足新时代城乡居民消费结构升级需要，消费者转而购买国外商品，导致每年农产品和进口食品不断增长，加之一些国内农产品质量安全事件的发生，一定程度上影响动摇了国内消费者信心，从而加重了国内农产品和食品消费外流，影响了国内农业的健康发展。

在中国特色社会主义新时代，在党中央的坚强领导下，我们完成了脱贫攻坚、全面建成小康社会的历史任务，实现了第一个百年奋斗目标，接下来，将乘势而上开启全面建设社会主义现代化国家新征程，向第二个百年奋斗目标进军。实现上述目标，最艰巨、最繁重的任务在农村，最广泛、最深厚的基础在农村，最大的潜力和后劲也在农村，所以，解决好农业农村问题，对实现农业农村现代化至关重要。当前，为加快转变农业发展方式，提高农业质量效益和竞争力，促进农民持续增收，必须加快农村一二三产业融合发展，激发产业链、价值链的分解、重构、升级，形成新业态、新商业模式、新组织方式、新经营机制，带动更大范围和更宽领域的资源、要素、市场需求整合集成和优化配置。推动农村一二三产业融合发展，将成为全面推进新时代乡村振兴的一个重要抓手和主要途径。

2. 农村一二三产业融合发展的概念与内涵

（1）农村一二三产业融合的概念。

纵观国内外实践经验和理论研究，产业融合是生产力发展、技术进步、制度创新相互作用产生的必然结果。它是指发生在原来产业边界和交叉处的产业形态、产业模式、产品特征出现了变化，导致原有产业边界模糊化和产业界限重构。产业融合按照不同的标准有多种分类方式：从市场角度看，有供给方面（技术融合）和需求端（产品融合）的融合；从融合方向看，有横向融合、纵向融合、混合性融合；从融合形式看，有产业内部融合、产业之间融合、技术渗透性融合等；从融合程度看，有完全融合、部分融合、虚假融合。

农村一二三产业融合起源于日本的六次产业化理论。1994年，日本JA综合研究所今村奈良臣首次提出农业的六次产业化概念，认为农业的六次产业是指农村地区各产业之和。其意为，农业不仅指传统的农畜产品生产的第一产业，而且应该扩大其范围，拓展其边界，还应包括与农业相关联的第二产业（农畜产品加工及食品制造等）和第三产业（农畜产品和食品的流通、销售、信息服务和农业旅游等）。后来，今村奈良臣对这一提法进行了修改，认为农业的六次产业是农村地区各产业之乘积，即 $1×2×3=6$。其意为，农村产业链中任一个产业的产值为零，则六次产业所带来的总体效益将变为零。农村六次产业的界定强调了只有依靠农业为基础的各产业之间的关联、协同、整合，才能取得农村整体经济利益最大化。

具体言之，农村一二三产业融合发展指的是以农业为基本依托，通过产业联动、要素积聚、技术渗透、体制创新等基本手段和实现途径，将资本、技术以及资源要素进行跨界集约化配置，使农业生产、农产品加工和销售、餐饮、休闲以及其他服务业有机整合在一起，使得农村一二三产业之间紧密相连、协同发展，最终实现农业产业链延伸、产业范围扩展和农民收入增加。[①]

（2）农村一二三产业融合发展的内涵。

乡村产业是支撑乡村各项事业可持续发展的基础和载体，产业兴旺是乡村振兴的根本出路。农村一二三产业融合发展是缓解农村资源环境刚性约束、推动城乡一体化发展、促进农业现代化的必然要求。[②]全面推进新时代乡村产业振兴的一二三产业融合发展具有丰富深刻的内涵。

第一，农村一二三产业融合发展的本质是延长产业链和提升价值链。农村产业单一是造成城乡产业竞争力差距的重要原因，由于农村仍以农业为主，导致农村生产过程中没有形成高层次的产业融合，从而不能拓展传统产业的广度和深度。这就需要推进农村农业、加工业、服务业的深度融合，进而延长产业链。同时，不断推动乡村新技术、新产业、新业态发展壮大，培育新时代乡村经济新增长点。在促进农村一二三产业融合发展的同时，要注重提升价值链，推动乡村经济活动向价值链高端不断攀升。在此基础上，着力完善乡村经济主体利益联结机制，助推产业融合的持续性，最终形成良性循环发展的动态体系。

第二，农村一二三产业融合发展的根本是促进农民增收。农民是乡村的主人，也是新时代乡村振兴的主体。但是在当前产业融合的利益分配体系中，农民往往处于弱势地位，存在被边缘化的现象。从农村一二三产业融合的参与主体来看，企业凭借在资本、技术、管理等方面的优势，容易代替农民的主体地位。从农村三次产业利益分配机制来看，购销环节和具体利益分配机制往往由企业掌控主导，农民难以真正参与融入购产销各环节，合理分享三次产业融合的红利。这就背离了农村一二三产业融合发展的初衷，因此，农村一二三产业融合要始终尊重农民的主体地位、发挥农民的主体作用，千方百计促进农民增收。

---

① 马晓河：《推进农村一二三产业深度融合发展》，《黑龙江粮食》2015 年第 3 期。

② 汤洪俊、朱宗友：《农村一二三产业融合发展的若干思考》，《宏观经济管理》2017年第 8 期。

第三，农村一二三产业融合发展的关键是拓展农业新功能。农村一二三产业融合发展要始终依托农村自然资源和生态优势，不能偏离农村资源禀赋盲目发展第二、第三产业。因此，要以农业为基础，充分利用农村的乡土文化、田园风光等独特优势，加快其与文化、休闲、教育等产业深度融合，充分挖掘农业非传统功能，拓展农业新功能，进而培育新产业、新业态，创造新价值，促进乡村可持续发展。

第四，农村一二三产业融合发展的支撑是建立要素保障体系。农村一二三产业融合是党和政府在新的历史阶段针对我国"三农"问题所提出的新的发展方向，然而，在现实推进过程中，经常会遇到多种瓶颈，这就需要建立有效的要素保障体系来支撑农村一二三产业融合顺利实现。具体而言，可以从以下三个方面着力：在扶持对象上，要对家庭农场、农民合作社以及优势产业集群进行重点扶持；在扶持方式上，要强化一二三产业融合发展的发展基金支持乡村基础设施建设和生产条件改善；在政策配套上，要从土地、财政、金融、税收等多方面入手，协同发力，综合施策，制定切实可行、持续作用的配套政策扶持体系。

（3）我国农村一二三产业融合发展的主要形式。

新时代，我国农村一二三产业融合发展持续推进，融合方式方法不断创新，融合形式日趋多样，各个地区根据当地实际情况不断进行实践总结，形成了如下四种形式：

第一，农业内部各产业间重组型融合。从理论研究和实践探索来看，农业是一个内涵丰富、外延宽广的产业。农业是国民经济的基础性产业，广义的农业包括种植业、林业、畜牧业、渔业、副业五种产业形式，狭义的农业是指种植业，包括粮食作物、经济作物、饲料作物和绿肥等农作物的生产活动。农业的五种产业可以借助当前蓬勃发展的农民合作社、家庭农场、龙头企业等新型经营主体，以农业优势资源为依托，将种植业和养殖业的某些环节甚至整个环节有机连接起来，形成农业内部各产业之间紧密协作、循环利用、一体化发展的经营方式，从而构建新时代农业竞争新优势。

第二，农业产业链延伸型融合。农业生产本身涉及众多环节，其前向关联和后向关联效应显著，要突破局限于农业生产过程的狭窄范围，强化农业生产前后延伸的程度，增强前后各环节的融合程度。比如，可以将农业生产前端的种子、农药、化肥供应与农业生产连接起来，确保农资供给数量、质量稳定，有利于农业生产安全；也可以将农业生产后端的农产品加工、销售与农业生产连接起来，确保农业生产的价值可以顺利实现，有利于促进农业生产保值增值；还可以将农业生产相关链条全部打通，形成农业产供销一条龙组织。

第三，农业与第二、第三产业交叉型融合。新时代，乡村蕴含着巨大的潜在价值，需要拓展其传统的农业功能，横向拓展其边界，积极与第二、第三产业交叉融合，从而创造新时代乡村更多功能和更大价值。比如，农业可以与生态、文化、旅游等要素相结合，使农业由过去的只提供产品转向既卖产品又提供观赏和风景、参与和感受、绿色和健康的服务。根据农业农村部数据，截至 2019 年底，我国休闲农业与乡村旅游经营单位数量超过 290 万家，接待人数 32 亿人次，占全国总旅游人数的 53.28%，营业收入 8500 亿元。未来，我国乡村三产交叉型融合必将释放更大的发展潜力。

第四，新技术赋能农业的渗透型融合。新时代，我国将创新置于国家发展的战略核心地位，强调技术创新对经济高质量发展的支撑作用，互联网、大数据、区块链、人工智能等各种新技术相继涌现，应用范围不断扩展，新技术赋能传统产业进而提升竞争力的效应正逐步显现。比如，"互联网+"农业、数字农业、智慧农业等新业态正在成为传统农业转型升级的主要形式和发展趋势，农业的生产过程和流通过程的各个环节与新技术紧密结合，深度融合，模糊了农业和第二、第三产业间的边界，大大缩短了供求双方之间的距离，使流通时间缩短，流通效率大幅提高。商务大数据显示，中国农村网络零售额 2019年达到 17082.8 亿元，2020 年达到 1.79 万亿元，同比增长 8.9%，呈现出良好的增长态势，有力助推了农村经济社会发展和农民就业增收。

（4）农村一二三产业融合发展的重要意义。

推进农村一二三产业融合发展是加快转变农业发展方式，推进农业现代化，促进乡村产业兴旺，实现新时代乡村振兴的主要抓手和重要途径。

第一，有利于推进农业转型升级，促进农业提质增效。推进农村一二三产业融合发展，广泛应用新技术赋能引领农业全产业链，加快形成高端农业、设施农业、休闲农业、创意农业等新产业、新业态，既有利于克服传统农业结构单一、发展空间狭小的局限，推进农业内部结构调整优化；又有利于减少农业生产对自然资源的过度依赖和对自然环境的严重破坏；还有利于发挥科技和人力资本的作用，推动农业由依靠传统生产要素驱动转向现代生产要素驱动。相应地，传统生产方式发生变革，必然推进农业转型升级，提高农业竞争力，促进农业提质增效。

第二，有利于催生农村新业态，构建城乡发展新格局。在新时代，面对我国社会主要矛盾变化带来的新特征、新要求，以及错综复杂的国际环境带来的新矛盾、新挑战，我国需要通过构建以国内大循环为主体、国内国际双循环相互促进的新发展格局，推动我国经济实现更高质量、更有效率、更加公平、更可持续、更为安全发展的新目标。这需要发掘新时代乡村在推动我国经济增长、构建新发展格局中的重要作用。为此，推动农村一二三产业融合发展，实现三次产业在乡村的优化组合和空间重构，能够催生出智慧农业、休闲农业、创意农业、生物农业、工厂农业等新业态，以及农村电子商务、产销对接、产地直销、个性化定制等新模式。借此，乡村产业将会顺应和引领我国新时代城乡居民消费结构的升级方向和趋势，更好满足人民群众多层次、多样化、多方面的消费需求，有利于形成城乡居民新的消费力和国民经济新的增长点，更好地服务于我国新时代新发展格局的构建。

第三，有利于提升价值链，促进农民增收致富。推进农村一二三产业融合发展，将重点关注生产环节的传统农业生产经营，分别从横向和纵向两个方面将其拓展为更具广度和深度的产业体系。这样不仅增加了农产品加工、分级、包装、运输、保管、销售等纵向延伸环节，而且增加了观光休闲、健康养生、生态教育等横向扩展功能。这也必将创造大量的就业创业机会，不仅能够增加农民就地务农、务工、经商的工资性收入和经营性收入，还能够吸引资本、人才等流向农村，激活农村土地住宅和金融市场，增加农民的财产性收入。最终，产业融合将有效拓宽农民增收渠道，促进农民增收致富，从而实现生活富裕的根本目标。

第四，有利于提高乡村可持续发展能力，推进美丽乡村建设。乡村振兴、产业兴旺是重点，只有实现了五谷丰登、六畜兴旺、三次产业深度融合，农村才能充满生机活力，才能奠定可持续发展的物质基础。推进新时代乡村三次产业融合，有利于创新农业发展新业态、新模式，推动形成生态农业和循环农业发展模式，提高农产品和加工副产品的综合利用率，减少农业生产对自然环境的负面影响，形成绿色、低碳、循环生产方式和生活方式，推动生态文明建设；有利于通过发展创意农业、生态农业、智慧农业等产业融合新领域，带动农村基础设施、生态环境、公共服务等方面的投资和建设，并逐步完善农村基本公共服务体系建设，促进城乡基本公共服务均等化，切实保护乡村优秀农耕文化、文物古迹、民族村寨、传统建筑，推动乡村绿色发展，建设天蓝地绿、山清水秀、村美人和的美丽乡村。

（二）上海农村一二三产业融合发展的现状

党的十九大报告将"促进农村一二三产业融合发展"作为新时代实施乡村振兴战略的主要任务。上海市作为中国特色社会主义国际化大都市，一直致力于打造高质量的都市农业，持续推进农村一二三产业融合发展。上海一二三产业融合大致经历了以下三个阶段：第一阶段起步于 20 世纪 80 年代的农业产业化经营，改革开放以来，重点推进农工商一体化、产加销一条龙的农业产业化经营，由此延长了农业产业链，拓宽了农业产业边界，相应地提升了农业价值链，促进了农民就业增收。第二阶段发展于 20 世纪 90 年代的农产品加工、农产品市场体系建设，农业逐渐向农产品加工业、以休闲农业为主体的农业旅游业、农产品营销业等农业产业链延伸。[①] 第三阶段开始于 21 世纪，将都市农业作为农村建设的一个主要方向，提出通过农业结构的战略性调整，实现经济、生态、辐射、创汇、文化五大功能的协调统一。在产业融合方面，推动产业化、实施化、工厂化和"产+销"一体化的

---

① 王东荣、顾吾浩、吕祥：《上海推进农村一二三产业融合发展》，《科学发展》2017年第 7 期。

发展，使得农业和非农产业互相渗透和融合，产业界限开始淡化。特别是上海在《上海市国民经济和社会发展第十三个五年规划纲要》中进一步提出大力发展生产、生态、生活多功能融合与高附加值的都市现代农业，实现农业现代化和推动产业转型升级的目标任务，以此不断促进上海农业竞争力的提升。[①] 新时代，上海农村一二三产业融合发展主要有如下特点：

1. 产业融合主体不断发展壮大

新时代农村一二三产业融合是农业农村现代化的必然趋势，这需要超越传统的以家庭经营为主体的分散式经营模式，培育与农业现代化规模经营相适应的新型经营主体。在党中央和上海市委、市政府高度重视"三农"工作的前提下，上海农村一二三产业融合进程明显加快，领域不断拓展，适应农村产业融合的多元经营主体不断发展壮大。

（1）家庭农场快速崛起。

上海坚持以家庭经营、适度规模、一业为主、集约生产为基本特征，大力促进家庭农场发展。在全面推进粮食家庭农场的基础上，探索推进种养结合、机农结合、粮经结合，家庭农场发展重点逐步从"培育发展"转向"提升发展"和"融合发展"。特别是 2020 年 11 月上海市第十五届人民代表大会常务委员会第二十七次会议表决通过了《上海市促进家庭农场发展条例》，有利助推家庭农场的持续稳定健康发展。近年来上海市家庭农场数量显著增加，2020 年上海市家庭农场数量达 4347 家，经营面积 63.7 万亩。[②]

（2）农民合作社蓬勃发展。

农民专业合作社是新时代落实农村"三权分置"政策的有效实现形式和组织方式。上海市各区根据自身资源禀赋和比较优势，因地制宜发展农民合作社。2020 年上海市制定了《上海市农民专业合作社示范社评定和监测办法》，推动农民专业合作社蓬勃发展。上海市统计局数据显示，截至 2020 年末，上海市农民专业合作社达到 2506 家，成员

---

① 曹祎遐、耿昊裔：《上海都市农业与二三产业融合结构实证研究——基于投入产出表的比较分析》，《复旦学报（社会科学版）》2018 年第 4 期。

② 崔园园：《上海加快推动农村一二三产业融合发展中的问题与对策》，《科学发展》2022 年第 6 期。

总数达 55317 人，带动非农成员农户数 12.7 万户。

（3）龙头企业逐渐壮大。

随着我国社会主义市场经济逐步健全完善，生产社会化和组织化程度不断提高，形成了龙头企业这一由市场经济自由竞争而形成的市场主体。上海市改革开放始终走在全国前列，市场化程度较高，龙头企业也随之逐渐壮大。2021 年上海市国民经济和社会发展统计公报数据显示，截至 2021 年末，上海市拥有各类农业产业化重点龙头企业 201 家，其中市级以上龙头企业 113 家，国家级龙头企业 26 家。

2. 产业融合载体形式多样

新时代农村一二三产业融合的顺利推进，离不开我国各级政府政策的有力支持，通过政府重点支持和有效扶持，能够建立起示范引领单位，并由此向其他企业、行业、地区辐射和扩散，将会为农村一二三产业的融合发展提供有效载体。反过来，形式多样的载体将助推农村一二三产业更好更快融合发展。

（1）现代农业示范区建设成效显著。

上海市积极推进国家现代农业示范区建设试点，在浦东、崇明、金山等区开展示范区创建基础上，申报开展全市范围整建制创建国家现代农业示范区创建，并于 2015 年被认定为国家现代农业示范区。随之出现的上海示范家庭农场、农民合作社示范社、农业产业化重点龙头企业的示范引领作用相继显现。借助上述平台和载体，上海市着力发展创意农业、休闲农业、会展农业等新业态，推进农业与第二、第三产业融合发展，服务农业水平显著提升，充分发挥了示范引领作用。

（2）美丽乡村建设和休闲农业搭台助力。

上海市以乡村振兴战略为引领，以推动农村村庄改造为抓手，以"美在生态、富在产业、根在文化"为建设主线，积极推进美丽乡村建设。截至 2020 年底，全市累计完成 76 万户农户，评定 169 个市级美丽乡村示范村。① 各区涌现出一大批经济富裕、生态良好、村容整洁的美丽乡村，农村人居环境大为改善，乡村更加宜居宜业。此外，上海充

---

① 《上海探索符合大城市乡村振兴之路——大城繁华 小镇美丽 乡村兴旺》，《文汇报》2021 年 9 月 28 日。

分发挥"城市让农业增效、农业为城市服务"的理念，大力拓展农业功能，特别是适应上海国际大都市的城市特征，着重发展都市休闲农业，为城市居民提供丰富多彩的生活需求。目前，上海市已经形成了农家乐型、休闲农庄型、观光农园型、农业园区型、人工生态林公园型、民俗文化村型六大类休闲农业发展模式。①

3. 产业融合形态各具特色

由于上海市各区在初始要素禀赋、历史文化传统、经济发展水平等方面都存在差异，因此在一二三产业融合发展过程中，根据比较优势原理，选择适宜的产业融合形态，有利于更好发挥当地特色，形成差异化竞争力。上海市产业融合主要有以下三种典型形态：

（1）立足一产发展"一村一品"。

上海市以都市农业为重点推进各区"一村一品"建设，以蔬菜、瓜果等当地知名特色农产品为中心，不断创新发展模式，培育主导特色产业，打造知名品牌，发展彰显优势、各具特色的现代化农业，促进农业增效、农村发展、农民增收。上海市农业农村委资料显示，截至 2021 年底，上海市合计 34 家村镇获得全国"一村一品"示范村镇认定。② 这些村镇的农产品品质显著提升，知名度迅速扩大，在品牌打造、人才培养、主体建设、技术支撑、市场营销等方面发挥了示范引领带动作用。

（2）立足二产发展农产品加工业。

为了延长农业产业链，上海市注重对农产品进行精深加工，大力发展农产品加工业，规模不断扩大，盈利能力逐步提升，很好地满足了对高品质农产品的多元化需求。

（3）立足三产发展乡村休闲旅游业。

上海市作为世界知名的国际化大都市和我国重要历史文化价值的城市，有着得天独厚的文化旅游资源。充分挖掘开发这些重要资源，有助于提升农村一二三产业融合发展质量，促进农民就业增收。上海

---

① 尹成杰：《实施乡村振兴战略 推进新时代农业农村现代化》，中国农业出版社 2018 年版，第 72 页。

② 《第十一批全国"一村一品"示范村镇名单公布！》，《澎湃上海》2021 年 12 月 30 日。

已经涌现出了一大批乡村休闲旅游精品和典型，初步形成了"季季有活动、月月有节庆、天天有游客"的繁荣热闹景象。2020年末，上海已建成各类休闲体验农业景区（点）1032个，创建全国休闲农业与乡村旅游精品星级示范企业（园区）95个，接待游客1166万人次，营业额15.86亿元，带动2.55万当地和周边农村富余劳动力实现就业。①

4. 产业融合手段日益多元

产业融合手段的选择直接影响最终融合的效果，上海市以打造知名品牌为抓手，以龙头企业带动为途径，以发展社会化服务体系为保障，形成立体式产业融合发展体系，提高农村一二三产业融合发展成效。

（1）农业品牌建设进程加快。

在推进上海农村一二三产业融合发展过程中，始终把农业品牌建设作为重要抓手，积极实施农业品牌化战略，不断提高农产品的知名度、美誉度、忠诚度，认证农产品数量不断增加，形成了强大的市场竞争力。据上海发布的信息，截至2020年底，全市拥有"国家地理标志"农产品数量已经达到15家，其中就包括了马陆葡萄、崇明白山羊、金山蟠桃等消费者耳熟能详的知名品牌。

（2）农业龙头企业带动效果增强。

进入新时代，上海市农业龙头企业数量不断增加，规模逐渐扩大，对农村一二三产业融合发展带动效果显著增强。农业龙头企业借助自身技术、管理、市场等优势能够实行标准化生产，对产业链各环节、全过程进行严格管理和监控，确保农产品质量和安全，助推农村一二三产业融合，助力发展水平提升。同时，农业龙头企业与个体农户、家庭农场、农民合作社等农业经营主体建立利益联结机制，充分发挥各经营主体在产业链中的独特优势。

（3）社会服务体系日益健全。

农村一二三产业融合发展离不开健全的社会化服务组织的支持，上海市大力建设社会化服务体系，助力农村一二三产业融合。通过政

---

① 崔园园：《上海加快推动农村一二三产业融合发展中的问题与对策》，《科学发展》2022年第6期。

策和资金支持，在充分发挥市场化作用机制的基础上，建设规范的农机合作社，鼓励发展先进农业装备和新型应用农机技术，不断提高农机合作社管理水平和服务农村三次产业的能力。典型模式有松江区"粮食生产+农机作业"的"机农一体"家庭农场和以机农互助点为代表的农机作业"小结合"，还有嘉定区以"大中型农机合作社+粮食生产+家庭农场农机作业"为代表的农机作业"大结合"，实现了借助社会服务体系提高农业效率、促进农民增收的目的。

5. 产业融合发展模式渐趋完善

与我国各地农业产业融合发展的一般规律相类似，上海的农村一二三产业融合发展大致也可以分为四种类型，尽管这些形式各有特点、表现各异，但是它们的目标都是通过一二三产业融合发展，实现劳动、资本、土地、技术、管理、信息、数据等生产要素的优化配置，进而延长产业链、提升价值链、打造供应链、完善利益链，推进农业现代化，培育形成发展新的增长点和增长极，吸引农民就地就近就业，让农民切实分享产业融合的红利，最终实现全体农民共同富裕。

（1）产业整合型融合。

以广义农业内部各子行业相互整合为手段和途径，上海鼓励农村各类经营主体积极推进农村内部产业整合型融合，如各类家庭农场承载多元产业，不断拓展产业间融合的广度和深度。此外，家庭农场和其他乡村经营主体相结合形成了多样化利益共同体，如家庭农场+农民合作社、家庭农场+农民合作社+龙头企业、家庭农场+农机合作社等。据上海市松江区农业农村委信息，截至 2020 年末，松江区家庭农场户数 838 户，总经营面积 13.4 万亩，户均经营面积约 160 亩。

（2）产业延伸型融合。

上海具有优越的区位条件和发达的交通网络，以及比较完整的农业相关配套供给体系，以农业生产为中心向前后产业延伸具有便利的综合条件。既可以将农业生产与前端种子农药化肥供应连接起来，也可以将农业生产与后端的农产品加工销售连接起来。例如，上海集贤虾业养殖专业合作社拥有自己建立的育苗场、加工企业，形成了集苗种淡化、成虾养殖、饲料销售、成虾收购、精深加工、冷藏保鲜、技术服务、品牌销售等一体的产前、产中、产后一条龙产业体系，基本实现了养殖一二三产业融合发展。

（3）产业交叉型融合。

上海市作为一个拥有 2400 多万常住人口的超级大城市，城乡居民除了需要农业为其提供高品质的农产品，对丰富精神文化、良好生态环境等多样化的美好生活需要日益增长。因此，上海市积极推进农业与二三产业深度融合发展，不断拓展产业外延。近年来发展迅猛的上海休闲农业和乡村旅游就是农业向二三产业延伸的例证，其利用农业生态资源、农事活动、农产品加工、农家乡土文化等别具一格的乡村特有资源，开展休闲观光、劳作体验、学习教育、启智润心等活动，实现乡村一二三产业有机融合。据上海市农业农村委员会 2021 年发布的信息，休闲农业与乡村旅游已经成为上海城市居民休闲、旅游和消费的重要领域之一，年接待游客超过 1461 万人次。[1]

（4）科技渗透型融合。

新时代，科技对产业转型升级的支撑作用更加突出，同时科技作为重要的渗透型生产要素在推动农村一二三产业融合发展过程中也发挥着举足轻重的作用。上海作为我国科创中心，始终重视科技创新成果的运用。上海市主要通过如下三个方面体现科技渗透型融合：其一，重点建设农业科创中心。上海市建立以企业为主体，市场为导向，产学研用相结合的科技创新体系，营造农业科技创新和应用推广的良好环境，支撑企业研发具有自主知识产权的核心技术和产品，着力培育农业物联网示范基地，重点打造浦东现代农业科技创新中心、崇明生态农业科技创新中心、上海现代农业科技服务平台。其二，着力发展智慧农业。上海市充分利用技术密集优势，发挥新技术服务农业、提升农业质量效应和竞争力的作用，以物联网建设为抓手，大力推进大数据、人工智能、电子商务赋能现代农业，不断提高上海都市现代农业的科技化、数字化、信息化、智能化。其三，着力推广生态高效农业技术。主要是将生态安全技术运用于农业生产过程，提高其生态化、标准化。

---

① 李莱：《上海市休闲农业和乡村旅游年接待游客超 1461 万人次》，新华社，http：//baijiahao. baidu. com/s？id=1697732971486301623&wfr=spider&for=pc。

（三）上海农村一二三产业融合发展存在的问题

在中央和上海市委、市政府高度重视"三农"的背景下，上海农村一二三产业融合发展进展顺利，已经取得了明显成效。但是，与全面推进新时代乡村振兴的要求相比，上海农村一二三产业融合发展依然任重道远。目前，上海农村一二三产业融合发展主要存在如下问题：

1. 农业可持续发展的支撑条件不足

长期以来，上海的工业化和城镇化发展迅速，对土地产生了大量需求，城市建设用地的增加导致上海耕地资源持续减少，与此同时，上海的农业生产总值和农业人口也相应减少（见表4-1、表4-2）。2019年上海农业总产值为284.84亿元，连续几年呈下降趋势。同样，农业从业人数也呈现出相同态势，固然，这与上海主动针对产业结构进行调整优化存在密切关系，但是，作为拥有超2400万人口的超级大都市，上海任何时候都不能放松对农业的重视。

表4-1　2008～2019年上海农业生产总值及其构成　单位：亿元

年份	农业总产值	其中				
		种植业	林业	畜牧业	渔业	农林牧渔服务业
2008	282.63	139.29	9.13	68.52	57.48	8.20
2009	287.76	151.00	9.02	64.72	54.54	8.49
2010	296.24	159.98	7.58	65.72	54.25	8.49
2011	328.24	169.82	7.73	83.82	57.14	9.73
2012	337.81	176.80	9.77	79.75	60.84	10.66
2013	342.29	177.93	9.80	79.52	63.35	11.69
2014	343.78	175.46	8.83	81.96	66.02	11.50
2015	327.71	137.86	12.30	80.84	55.67	11.04
2016	300.84	146.58	13.21	80.17	50.31	10.57
2017	292.61	146.40	15.31	61.17	58.39	11.34
2018	289.58	150.09	15.80	48.32	56.21	19.16
2019	284.84	145.81	18.27	48.24	54.95	17.56

资料来源：《2020上海统计年鉴》。

表 4-2　上海主要年份农村户数、人口与从业人员

项目	2000 年	2010 年	2013 年	2015 年	2017 年	2019 年
户数（万户）	115.17	114.22	107.05	99.20	100.22	94.37
人口（万人）	360.71	305.68	283.50	260.09	253.58	236.04
农村从业人员（万人）	253.45	188.70	181.21	160.07	154.83	143.28
第一产业（万人）	81.45	34.06	43.43	38.61	34.62	32.20
第二产业（万人）	119.89	109.84	101.73	92.37	90.52	81.18
第三产业（万人）	52.11	44.80	36.05	29.09	29.69	29.90

资料来源：历年《上海统计年鉴》。

上海的农村地区主要在郊区，近年来，郊区农业环境发生了深刻变化，随着城市生活垃圾和工业废弃物等污染源直接或间接向农村扩散，农村耕地和水资源都受到不同程度的污染；同时，农业化肥农药等投入品过度使用及面源污染也破坏了耕地质量，导致农产品质量安全风险上升，郊区多种不利因素致使农村生态环境欠账较多，改善农村生态环境、推动农村资源永续利用和绿色发展迫在眉睫、势在必行。

从农产品生产供求考察，上海当前的农产品供应充足，暂时没有农产品短缺的风险。于是少数干部群众对农业在国民经济发展中的基础性地位开始心不在焉，认为与二三产业相比，农业生产效率较低，农业总产值占比也在逐年下降，借助上海大市场优势，完全可以通过生产流通来解决居民农产品需要，今后上海郊区可以弱化农业生产。这是一种短视的观点，没有从战略高度认识农业的重要性。其实，在中国特色社会主义新时代，农业承载着经济功能、社会功能、政治功能、生态功能、文化功能五大功能。对于上海这样的国际大都市，不仅要保证农业满足居民农产品需要的最基本功能，还应综合发挥好其他几项功能，只有这样才能促进城市的高质量发展，满足人民群众高品质生活。

2. 农业竞争力较低，缺乏比较优势

与其他产业相比，农业劳动生产率普遍较低，缺乏比较优势。近年来，党和国家高度重视"三农"工作，上海也在积极推进农业农村

发展，土地流转，推进规模化经营，促进了上海农业劳动生产率提高，上海市统计局数据显示，2020 年第一产业产值占全市生产总值的比重已经下降到 0.3%。与此同时，跟美国、加拿大等农业发达国家相比，上海市在农业先进技术的开发与应用、农业劳动生产率与竞争力等方面仍然存在一定差距。

农民收入是决定农民生活富裕的根本因素，上海作为国际化大都市，农户总收入构成中，有很大部分来自非农收入，而来自农业的收入占比相对较低，这主要是因为上海农户人均经营土地面积较小，加之农业经营效益较低，大部分农民都是兼业经营，导致城乡居民可支配收入差距较大。2020 年，上海农村居民人均可支配收入为 34911 元，而城市居民人均可支配收入为 76437 元，后者是前者的 2.19 倍。这与近来市场环境的变化不无关系，随着农村土地的稀缺程度增加，土地级差升高，农业综合经营成本上涨，而农产品价格上升相对滞后，导致农业收入增长缓慢。此时，需要农业加快转型步伐，调整农业结构，推进农村一二三产业融合发展，进而构建农业竞争新优势。

3. 农业产业链较短，综合发展水平较低

伴随着社会主要矛盾转化，中国特色社会主义新时代对农业提出了较以往更高的要求，打造并延长农业产业链，从而提升农业综合发展水平是实现乡村产业兴旺的必由之路。现代农业产业链包括农产品的物流链、信息链、价值链、组织链四大链条，贯通农业产前、产中、产后三大领域，连接产前、生产、加工、流通、消费五大环节。现代农业发展的内在要求是延长产业链并相应提升其各环节和整体的发展水平。

长期以来，上海农业承担的主要任务是为城市居民保证稳定的农副产品供给，目标相对单一，最终产品多以鲜活农产品为主，其精深加工程度有限，与此相关的第二产业发展缓慢，与农业相关的农家乐、休闲旅游等第三产业发展也面临同样的问题。此外，进入中国特色社会主义新时代，农业休闲旅游业成为延长农业产业链、增加农民收入的一个主要来源，上海在这方面进展较快，取得了一定成绩，但与发达国家和地区相比，差距仍然不小。

（四）上海推进农村一二三产业融合发展的对策

通过探讨农村一二三产业融合发展一般理论，并实证分析新时代上海农村一二三产业融合发展现状及存在问题，基于新时代党中央和上海农业农村发展战略目标，从上海农业农村发展实际出发，提出新时代推进农村一二三产业融合发展的具体对策。

1. 强化领导作用，落实农民利益保障机制

新时代推进乡村振兴，实现农村一二三产业融合发展，是一项涉及诸多利益主体、关系全局的系统工程。坚持党的领导，强化各级领导作用是根本保证。在此过程中，要贯彻以人民为中心的发展思想，将保护农民利益和增加农民福祉作为根本目标，不断健全完善体制机制，推进农民共同富裕。

（1）坚持和完善党对农村一二三产业融合发展的领导。

新时代实现农村一二三产业融合发展是一项重要的工作，需要做好各方面的利益协调，这需要坚持和完善党的领导，不断提高党的领导能力和水平。农村一二三产业融合发展意味着管理部门的事务较以前有了大幅度增加，职能也要相应转变，由原来只负责种植业、养殖业等农业直接生产过程，延伸扩展到产业链全部，即农产品加工销售、农业休闲旅游、农业生态环境建设、农耕文化传承、创意农业拓展、智慧农业推广等多项任务。形成党委领导、政府负责、各级农业管理部门协同推进的制度体系是根本政治保证。

（2）建立健全农民利益保护机制。

新时代推进农村一二三产业融合发展的根本目的是促进农民增收、实现共同富裕。要从上海市经济社会发展实际情况出发，探索建立保障农民和其他各类经营主体公平分享农村一二三产业融合发展红利的利益协调机制。通过农民出资入股，或者以土地入股等形式参与专业合作社、龙头企业+合作社、村社一体合作社等多种经营方式，将农民和现代经营主体相结合，建立包括农民在内的多方利益共享机制。以此拓展农业产业化经营的广度和深度，提升产品附加值，将农业产业链增值收益更多向农民倾斜，确保农民始终成为农村改革发展和乡村振兴的最大受益者。

（3）保护农民集体成员权利。

新时代我国农村土地制度创新的一大亮点是"三权分置"制度的建立和实施。其中，农村土地集体所有，农民作为农村集体成员拥有土地承包权、宅基地使用权、集体收益分配权，这是农民集体成员权利的集中体现。当前，推进上海农村一二三产业融合发展，要求农业向二三产业延伸，必然涉及大量农村建设用地的供应问题，而在城市建设用地总量严格控制的前提下，建设用地减量化是长远趋势。为了解决这一矛盾，保障农民利益，国家陆续出台了一系列政策文件，如《国务院关于促进旅游业改革发展的若干意见》《国务院办公厅关于进一步促进旅游投资和消费的若干意见》《关于支持旅游业发展用地政策的意见》等，这些政策从顶层设计规划了农村一二三产业融合的发展方向。上海应该在政策的指导下，结合自身实际出台相关配套政策，进而推动中央政策落实、落地、落细，出实招，见实效。在实际中，很多乡村集体经济较为薄弱，土地是其重要资源，推进农村集体经营性建设用地入市是乡村集体的重要收入来源。但是，在乡村改造过程中，大量村的建设用地指标被区县和乡镇收缴。在农村集体产权制度改革中，村级集体建设用地作为农村集体经济组织最重要、最优质的资产股份量化给农民，使得村集体资产被分割，村集体成了空壳，影响了村集体基本公共服务的供给能力。针对这一困境，政府应该出台相应政策，保证村集体建设用地指标不被上级部门收缴，而是积极支持帮助进行顶层设计，长远规划布局，科学使用用地指标，也可以直接入股发展农产品生产、农产品加工销售、农村文娱休闲旅游业等乡村一二三产业融合发展，保护农村集体经济组织和农民的应用权利。

2. 深化农村改革，建立健全促进农村产业融合发展的动力机制

推进新时代乡村一二三产业融合发展，不仅需要解放发展农村社会生产力，也需要与时俱进推进农村生产关系调整和变革。通过深化农村各项改革，促进农村各类生产要素优化配置，激发乡村各类农业经营主体的动力和活力，并且不断提高政府支持乡村产业融合发展的制度供给，最终建立健全促进农村产业融合发展的动力机制。

（1）加快推进农村土地制度改革。

习近平总书记指出："我国农村改革是从调整农民和土地的关系开

启的。新形势下深化农村改革，主线仍然是处理好农民与土地的关系。最大的政策就是坚持和完善农村基本经营制度，绝不能动摇。"① 要顺应新时代农村改革新要求，充分认识并积极推进农村土地"三权分置"改革，在上海市全面贯彻落实这一政策。积极推进土地承包权确权颁证工作，全面放开土地经营权流转，为农村一二三产业融合发展创造条件。要规范土地流转秩序，充分尊重农民意愿，依法保护进城农民在乡村的土地承包权、宅基地使用权、集体收益分配权等合法权益，坚决纠正和杜绝任何侵害农民利益的做法。同时，根据新时代上海农村产业发展的新特征、新要求，给予农村一二三产业发展所需要的建设用地指标，为三次产业融合发展创造有利空间。

（2）积极培育发展新型农业经营主体。

为适应新时代农业转型发展和实现农业现代化要求，积极培育发展新型农业经营主体是推进农村一二三产业融合发展的重要载体。近年来，上海支持鼓励各类农业经营主体发展，特别是家庭农场、农民合作社发展迅速，但是其经营管理水平、市场竞争力不能完全满足农村产业融合发展要求。为此，需要从以下三方面聚焦着力：其一，规范新型经营主体发展。要按照农村土地"三权分置"的决策部署，以提高农业组织化、规模化、专业化、社会化、集约化为目的，严格规范新型经营主体的发展。对于倒手转包土地经营权、随意变更土地用途，导致农业用地非农化、非粮化等现象要依法严厉查处并及时整改。要规范农民合作社和家庭农场的准入条件，重点培育职业农民并使其逐渐成为新型经营主体的领军者。鼓励龙头企业借助资金、技术、人才、渠道等市场优势培育知名品牌，供给高质量产品，带动农业提高效益、农民增收致富。其二，促进农业新型经营主体联合发展。当前大部分新型农业经营主体是适应农业直接生产过程而产生的，重点服务于农业生产环节。当农业产业链延伸之后，如果依靠原来的新型农业经营主体单打独斗、各自为战，显然会捉襟见肘、力不从心。因此，各新型经营主体必须统筹协调，联合发展，建立新型农业经营主体联

---

① 中共中央党史和文献研究院：《习近平关于"三农"工作论述摘编》，中央文献出版社2019年版，第58页。

合体。根据经验，其形式主要有合作联社、合作社联盟、家庭农场联社、家庭农场联盟、农业产业联合体。建立农业经营主体联合体的主要目的在于促进解决各经营主体优势互补，形成联合效应，更好地解决单个主体的社会化服务难题。农民可以投资入股农业新型经营主体联合体，既能享受其提供的优质服务，又能分享农村一二三产业融合发展产生的收益。其三，创新农村集体经济组织实现形式。按照产业融合发展要求，在上海郊区普遍推行农村产权制度改革基础上，根据当地资源、产业、市场等的特点，创新农村集体经济组织经营主体。比如，探索将农村集体经济组织转型发展为新型农业经营主体联合体，主要按照市场化方式运行，更好推动农村一二三产业融合发展。

（3）继续深化农村财税金融体制改革。

长期以来，国家对农村的财政金融支持力度有限，相关法律法规相对滞后，形式也比较单一，致使农村大量的资源长期处于沉睡状态，没有真正发挥助力农业农村发展的作用。新时代，顺应深化农村改革的大政方针，深化农村财税金融体制改革，提高财政金融政策服务农村产业融合发展的精准性、针对性、有效性。首先，不断增加政府对农业农村基础设施建设和公共服务的投入，逐步扩大政策性保险覆盖面，将农业各类经营主体的种养殖业有序纳入保险范围，并合理提高保险的保障力度。其次，明确财政资金的重点支持对象，对农村产业链长、产业融合程度深、农民就业带动效果强的农民合作社、龙头企业等新型经营主体给予必要的财政补助和税收优惠减免，以释放强农、惠农、富农的积极信号。再次，发挥地方各类投融资平台的作用，积极创新投融资方式和金融产品多样化，加快农村土地承包经营权、农民宅基地使用权抵押贷款试点推广，对获得国家、市县级别的示范合作社，可以逐步放宽信贷范围，适度提高专项贷款额度，适当延长贷款年限。最后，不断提高政府农业政策的效能。要准确把握普通农户、家庭农场、种养大户、农民合作社等农业经营主体的科学内涵、合理边界、相互关系，政府支持政策既要考虑普惠性，也要突出差异性，对重点对象适当倾斜。对于工商资本租赁经营农场土地，要严格监管、防范风险，避免违法违规使用土地等农村生产要素，防止出现组织异化、经营制度扭曲、农民利益受损。

3. 以农业供给侧结构性改革为主线，推进上海农村一二三产业融合发展

实现中国特色社会主义现代化目标，需要坚定不移贯彻新发展理念，以推动高质量发展为主题，以深化供给侧结构性改革为主线，以改革创新为根本动力，以满足日益增长的美好生活为根本目的。[①] 全面推进新时代乡村振兴，要将产业兴旺置于重要地位，推进三次产业融合发展，为此，需要以农业供给侧结构性改革为主线，丰富乡村产业内涵，拓展乡村产业外延，实现农业质量变革、动力变革、效率变革，不断提高农业创新力、竞争力、全要素生产率。

（1）推进多功能农业发展。

多功能农业是新时代农村一二三产业融合的一种重要形式，表明农业除了具有经济功能外，还同时具有社会功能、生态功能、政治功能等多种功能。结合我国"三农"发展实际情况，我国的农业多功能性是指农业具有提供农副产品、保持政治稳定、传承历史文化、调节自然生态、促进经济社会发展等功能。上述各种功能又表现为多种分功能，彼此之间相互依存，相互制约，相互促进，构成一个有机的多功能系统。针对上海作为国际化大都市的独特情况，农业当前面临的土地供给约束持续趋紧、综合经营成本上升等不利因素，发展多功能农业将是提高上海农业竞争力的历史选择，也是未来上海农业发展的必由之路，应该统筹谋划，制定具体政策措施，加快落实。

（2）推进创意农业发展。

得益于农业技术创新和功能拓展，传统农业和创意产业相结合，借助创意产业的思维逻辑和发展理念，将科技和人文要素融入农业生产，进一步整合相关资源，拓展农业功能，把传统农业发展为集生产、生活、生态为一体的现代农业，这便是如今日益受到社会重视的创意农业。上海历来具有海纳百川、兼收并蓄的开放气质，所以一直以来创意产业发展迅速，长期走在全国前列。上海已经进入后工业化、后城市化时期，市民对农业提出了更多样、更高级的要求，为适应这一

[①] 《中华人民共和国国民经济和社会发展第十四个五年规划和二○三五年远景目标纲要》，人民出版社 2021 年版，第 5 页。

需求转变，应坚持目标导向和问题导向相结合，把拓展都市农业休闲旅游功能作为农业转型，推进农村一二三产业融合发展的战略重点。可以借鉴国外大都市发展经验，在上海中心城区周围和新城区周围发展满足市民休闲体验的"市民农园"；在上海距离市中心较远的郊区，重点发展民宿经济和开心农场，吸引市民前往休闲住宿与观光体验，把"空心村"升华为市民度假村；支持鼓励农民专业合作社和家庭农场，以现代农业为主导，拓展为集生产、生活、生态、文化、旅游为一体的生态休闲特色农庄。充分挖掘农村生态环境和农业资源的潜在价值，发挥其系统功能，实现农业价值的叠加效应。

（3）推进健康农业发展。

在中国特色社会主义新时代，随着经济社会发展和人民群众生活水平提高，人们的生活方式也发生了相应改变，对高品质生活的追求成为日益显著的特征，其中对健康产品的需求成为最重要最基本的内容。在发达国家，健康产业增加值占 GDP 的比重超过 15%，已经成为带动国民经济增长的重要动力，而我国这一比重仅为 4%~5%，具有广阔的发展空间。我国"十四五"规划纲要提出："全面推进健康中国建设。把保障人民健康放在优先发展的战略位置，坚持预防为主的方针，深入实施健康中国行动，完善国民健康促进计划，织牢国家公共卫生保护网，为人民提供全方位全周期健康服务。"[①] 上海市作为我国经济社会发展水平领先的地区，理应在贯彻规划的进程中走在全国前列。上海应该率先提出并全面实施健康农业的目标，因为发展健康农业是提高农业效益、增加农民收入的需要，是实现农业可持续发展的需要，也是实现农业农村现代化的需要。最终，通过发展健康农业不断满足人民群众健康目标，将上海建设为全国高品质农产品生产基地和高地，将健康农业打造成为上海的一张亮丽名片。

（4）推进"四新"农业发展。

在中国特色社会主义新时代，技术创新和产业变革方兴未艾，快速演进，对我国农业发展带来直接影响，产生了包括农业的新技术、

---

① 《中华人民共和国国民经济和社会发展第十四个五年规划和二〇三五年远景目标纲要》，人民出版社 2021 年版，第 133 页。

新产业、新业态、新模式的"四新"农业。农业新技术指现代农业新技术革命所形成的生物、化学、物理等技术成果，运用于农业生产过程，改变农业生产方式，提高农业生产力，使农业获得质量和效率变革。农业新产业指随着新技术的发明应用推广、新的市场需求形成扩张，进而诱导农业产业链延伸、功能推展，形成了一二三产业融合发展的新产业。农业新业态指不同农业产业之间的组合、农业内部产业链和外部产业链的融合、分化、整合而形成的新型产业形态。农业新模式指农业生产方式、发展方式、经营方式的创新和转变，从而形成多种形式的经营主体和经营方式。在新时代，上海要围绕"四新"农业聚焦发力，加快推进。具体而言，在农业新技术方面，要抓住国家支持上海建设具有全球影响力的科技创新中心的契机，搭乘上海大力发展科技的东风，加快上海现代农业科技创新平台建设，使之成为上海科创中心的重要组成部分。同时，加强市级层面的统筹协调，以上海市农业科学院为中心，集成运用各种资源，协同推进农业新技术研究、开发、应用、推广。在农业新产业方面，上海要加快产业结构调整，借助上海人才优势、技术优势、市场优势，积极发展智慧农业，发展农业休闲旅游等多功能产业，不断开拓发展高质高效的新产业。在农业新业态方面，上海要培育发展农产品加工、农业观光休闲、农业文化体验等能够将一二三产业深度融合，不断拓展其原有边界的产业形态。在农业新模式方面，上海要因地制宜落实党中央"三权分置"政策，培育支持新型农业经营主体，创新农业经营方式，推进农业生产方式现代化。

· 第五章 ·

坚持绿色发展理念，推进乡村生态振兴，实现农村生态现代化

全面推进新时代乡村振兴，必须遵循并服务于新时代中国社会主要矛盾转化的现实需要，坚持绿色发展理念，将绿色发展贯穿于农业农村发展全过程和各领域。将生态宜居作为新时代乡村振兴的关键，着力推动乡村生态振兴，建设宜居宜业的美丽乡村，充分发挥乡村重要生态价值和独特生态优势，实现农村生态现代化。

一、新时代中国坚持乡村绿色发展的逻辑

在党的十八届五中全会上，习近平总书记提出了创新、协调、绿色、开放、共享的新发展理念，绿色发展作为新发展理念的重要组成部分，是实现我国永续发展的必要条件，也是对传统发展理念和思路的历史性创新。它认为人因自然而生，人与自然是一种共生关系，人类发展活动必须尊重自然、顺应自然、保护自然。绿色发展理念要求我们在推动经济社会发展的过程中，要坚持可持续发展，坚持资源节约和保护环境，走生产发展、生活富裕、生态良好的文明发展道路，推动形成人与自然和谐发展现代化建设新格局，实现美丽中国的目标。[1]

---

[1] 中共中央宣传部：《习近平新时代中国特色社会主义思想三十讲》，学习出版社 2018年版，第108页。

习近平总书记指出："要树牢绿色发展理念。推动生产、生活、生态协调发展，扎实推进农村人居环境三年整治行动，加强农业生态环境保护和农村污染防治，统筹推进山水林田湖草系统治理，完善农产品产地环境检测网络，加大农业面源污染治理力度，开展农业节肥节药行动，完善农产品原产地可追溯制度和质量标识制度，严厉打击食品安全犯罪，保证让老百姓吃上安全放心的农产品。"[①] 习近平总书记指出："良好生态环境是农村最大优势和宝贵财富。要守住生态保护红线，推动乡村自然资本加快增值，让良好生态环境成为乡村振兴的支撑点。"[②]

乡村绿色发展是 2018 年中央一号文件提出的重要概念，新时代推进乡村绿色发展，是全面落实绿色发展理念的具体体现，对保护生态环境、提供生态产品、发展生态旅游、丰富乡村业态等意义重大，也是实现农业农村可持续发展的应有之意。具体而言，可以从以下五方面深入分析新时代乡村绿色发展的动因，有助于我们更好把握乡村绿色发展的必要性和紧迫性，进而推进农村生态振兴，实现农村生态现代化。

(一) 贯彻绿色发展理念的政策导引

党的十八大以来，党中央精准研判我国发展环境和条件，推动经济社会发展全面绿色转型，出台了一系列政策并作出战略部署，推动农业绿色发展。特别是党的十八届五中全会提出创新、协调、绿色、开放、共享的新发展理念，绿色发展理念成为经济社会发展的"指挥棒"和"红绿灯"，成为全社会发展的共识，并且在经济社会的全方面和各领域贯彻落实。

在农业农村领域，针对之前以依靠资源消耗为主的粗放经营方式导致的耕地用肥过度、水资源浪费、农业面源污染、生态严重退化等危机和趋势，党中央先后出台了多项文件来贯彻落实绿色发展这一重

---

① 《习近平在参加十三届全国人大二次会议河南代表团审议时的讲话》，《人民日报》2019 年 3 月 9 日。

② 中共中央党史和文献研究院：《习近平关于"三农"工作论述摘编》，中央文献出版社 2019 年版，第 111 页。

要理念。2016 年中央一号文件《中共中央 国务院关于落实发展新理念加快农业现代化实现全面小康目标的若干意见》明确指出"加强资源保护和生态修复，推动农业绿色发展"。2017 年中央一号文件《中共中央 国务院关于深入推进农业供给侧结构性改革加快培育农业农村发展新动能若干意见》提出"推行绿色生产方式，增强农业可持续发展能力"的指导方针。随后，中共中央办公厅、国务院办公厅印发《关于创新体制机制推进农业绿色发展的意见》，指出推进农业绿色发展，是贯彻新发展理念、推进农业供给侧结构性改革的必然要求，是加快农业现代化、促进农业可持续发展的重大举措，对保障国家粮食安全、资源安全和生态安全，维系当代人福祉和保障子孙后代永续发展都具有重大意义。

2017 年，农业部（现农业农村部）也积极部署具体措施落实中央政策，实施"农业绿色发展五大行动"，即畜禽粪污资源化利用行动、果菜茶有机肥替代化肥行动、东北地区秸秆处理行动、农膜回收行动和以长江为重点的水生物保护行动，并提出"重点突破、综合治理、循环利用、绿色发展"的要求。这些政策措施有力地推动了新时代我国农业绿色发展。

（二）治理农业面源污染的现实需要

农业有其独特性，农业发展状况和农产品质量直接受到自然资源和生产环境的影响，而农业面源污染是其中最重要的影响因素。农业面源污染是源于化肥、农药、杀虫剂、除草剂等化学物品的过量投入和低效使用，以及畜禽粪便的不合理处置，由此产生了较大的外部性和较高的治理成本，影响了农业的健康可持续发展。农业面源污染具有分散性和隐蔽性、随机性和不确定性、不易监测性和空间异质性等特点，因而对其进行全面治理难度较大，而且具有明确的长期性、复杂性和艰巨性。[①]

---

① 刘汉成、夏亚华主编：《乡村振兴战略的理论与实践》，中国经济出版社 2019 年版，第 182 页。

以化肥施用为例，1996~2015 年，化肥施用量从 3827. 9 万吨增加到 6022. 6 万吨，增长了 57. 33%；同期，氮肥施用量增加 216. 27 万吨，增长了 10. 08%；磷肥施用量增加 184. 66 万吨，增长了 28. 05%；钾肥施用量增加 352. 68 万吨，增长了 121. 78%；复合肥施用量增加 1440. 99 万吨，增长了 196. 13%。从化肥施用强度来看，从"九五"期间到"十二五"期间，化肥施用强度增加了 98. 59 公斤/公顷，增长了 37. 93%。而国际公认的化肥施用强度的安全上限为 225 公斤/公顷，这四个时期中国化肥使用强度分别是安全上限的 1. 16 倍、1. 29 倍、1. 49 倍、1. 59 倍。从 13 个粮食主产省份来看，农作物播种面积增长了 7. 57%，而化肥施用强度却增长了 31. 26%。[①]

由此可见，我国农业生产依靠化学肥料投入驱动的方式仍然没有根本改变。诚然，当前农业生产完全离开化肥是不切实际的，它对我国农业增产发挥了重要支撑，有其积极作用，但是，化学肥料的过快增长和过度施用也不利于土壤修复和农产品绿色化，存在一定的负面作用。所以，新时代治理污染困境，农业绿色发展转型势在必行。

(三) 满足人民群众生态需要的根本保证

党的十九大报告指出："中国特色社会主义进入新时代，中国社会主要矛盾已经转化为人民日益增长的美好生活需要和不平衡不充分的发展之间的矛盾。"随着我国人民生活水平逐步提高，人民需要日益多元化和高级化，除了物质文明和精神文明，对民主、法治、公平、正义、安全、环境也有了新的更高需求，特别是人民群众对生态环境和生态产品的需要与日俱增。长期以来，我国经济保持高速增长，以规模速度型为主的经济发展方式对资源能源的消耗巨大，给环境承载力带来严峻挑战，已经严重影响到了人民群众生产生活质量。习近平总书记精辟地指出，良好生态环境是最公平的公共产品，是最普惠的民生福祉。党的十九大将污染防治攻坚战作为决胜全面建成小康社会三大攻坚战之一，充分表明党中央对其高度重视，并且在全国范围实施

---

① 刘汉成、夏亚华主编：《乡村振兴战略的理论与实践》，中国经济出版社 2019 年版，第 183 页。

严格的环保督察，实现了由环保部门牵头向中央主导、以查企业为主向"查督并举、以督政为主"的双重转变，强化了中央政策的实施效果。

习近平总书记指出，悠悠万事，吃饭为大；民以食为天。农产品质量安全是食品安全的重要组成部分，直接关系着人民群众的身体健康和生命安全，加强农产品质量管理，保证农产品安全是人民群众的期盼。由此可见，实现农业绿色发展，保障农产品安全和质量，是全面建成小康社会的迫切需要，是破解新时代我国社会主要矛盾的重要举措，也是满足人民群众生态需要的根本保证。

（四）提升农产品国际竞争力的必然要求

进入新时代，我国实施更大范围、更宽领域、更深层次对外开放，必须建设更高水平开放型经济新体制。这为我国农业发展和农产品国际化带来了新的机遇，同时也带来了新的挑战。我国传统的以土地为代表的自然资源要素密集型农产品的比较优势在弱化，国际竞争力明显下降，劳动密集型农产品虽仍具有较强的比较优势，但随着我国劳动力成本的持续上升，其国际竞争力也呈现下降态势。加之逆全球化思潮蔓延，贸易保护主义盛行，国际贸易环境的不确定性增大，绿色壁垒成为一种新型贸易壁垒形式，通常表现为绿色关税、绿色市场准入、绿色反补贴、绿色反倾销、环保贸易制裁等。对农产品而言，它直接关系国家的粮食安全和根本利益，且它的生产、使用、消费、处理等环节都与环境密切相关，世界各国都十分重视农产品的质量安全，采取了严格的保护措施。

我国作为人口大国和粮食消费大国，进口和出口都事关重大。我们需要顺应农产品绿色化趋势，趋利避害，积极应对绿色壁垒。对农产品进口国而言，制定严格的绿色标准，无疑是为本国消费者考虑，当然也不排除以此为借口实行贸易保护主义。对农产品出口国而言，受到绿色壁垒的影响，将减少其国际出口，降低农产品的国际竞争力。我国应该顺势而为，主动作为，一方面积极参与全球农业贸易规则制定，推动构建更加公平合理的农业国际贸易秩序，减少其他国家对我国实施不公平的贸易保护政策；另一方面我们要狠抓严把农产品质量关，建立严格的绿色标准体系，提高农产品的质量和附加值，以质量赢得国际竞争力。因此，推动绿色发展，构建农产品质量新优势，是全面提升我国农产品国际竞争力的必然要求。

（五）增加农民收入的有效途径

我国农业农村发展进入新的历史阶段，在很多方面呈现出一些前所未有的特点。从国内情况来看，我国农业的经营规模普遍较小，农业生产成本居高不下，难以适应现代农业的需要。同时农产品质量不高，难以满足人民新的生活需求，导致农产品供需结构性失衡，出现产量、进口量、库存量齐增的现象。从国际情况来看，发达国家在农产品生产方面的技术和规模优势，以及政府补贴政策的效应，导致国际粮食产品竞争激烈，加之受贸易保护主义影响，我国农产品受到出口限制和进口增加的双重压力，这对农民经营农业收入增长造成较大阻碍。

乡村振兴的根本目标是实现农民共同富裕，这显然有赖于不断提高经营农业收入，让农业成为有奔头的产业。要充分发挥农业的绿色导向和优势，大力推广节水、节药、节肥、节电，引导农业适度规模经营，降低农业生产资料、劳动力、生产流通等成本，把绿色、安全、优质的农产品作为核心竞争力，打造知名品牌，实现优质优价。此外，在改造提升农业生产传统业态的同时，还要围绕绿色发展理念，注重培育壮大农业发展新业态，发掘农业多种功能和多元价值，包括休闲农业、创意农业、乡村旅游、健康养生、生态教育绿色产业，拓宽农民就业增收渠道。因此，实现农业绿色发展，是新时代增加农业收入的有效途径。

二、新时代我国乡村生态宜居建设存在的主要问题

生态宜居是乡村振兴的关键，良好的生态环境既是发展乡村经济的最大优势和宝贵财富，也是满足新时代农村居民美好生活需要的重要组成部分。通过实施新农村建设和美丽乡村建设，很多农村地区的水、电、路、通信等基础设施和城乡基本公共服务持续推进，实施了

"硬化、亮化、绿化、净化、美化"工程，农村人居环境明显改善，生态宜居乡村建设取得明显进展。然而，由于我国二元经济特征和传统经济发展模式的影响，乡村生态宜居建设还存在不少问题，要满足全面推进新时代乡村振兴的目标依然任重道远。

（一）乡村总体建设规划缺乏科学性和前瞻性

乡村生态是一个系统，因此，乡村总体建设规划要从乡村实际出发，注重系统性和整体性，突出科学性和前瞻性。然而，当下一些乡村总体建设规划不尽合理，不能很好满足新时代乡村生产环境、生活环境和生态环境建设的需求。乡村缺乏统筹考虑，整体布局散乱，宅基地违规乱占，农房无序乱建，没有综合考虑农村的排水、排污、绿化、农业废弃物处理、畜禽养殖粪污排放等实际问题。特别是在乡村规划设计和建设实施过程中，没有充分听取村民的意见和建议，缺乏村民的广泛参与，致使建设规划往往偏离当地实际情况。比如，部分村庄建设没有立足当地资源特色，未能兼顾区域自然条件和民俗文化等重要因素，丧失了乡村的独特魅力和独有价值，出现了农村建筑城市化，房型千篇一律，有新房无新村，有新村无新貌。

（二）乡村各建设部门缺乏协调机制

推进新时代生态宜居乡村建设涉及数量众多的不同职能部门，每个部门都有明确的职责分工，各司其职，发挥独立的作用。例如，住房和城乡建设部主要负责乡村生活环境建设方面问题，涉及农村生活污水、生活垃圾和卫生厕所等内容；环境保护部门和财政部门牵头开展农村环境综合治理，涉及农村人居环境整治、环境污染防治等内容；农业部门开展乡村生产环境建设、美丽乡村建设，涉及农业基础设施建设、面源污染防止、村容村貌改善等内容；水利部门和林业部门开展农村资源保护和生态环境治理，分别涉及农村水源地保护和农村绿化等内容。[①] 这些部门各自负责开展农村工程建设，容易造成"九龙治

---

① 魏后凯、闫坤主编：《中国农村发展报告（2018）：新时代乡村全面振兴之路》，中国社会科学出版社 2018 年版，第 409 页。

水"、多头管理的情况，出现了某些项目缺乏直接有效的管理监督，形成工作中的空白点，而有的项目又是多个部门共同建设管理，出现了部分内容交织重叠。乡村各建设部门之间缺乏有效的沟通协调，极易导致乡村建设过程中的错失和重复，从而影响生态宜居乡村建设成效。

（三）农村环保基础设施薄弱

过去较长时间，我国推行工业化和城镇化优先发展战略，乡村建设一直相对滞后，加之以经济增长为主要目标的经济社会发展导向，环境保护的意识和对环保的投入都相对较弱，其中农村环保投入严重不足。总的来看，农村自来水、污水处理率显著低于城镇水平，农村人居环境管理水平也明显落后。很多乡村污水处理系统、粪便处理系统等环保基础设施建设不足，农村"脏、乱、差"现象依然严重。另外，农村的垃圾收储也没有科学的体系，农村垃圾分类推进缓慢，大多数垃圾箱不是密封式，而是开放式垃圾池，运送垃圾的环卫车辆也严重缺乏，不能按时及时收集运送，农村垃圾资源化利用程度很低，既造成乡村生态环境恶化，又形成资源较大浪费，不利于形成自然生态和经济发展良性互动，也影响了村民的生产生活质量。

（四）乡村人居环境治理缺少资金投入

改善乡村人居环境，必要的资金投入不可缺少。乡村生活污水处理、卫生厕所改建、生活垃圾清扫及资源化利用需要稳定的资金支持，当前主要是依靠上级政府给乡村的总体财政拨款，缺少精准化的乡村人居环境治理专项资金保障，不能充分满足人居环境治理的必要支出。因此，仅仅依靠乡村自身财力难以足额提供乡村保洁人员的工资、乡村垃圾收集运送费用、生活污水处理设施维护运营费用等必要资金投入，而村民也不愿意支付生活污水和垃圾处理费。此外，农村大部分小型供水工程一般由村集体委托专门的机构和人员负责管理，并由村集体支付相应费用，这些费用坚持"谁收益、谁付费"的原则，主要向用水农民收取。但是，由于这些水利设施供水规模小，服务对象少，水费收取率低，所收费用不足以保障环保设施正常维护运营，导致乡村水源保护、水质监测、消毒净化、设施维修等工作都不尽如人意，严重影响水利工程运行效益和设施效率。

(五) 农村生态环境治理缺乏有效监管

乡村生态宜居建设涉及众多主体的经济利益，所以在推进过程中必须要有严格的监督和问责机制，确保中央和地方的各项政策措施能够落实、落地、落细，在实践中不折不扣地执行。然而在现实生活中，农村对生态环境监管力度普遍软弱，缺乏有效监管手段，刚性约束机制尚未真正建立。导致一些企业为了降低经营成本，将生产工厂由城市搬迁至农村，不执行严格的环保标准，随意排放污染物，使乡村的河流和土壤等自然资源和生态环境遭受破坏，进而影响到农业生态和农产品质量安全，也给当地农民生活带来危害。此外，除了外来污染源对农村的伤害，许多农村本身也缺乏有力的环保监管意识和举措。大多数农村将生活污水直接排放，要么排到河道里，要么渗入地下，不仅造成水资源浪费，而且造成地表水和地下水污染，还可能对耕地土质造成破坏，还有随意倾倒生活垃圾，对农村生态环境造成严重损害，最终影响到农民的身体健康和生活质量。

三、新时代推进我国乡村生态振兴的路径

2018 年中央一号文件指出，乡村振兴，生态宜居是关键。建设生态宜居的现代乡村，是实施乡村振兴战略的一项重要任务，也是推进农业农村现代化的现实需求。良好的生态环境是建设生态宜居乡村的根本前提和必备条件。习近平总书记深刻指出："现在，我们已经到了必须加大生态环境保护建设力度的时候了，也到了有能力做好这件事情的时候了。一方面，多年快速发展积累的生态环境问题已经十分突出，老百姓意见大、怨言多，生态环境破坏和污染不仅影响经济社会可持续发展，而且对人民群众健康的影响已经成为一个突出的民生问题，必须下大气力解决好。另一方面，我们也具备解决好这个问题的条件和能力了。过去由于生产力水平低，为了多产粮不得不毁林开荒、

毁草开荒、填湖造地，现在温饱问题稳定解决了，保护生态环境就应该而且必须成为发展的题中应有之义。"[1]

（一）加强乡村生态保护与修复

实现乡村生态振兴，加强乡村生态保护与修复是根本。乡村生态系统是一个以自然为主的半人工生态系统，是乡村区域由人类、资源、环境等多种因子通过各种生态网络机制而形成的一个集社会、经济、自然为一体的复合体。乡村生态系统兼有生产功能、生活功能、生态功能、文化功能四大功能，是人类社会生存和发展的基础。因此，实现乡村生态振兴，要树立乡村生态保护意识，加大乡村生态保护力度，秉持人与自然和谐共生的自然生态观，尊重自然、顺应自然、保护自然，处理好乡村振兴与生态环境保护的关系，构建人与自然和谐共生的乡村发展新格局。

1. 加大乡村生态系统保护力度

首先，要切实加强农产品产地环境保护。农产品产地环境是农业生产的基础条件，农产品产地安全是产品质量安全的根本保证。一旦其遭到破坏，必然需要耗费比较长的周期和比较高的成本去修复，代价很大。因此，需要强化源头治理。各地区应严格执行环保标准，准确监测水质变化情况，防止企业或居民将未经净化处理的工业和生活废水直接排向水源地。同时，密切监测土壤的质量，通过抽样随时了解土质变化。分区域、分作物品种建立受污染耕地安全利用试点，合理利用轻中度污染耕地土壤生产功能，推广低积累品种替代、水肥调控、土壤调理等安全措施，实现受污染耕地的合理利用。

其次，大力推动农业资源养护。农业资源养护是实现农业可持续发展和生态振兴的关键。需要遵循农业生态发展规律，把农业发展、农业资源合理开发、资源环境保护三者有机结合起来，保持农业生态平衡。其一，水是农业生产的命脉，要保护利用好水资源，加快发展节水农业，统筹推进工程节水、农艺节水、治污节水、管理节水。推

---

① 中共中央党史和文献研究院：《习近平关于"三农"工作论述摘编》，中央文献出版社 2019 年版，第 109 页。

进高标准节水农业示范区建设，加强农业取水许可管理，严控地下水超采。其二，耕地是农业的根本，要加强耕地质量保护和提升。全面提高耕地质量，加强农田水利设施建设，建成旱涝保收、高产稳产的高标准农田。通过合理配置耕地使用，进行农户精准资金补助，推行耕地轮作休耕制度，使土地休养生息、恢复地力。其三，生物资源是农业的重要补充扩展，要强化农业生物资源保护，加强水生野生动植物栖息地和水产种质资源保护区建设，科学划定江河湖海禁捕区域，建立合理的补偿制度。

最后，加快构建乡村环境保护制度体系。制度是管根本、管长远的基础，构建完善的乡村环境保护制度体系至关重要。其一，要完善天然林和公益林保护制度，细化森林和林地的管理制度。其二，完善草原生态监管和调查制度，全面落实草原经营者生态保护主体责任。其三，推广河长制和湖长制，将这一体系延伸至基层。其四，严格落实自然保护区、风景名胜区、地质遗址等各类保护地制度。其五，完善荒漠生态保护制度，加强沙区天然植被和绿洲保护。

2. 推进乡村生态修复治理

2018 年，中共中央、国务院印发《乡村振兴战略规划（2018—2022 年）》，指出："大力实施乡村生态保护与修复重大工程，完善重要生态系统保护制度，促进乡村生产生活环境稳步改善，自然生态系统功能和稳定性全面提升，生态产品供给能力进一步增强。"修复乡村生态是实现乡村生态振兴的重要举措，它以新时代乡村面临的突出生态环境问题为导向，以提升乡村生态环境质量为主线，以提高生态保护和环境治理能力为路径，以实现乡村全面振兴为目标。

首先，推进农业湿地保护和修复。湿地在涵养水源、净化水质、蓄洪抗旱、调节气候、维护生物多样性方面发挥着重要作用，是重要的自然生态系统，也是自然生态空间的重要组成部分。农业湿地保护和修复是乡村生态振兴的重要内容。要以自然恢复为主和人工修复有机结合，对生态功能严重退化和集中连片且破碎严重的地区进行优先修复治理，以阻止其进一步恶化。综合运用污染治理、土地整治、植被恢复、生态移民等手段，逐步恢复湿地功能，维持湿地生态系统健康运行。[①]

其次，扩大退耕还林还草规模。农业的可持续发展离不开森林和草原的保护，退耕还林还草是治理我国水土流失和土地沙化的重大生态修复工程。在党中央指导下，多部委联合印发《新一轮退耕还林还草总体方案》，彰显了党和政府的决心。该方案规定，到 2020 年，将我国具备条件的坡耕地和严重沙化耕地约 4240 万亩退耕还林还草。完成好这项工作，要把政府引导和尊重农民意愿结合起来，尊重客观规律，因地制宜，循序渐进，稳步推进。在整个过程中，要加强监管，禁止违法违规盲目推进，确保高质量实现目标。

再次，推进农村"四荒"资源治理。农村地域广阔，地形复杂，影响农村生态的因素众多，除了耕地以外，农村还有大量闲置的集体所有土地，主要是大量荒山、荒沟、荒丘、荒滩（以下简称"四荒"），这些土地经过治理开发，将会大大提高农村植被覆盖率，防止水土流失和土地荒漠化，改善生态环境，优化农业生产条件，促进农民增收致富，促进农村生态振兴。在符合国家法律法规和政策前提下，根据各地实际情况对农村"四荒"进行精准治理，宜农则农、宜林则林、宜牧则牧、宜渔则渔。实行"谁治理、谁管护、谁受益"的原则，建立健全激励机制和利益保障制度。在此过程中，要处理好"四荒"地开发经营者和集体的利益关系，实现利益共享。

最后，加强矿山地质环境修复治理。矿石是农村的重要经济资源，其开发利用对环境产生直接影响，矿山地质环境也是乡村生态环境的重要组成部分。推进乡村生态振兴，要加强矿山地质环境恢复和治理，形成开发与保护相互协调的矿产开发新格局。各地需要将历史和现实相结合，从实际出发，把解决矿山地质环境历史遗留问题作为乡村振兴的重要任务，加大财政资金投入力度，拓宽投融资渠道，切实为废弃矿山、政策性关闭矿山等矿山地质环境恢复治理提供有力支持。按照"谁治理、谁受益"的原则，探索构建"政府主导、政策扶持、社会参与、开放式治理、市场化运作"的矿山地质环境修复治理新模式。

---

① 渠涛、邵波编著：《生态振兴：建设新时代的美丽乡村》，中原农民出版社、红旗出版社 2019 年版，第 7 页。

同时，把矿山地质环境修复治理和乡村振兴推进有效结合，通过棚户区改造、城乡建设用地置换、废弃工矿用地复垦、生态移民搬迁等多种形式，既修复了生态，实现生态振兴，又创造了新的就业创业机会，实现农民富裕，最终把生态保护和经济发展有机结合起来。

3. 统筹山水林田湖草系统治理

新时代，习近平总书记始终高度重视生态文明建设，指出"建设生态文明是中华民族永续发展的千年大计"，将其纳入"五位一体"总体布局的重要位置，从战略高度和宏观视野提出山水林田湖草是一个生命共同体。习近平总书记在党的十八届三中全会上作关于《中共中央关于全面深化改革若干重大问题的决定》的说明中指出："山水林田湖是一个生命共同体，人的命脉在田，田的命脉在水，水的命脉在山，山的命脉在土，土的命脉在树。用途管制和生态修复必须遵循自然规律，如果种树的只管种树、治水的只管治水、护田的单纯护田，很容易顾此失彼，最终造成生态的系统性破坏。由一个部门行使所有国土空间用途管制职责，对山水林田湖进行统一保护、统一修复是十分必要的。"① 党的十九大报告也指出："统筹山水林田湖草系统治理，实行最严格的生态环境保护制度，形成绿色发展方式和生活方式，坚定走生产发展、生活富裕、生态良好的文明发展道路。"② 这些重要论述生动阐明了人与自然的关系，为新时代推进乡村生态振兴提供了行动指南。

首先，要树立山水林田湖草是生命共同体的理念。以整体性和系统性观念把握其内在规律，统筹考虑自然生态各要素之间的关系，做到山上山下、地上地下、陆地海洋、河流上下游等统筹协调，进行宏观管控、系统保护、综合治理。具体而言，健全山水林田湖草系统治理和保护管理制度，由中央指导统筹，打破行政区划、部门壁垒、行业管理、生态要素界限。树立绿水青山就是金山银山的生态文明价值观，重点进行土地整治和污染修复、流域水环境保护治理、生物多样

---

① 习近平：《习近平谈治国理政》第 1 卷，外文出版社 2014 年版，第 85-86 页。

② 习近平：《决胜全面建成小康社会 夺取新时代中国特色社会主义伟大胜利——在中国共产党第十九次全国代表大会上的报告》，人民出版社 2017 年版，第 19 页。

性保护、矿山环境治理、区域生态系统综合治理，提升生态系统生态产品供给能力，不断满足人民群众对优美生态环境的需要。

其次，要因地制宜，突出特色。我国各地经济生活发展水平、自然地理条件、生态环境状况、承载的国家功能等各方面都存在各自特征，情况不尽相同。因此，进行生态建设需要围绕各地主导生态功能和生态系统特征，制定差异化保护修复方案和实施举措。充分依托和挖掘地方生态资源优势和特色，因地制宜设计可行方案。比如，发展森林草原旅游、河湖湿地观光、冰雪海上运动、野生动物驯养等产业，经济开发观光农业、游憩休闲、健康养生、生态教育等服务。[①] 提高农村绿色发展水平，实现生态产品供给能力和经济发展质量双提升。

最后，要加强制度创新，注重长期效应。生态文明建设任务艰巨，关乎长远，要强化制度创新，着眼长远，立足当下。按照我国生态文明体制改革总体方案要求，探索国土空间开发保护制度、自然资源产权制度、自然资源有偿使用和补偿制度、生态文明建设绩效考核制度、生态文明破坏惩罚制度等有利于农村生态系统保护修复的制度体系，从而形成生态保护修复长效机制。

（二）加强农业污染综合整治，推进农业生产绿色化

新时代加强生态保护，建设生态文明，必须解决好农业环境污染问题。农业污染综合治理，是践行绿色发展理念，实施乡村生态振兴战略的重要任务。党中央明确提出，加强农村突出环境问题综合治理，加强农业面源污染防治，实现投入品减量化、生产清洁化、废弃物资源化、产业模式生态化。[②]

1. 加强农地土壤污染防治，推进其安全利用

土壤是从事农业生产的物质要素，是经济可持续发展的基础，直接关系绿色发展成效和美丽中国成色，关系农产品质量和人民群众身体健康，保护好农地土壤是推进乡村振兴和维护国家生态安全的重要内容。

---

① 《中共中央　国务院关于实施乡村振兴战略的意见》，人民出版社 2018 年版，第 16 页。
② 《中共中央　国务院关于实施乡村振兴战略的意见》，人民出版社 2018 年版，第 15 页。

一方面，要切实加大农地土壤保护力度。要把保护和提高农地土壤质量作为重要管控指标，严格控制林地、草地、园地的农药使用量，禁止使用高毒、高残留农药，降低农产品超标风险。加强耕地的用途管理，加快推行秸秆还田、增施有机肥、农作物轮作、农膜减量和回收利用等措施。明确农村土地流转受让方履行土壤保护职责，避免过度施肥、滥用农药等掠夺式经营造成土壤质量下降。

另一方面，要重视农地土壤的污染治理与修复，清晰界定治理和修复主体责任。根据综合评估农地污染程度、环境风险、影响范围，合理确定治理和修复的目标和计划。各地环保部门要向上级汇报有关情况，并会同相关部门进行督导检查评估，向社会公开。政府也要通过现有政策和资金渠道加大对土壤污染防治工作的支持力度，有条件的地区可对保护耕地面积增加的主体予以资金激励。政府也可以创新资金筹集和使用方式，更多撬动社会资本参与土壤污染防治，通过金融支持、购买服务等形式形成多方参与、利益共享的可持续治理模式。

2. 开展养殖污染治理，促进其资源化利用

农业污染综合治理，养殖污染治理是关键。加强农村养殖污染治理，可以从推进养殖生产过程清洁化和产业模式生态化、加强畜禽粪污资源化利用、加强畜禽规模养殖环境监管、加强水产养殖污染防治和水生态治理、提高沼气和生物天然气利用效率五个方面推进。①

第一，推进养殖生产过程清洁化和产业模式生态化。根据市场需求，优化调整畜禽养殖规模和布局，推进养殖标准化建设，带动养殖业绿色可持续发展。实行养殖场科学化精细化管理，优化管理流程，推广智能化覆盖，提高过程控制效率。严格规范饲料和用药的质量监测，确保源头安全，严厉打击养殖户违法违规使用不合格产品喂养。大力发展畜禽标准化养殖，开展标准化示范创建活动，发展生态养殖，提升集约化、自动化、现代化水平，实现养殖产业模式生态化，推动畜牧业生产方式转变。

第二，加强畜禽粪污资源化利用。鼓励引导规模养殖场改造升级

---

① 渠涛、邵波编著：《生态振兴：建设新时代的美丽乡村》，中原农民出版社、红旗出版社 2019 年版，第 57 页。

基础设施和设备，对粪污进行科学化处理，政府给予适当的资金和政策奖励，也可在养殖密集区建设集中处理中心，开展专业化集中处理，企业自行购买该项服务。转变传统观点，通过技术创新推进变废为宝，加强畜禽粪污资源化利用技术集成，因地制宜推广粪污全量收集还田利用等技术，集成推广清洁养殖工艺，指导养殖户选择科学合理的粪污处理方式。

第三，加强畜禽规模养殖环境监管。将规模及以上畜禽养殖场纳入重点污染源管理，对其执行严格的环境评估报告制度，对其他畜禽规模养殖场执行环境影响登记表制度。对设有排污口的实施排污许可制度。推动畜禽养殖场配备视频监控设备，记录粪污处理情况。完善直联直报信息系统，构建统一管理、分级使用、共享直联的管理平台。监管以严格作为主基调，采取奖罚分明的措施，避免其流于形式。

第四，加强水产养殖污染防治和水生态治理。随着人们生活水平的提高，对水产的需求也与日俱增，海洋河流湖泊是生产的重要载体，要优化水产养殖空间布局，合理安排养殖结构，从推进生态文明建设的高度划定各种功能区。推进水产生态健康养殖，积极发展循环水养殖，推进稻鱼综合种养等生态循环农业。重视养殖节水减排，大力推进长江等重点水系的水生物保护行动，逐步修复水生生态环境，加强水域环境变化检测和管理。

第五，提高沼气和生物天然气利用效率。适应农村保护生态和绿色发展要求，变革能源结构是主要途径。要推行就地取材、废弃物资源化利用，建设以畜禽粪污为主要原料的能源化、规模化、专业化沼气工程，支持规模化养殖场和专业化企业生产沼气、生物天然气，用于支持农村清洁取暖。以沼气工程为牵引，扎实推广农村沼气工程项目，实现苹果、柑橘、蔬菜等高效经济作物种植与畜禽养殖有机结合的果沼畜种养循环模式，不断扩大使用范围，提高其利用效率。

3. 开展农业生产化肥减量行动

现代农业的发展离不开肥料的滋养，针对当前我国肥料结构的不合理问题，应该树立"增产施肥、经济施肥、环保施肥"的理念，转变施肥方式，优化肥料结构，通过科学施肥助推耕地质量提升，促进农业生态环境安全。

第一，推进测土配方施肥。在做好粮食作物测土配方施肥的同时，拓宽其实施范围，推广到蔬菜、果树、茶叶等经济作物上，基本实现主要农作物全覆盖。创新合作模式，强化农企对接，充分调动企业参与积极性。推进服务机制创新，探索公益性服务与经营性服务相结合，支持发展专业化和社会化服务组织向农业主体提供高质量多元化服务。

第二，推进施肥方式转变。发挥专业合作社、种粮大户、家庭农场的示范带动作用，大力推广先进适用技术，促进施肥方式转变。按照农艺农机结合、基肥追肥统筹的原则，因地制宜推进机械施肥追肥全过程覆盖，减少养分流失。结合高效节水灌溉，促进水肥一体化，提高肥料和水资源利用效率。合理确定基肥施用比例，推广具有广泛实用性的施肥技术。

第三，推进肥料新技术研发应用。突出技术在推进农业转向升级中的基础性作用，立足农业生产需求，整合科研院所、生产企业、市场流通等相关部门，跟踪国家前沿技术，开展联合公关，组建一批产学研用相结合的研发平台，重点开展农作物高产高效施肥技术研究。市场推广决定了技术的落地落实情况，要加快新产品推广，不断提高肥料新技术的使用率。根据高产和绿色发展要求，集成推广高产、高效、生态施肥技术模式。

第四，推进有机肥资源利用。适应现代农业发展特点，积极探索有机养分资源利用的有效模式。支持规模化养殖企业及农民推进有机肥资源化利用。推广秸秆养分还田，使秸秆取之于田、用之于田。根据我国南北方气候特点，因地制宜种植绿肥，形成资源循环利用新模式。

4. 开展农业生产减药行动

要以农业绿色发展和农产品质量安全为导向，加快转变病虫害防控方式，推进绿色防控、统防统治，构建资源节约、环境友好病虫害可持续技术体系，实现农药减量控害，降低农业面源污染，保护农田生态环境，促进生产生态协调发展。

第一，推进科学用药。推广高效低毒低残留农药的实施范围，逐步淘汰高毒农药。科学采用预防措施，减少中后期农药施用次数，准确识别，对症选药，促进农药减量增效，提高防治效果。因地制宜推广现代新型高效植保机械，降低过程损耗，最大程度提升农药利用率。以新型农业经营主体和病虫害防治专业服务组织为重点，向农民普及科学用药知识。

第二，推进绿色防控。有效发挥政府和市场的双重作用，因地制宜集成推广适合不同农作物的绿色防控技术。选择重点代表性蔬菜基地、园艺作物标准园、农产品生产基地，建设一批绿色防控示范区，帮助生产者创建品牌，提高农产品质量，带动技术推广应用。以农业企业、农民合作社、基层植保机构为重点，培养技术骨干，带动农民科学应用先进技术。

第三，推进统防统治。发挥农作物病虫害防治补助、农机购置补贴、植保工程建设投资等项目的牵引作用，提升现代植保装备水平，扶持发展一批装备精良、服务高效、规模适度的病虫防治专业化服务组织。推进专业化防治与绿色防控融合，提升技术水平，逐步实现防控绿色化、规模化、规范化实施。加强对防治组织的指导服务，引导其加强内部管理、规范服务行为、提升服务水平。

5. 开展农业白色污染防治

农田覆膜播种，曾经引领了现代农业的"白色革命"，极大优化了农作物生长环境，提高了农作物产量。然而由于长期没有得到有效治理，现在一定程度上却变成了恶化农业生产、影响农田再生利用、制约农业可持续发展的"白色污染"。当下，开展农业白色污染防治，对促进农业绿色发展，实现乡村生态振兴正当其时、时不我待。

第一，加强现有地膜回收。严格按照国家标准生产销售地膜，建立地膜回收和集中处理体系，落实使用者妥善收集、生产者和经营者回收处理责任。各级政府农业农村主管部门负责本行政区域内农田地膜使用和回收及污染防治监督管理工作。按照统筹规划、总量控制、交售方便、绿色环保的要求，合理布局废旧农田地膜回收网点，提高其回收率。

第二，加大地膜回收支持。政府可以通过政策导向给予地膜回收相关主体相应激励，如对开展农田地膜回收的企业优先安排技术推广项目、创业投资基金，在用地、用电、用水、用气、信贷等方面给予适当优惠或资金补贴，或采取以奖代补、贷款担保、贷款贴息等方式予以支持。同等条件下，政府可优先采购回收企业生产的产品。

第三，加强地膜回收工作监管。各级政府、农业技术监督、商务、工商行政管理等部门应各司其职，尽职尽责，协调配合，定期对农田地膜生产、销售、使用、回收相关主体进行监督检查。农田地膜生产销售企业和农业生产经营组织、农田地膜使用者，都负有回收废旧农田地膜的责任。回收企业与政府农业主管部门签订责任书，并向社会公布实施方案和结果。农业生产经营组织、农田地膜使用者负责回收并上交废旧农田地膜，回收企业对其进行资源化利用。

农业环境污染综合治理的根本目的是实现农业生产绿色化。习近平总书记指出："农业发展不仅要杜绝生态环境欠新账，而且要逐步还旧账。要推行农业标准化节约生产，完善节水、节肥、节药的激励约束机制，发展生态循环农业，更好保障农畜产品安全。对山水林田湖实施更严格的保护，加快生态保护区、地下水漏斗区、土壤重金属污染区治理，打好农业面源污染治理攻坚战。"①

（三）推进农村环境治理，建设美丽宜居乡村

农村是农民生产生活的主要区域，推进农村环境治理，建设美丽宜居乡村，是新时代乡村振兴的重要任务和具体体现。习近平总书记指出："良好人居环境，是广大农民的殷切期盼，一些农村'脏乱差'的面貌必须加以改变。要实施好农村人居环境三年行动方案，明确目标，落实责任，聚焦农村生活垃圾处理、生活污水治理、村容村貌整治，梯次推动乡村山水林田路房整体改善。这要作为实施乡村振兴战略的阶段性成果。厕所问题不是小事情，直接关系农民群众生活品质，要把它作为实施乡村振兴战略的一项具体工作来推进，不断抓出成效。农村环境整治这个事，不管是发达地区还是欠发达地区都要搞，标准可以有高有低，但最起码要给农民一个干净整洁的生活环境。"②

---

① 中共中央党史和文献研究院：《习近平关于"三农"工作论述摘编》，中央文献出版社 2019 年版，第 107 页。
② 中共中央党史和文献研究院：《习近平关于"三农"工作论述摘编》，中央文献出版社 2019 年版，第 113-114 页。

1. 推进农村"厕所革命"

厕所问题直接关系广大人民群众工作生活环境的改善，关系社会文明程度。习近平总书记对此高度重视，十分关心。党的十八大以来，习近平总书记到全国各地视察工作，所到之处，经常询问人民群众的生活细节，了解村民使用的是水厕还是旱厕，关切农民生活状况怎么样，民生无小事，一枝一叶总关情。他多次强调，随着农业现代化步伐加快，新农村建设也要不断推进，特别提到要来一场"厕所革命"，让农民群众用上卫生的厕所。2017年11月，习近平总书记就旅游系统推进"厕所革命"工作取得的成效作出指示："厕所问题不是小事情，是城乡文明建设的重要方面，不但景区、城市要抓，农村也要抓，要把这项工作作为乡村振兴战略的一项具体工作来推进，努力补齐这块影响群众生活品质的短板。"①

第一，加强农村厕所规划设计。推进农村厕所建设，要规划先行，从村民实际需求出发，广泛听取村民意见，对厕所选址、数量和布局进行充分科学论证，提高规划的可行性和可操作性，对历史和人民负责。在设计和施工过程中，要加大新材料、新技术、新设备的应用，保证功能多样性，能够满足不同人群的需求。在旧厕改建上，要将其纳入农村厕所建设总体目标统筹规划，分步推进，注重实效。

第二，因地制宜选择改厕模式。农村改厕要按照群众接受、经济适用、维护方便、不污染公共水体的原则，合理确定农村厕所建设和改造。建在城镇污水管网覆盖区和农村污水集中收集区的，推广使用水冲式厕所；污水管网无法覆盖的，采用三格化粪池式厕所；重点饮用水源保护地，原则上采用水冲式；在山区或缺水地区，使用双坑交替式厕所。

第三，加强引导整村推进。农村厕所建设和改造是一项庞大的系统工程，工作量大，涉及面广，需要利益相关者多方合力，建立政府统一领导、公共财政支持、动员群众参与和市场化服务相结合的组织推进和运行体制，实行县（市、区）、乡镇、村三级联动，分级负责。乡镇机关、村委会、农村学校等单位带头改厕，发挥示范引领作用。

---

① 习近平：《习近平谈治国理政》第3卷，外文出版社2020年版，第341页。

以行政村为单位，整村一体规划，整体实施。

第四，健全农村厕所管理机制。农村厕所质量"三分建设、七分管理"，要严格执行改厕流程，加强技术指导，提高工程质量，强化管理维护。完善管理制度，落实主体责任，建立长效机制。对厕所建设运营方在用地、用水等方面给予政策优惠，鼓励其承包经营，授予商业经营权，推进公厕建设和管理的市场化和社会化，多渠道解决资金短缺和管理不善等问题。

2. 推进农村垃圾治理

随着农村产业调整和经济发展，以及生活方式和消费方式的改变，农村的生活垃圾排放量日益增长。由于农村家庭居住比较分散，环保意识薄弱，加之实施投入不足，生活垃圾问题日益严峻。推进农村生活垃圾治理，有利于改善生活环境，提升生活品质，是贯彻实施乡村振兴战略的重要基础。

第一，明确农村垃圾治理各方责任。农村垃圾治理关系多方主体，如垃圾产生主体、垃圾处理主体、政府行政部门等。要均衡相关利益者的效率与公平，赋予基层政府相对独立的地位和权力，从当地实际情况出发决定垃圾治理的具体方式方法。同时，制定明确的法律法规，激发市场主体的积极性，将其投资与收益挂钩，稳定长期投资意愿。避免农村垃圾治理出现政府失灵、市场失灵、社会失灵的现象，实行经济效益、社会效益、生态效益三者有机统一。

第二，加大农村垃圾治理的资金保障。根据各地经济社会发展实际情况，尽力而为，量力而行，多方筹措资金，整合各级各类相关专项资金，把农村垃圾处理作为环境综合治理专项资金重点投入领域，形成可持续的资金供给来源。除此之外，也需要拓宽投资渠道，突破"财政投入大、安全隐患多、政府包袱重"的治理局限，形成多样化筹资，多元化运作模式。

第三，鼓励村民参与农村垃圾治理。改善农村生态环境，推进农村生态文明建设，农民是主体。农村生活垃圾治理是政府的重要职责，也与村民利益息息相关。村民应该是积极参与者和直接受益者，要通过喜闻乐见的方式引导村民摒弃不文明和不卫生习惯，提高文明卫生意识，灵活开展丰富多彩的评先奖优活动，让村民切实感受到好处，激发农民群众的主人翁意识。

第四，建立长效保洁机制。进行垃圾治理，改善村庄环境，不是一朝一夕、一蹴而就的事情，应该建立长效机制。可按照"户分类、村收集、镇中转、县处理"的城乡一体化模式，将城市生活垃圾处理服务范围向农村延伸，建立以城带乡生活垃圾收运体系。建立县（市、区）、乡镇、村三级保洁管理体制，实行网格化管理，各司其职，各负其责，严格督察，确保实效。

3. 推进农村生活污水治理

随着农村生活方式的变化，农村生活污水排放量明显增加，严重破坏了农村生态环境。2015 年，中共中央、国务院出台《关于加速推进生态文明建设的意见》，提出"加快美丽乡村建设，加大农村污水处理力度"。同年，住建部提出细化要求，"到 2020 年，使 30% 的村镇人口得到比较完善的公共排水服务，并使中国各重点保护区内的村镇污水污染问题得到全面有效的控制"。

第一，整体规划，分步实施。全面了解农村生活污水实际情况，制定整体治理规划，统一布局，加强县级规划建设系统和专项规划与乡镇村的衔接。污水处理设施建设按照轻重缓急分区分批逐步实施，不宜集中铺太大摊子，上太多项目，超过工程建设和管护能力，影响实施质量和运行效果。

第二，因地制宜，精准选项。综合考虑农村各地地形地貌、村民分散程度、集体经济状况、后续维护成本等多种因素，因地制宜选择效果稳定、维护简便、费用低廉、工艺实用的多元化农村污水处理模式。对距离城镇污水管网较近，符合高程接入要求的村庄，优先采用接管污水处理模式；对确实不具备接管条件的村庄，根据具体情况，分别采用污水集中处理或分散处理模式。

第三，多元筹资，注重长效。采取"政府引导、镇村为主、县（市、区）配套"的资金筹措方式，建立多元筹资渠道，充分调动全社会参与者积极性，形成治水长效机制。一方面要保证上级财政资金的稳定支持，确保设施的正常运营和维护；另一方面要创新投融资渠道，鼓励企业和社会资金投入。

4. 推进农村生活空气污染治理

农村生活空气污染治理是乡村生态振兴的重要内容。当前的很多农村，由于不当的能源消费结构和消费方式，导致农村的生活空气污染问题比较严重。加强空气污染治理，提高空气质量，有利于构建生态宜居的美丽乡村。

第一，优化农村能源供给结构。鼓励农村采用清洁能源、可再生能源，开发推广太阳能、水能、风能，从源头控制农村生活空气污染。加大投资，完善农村能源基础设施网络，加快农村电网升级改造，推动供气设施向农村延伸。推进天然气和沼气等燃料清洁化过程。

第二，推进农村能源消费升级。提高电能在农村能源消费中的比重，实施北方农村地区冬天清洁取暖，推进散煤替代。推广农村使用绿色节能建筑、节能技术、节能产品。发展"互联网+"智慧能源，降低能源无效损耗，提高其利用效率。加强农村废弃物能源化利用，实现变废为宝。

5. 加强农村饮用水水源保护

农村饮用水安全直接关系农民生产生活状况。随着农村污染源增多，饮用水安全成为当下的重要议题，日益引起人们的高度重视。在新时代，应将饮用水水源保护放在乡村振兴的突出位置，加强农村饮用水水源保护。

第一，科学选用水源。这是确保农村饮用水水质的根本前提。在水源选择过程中，各部门应该协同配合，结合所在区域实际情况，按照经济性和技术性原则对水源环境状况进行调查评估和保护区划定。通过设立地理界标、警示界标或宣传牌等方式加强对农村水源的保护。

第二，严格保护水源。采取严格保护手段和措施保障水源和水质安全。对影响农村饮用水水源环境安全的化工、造纸、冶炼等工业企业风险源以及生活污水垃圾、畜禽养殖等风险源进行认真排除。随时跟踪水质指标变化，对不合格的水源及时更换或治理，确保饮用水始终安全。

·第六章·

坚持文化自信，推进乡村文化振兴，实现农村文化现代化

习近平总书记强调，新时代坚持和发展中国特色社会主义，必须坚定道路自信、理论自信、制度自信、文化自信，其中，坚持文化自信是更基础、更广泛、更深厚的自信，是更基本、更深沉、更持久的力量。同样，全面推进新时代乡村振兴，也必须坚持文化自信，持续推进乡村文化振兴，加快乡风文明建设，着力培养文明乡风、良好家风、淳朴民风，不断提高新时代乡村社会文明程度，最终实现农村文化现代化。

一、新时代乡村文化的丰富内涵及其时代价值

党的十九大报告提出乡村振兴战略，以及"产业兴旺、生态宜居、乡风文明、治理有效、生活富裕"的总要求。与2005年党的十六届五中全会提出的社会主义新农村建设"生产发展、生活宽裕、乡风文明、村容整洁、管理民主"的要求相比，只有"乡风文明"的表述没变，足以证明它在社会主义新农村建设和乡村振兴战略中的重要地位。乡风文明建设，既是加强农村"五位一体"中文化建设的现实需要，更是全面推进新时代乡村振兴的重要内容。在新时代，根据时代特征，乡风文明被赋予了新目标和新要求，为了更好发挥其在乡村振兴战略中的重要作用，需要把握乡风文明建设的丰富内涵和时代价值。

（一）乡村文化的多种形态

乡村文化是乡村居民和乡村自然相互作用过程中创造出来的所有事物和现象的总和，根据文化层次理论，乡村文化可以分为物态文化、制度文化、行为文化、精神文化四大类，它们共同构成乡村整体的文化形态。①

1. 乡村物态文化

乡村物态文化是指可触知的具有物质实体的文化事物，是主要由乡村居民在长期的生产生活过程中创造的物质产品、创造方式及其表现的文化。例如，文物古迹、传统村落、乡村建筑、农业遗迹、民间民俗工艺品、民族服饰等都承载和体现着一方乡土劳动者的文化追求。

乡村物态文化是乡村居民集体或个人智慧的外在表现形式，具有直接的视觉体验特点，它属于乡村静态文化，是乡村文化外在的实体表现，处于整个系统的基础层，可以通过最形象直观的方式满足消费者对乡村文化的需要。依托乡村的田园景观、乡村建筑景观、农耕劳作场景、乡村饮食文化、乡村艺术作品，开发相关的旅游产品，消费者通过亲身观光体验，感受异于城市文化的独特的乡村文化魅力，将能满足游客对乡村旅游最简单、最基本的审美需求。

2. 乡村制度文化

乡村制度文化也称乡村社会文化，是乡村在长期的发展过程中，为了实现乡村社会稳定、维护乡村社会秩序、保障村民关系和谐而约定俗成的伦理道德和礼仪规范。它包括正式制度、非正式制度和各种规则，属于非物态文化，对新时代村民的思想道德、价值观念、行为方式等都会产生潜移默化、润物无声的作用，是乡村长时期积淀的宝贵制度财富。

乡村是基于一定的地缘和血缘关系而组成的熟人社会，为了某种共同的目的而建立的制度体系和生活规则，称之为乡约。它是国家各项法律法规和政策举措在乡村落实的重要补充，对维持乡村的社会秩

---

① 包美霞编著：《乡村文化兴盛之路：传承发展提升农耕文明》，中原农民出版社、红旗出版社 2019 年版，第 26 页。

序发挥着重要作用，在教化乡里、劝善惩恶、促进乡治、引领风气等方面具有一定成效。当前，随着乡村社会结构的变化，传统乡约出现逐渐消解的趋势，但是它所具有的一些独特优势依然值得我们继承和发扬。

在乡村演进过程中，产生了一些非正式组织和非正式制度，由于各地区农村经济发展、历史传统、文化习俗、城乡互动等方面存在差异，非正式组织和非正式制度的存在情况也并不相同。当前我国农村的非正式组织有政治性组织、经济性组织、文化性组织、社会服务性组织等。在这些组织中，比较有代表性的是宗族组织、宗教组织、农民经济合作组织、农民维权组织这几种类型。

乡村制度文化具有鲜明的民族性和地域性，蕴含着强烈的文化感染力，其包含的很多素材能够表现为独具特色的旅游资源，积极开发这些资源并提供高质量有魅力的旅游产品以满足游客的文化体验，能够形成当地的竞争优势，培育知名品牌，使乡村文化发扬光大，形成文化和经济良性发展新格局。

3. 乡村行为文化

乡村行为文化是乡村社会成员在日常生产生活中逐渐衍生出的风俗习惯，主要包括传统节日、民间文艺表演、民间艺术等内容。相较于物态文化的静态性和完成性，乡村行为文化具有动态性和过程性，能够更好吸引消费者学习和参与活动的全过程，突出现场感、体验感，因此具有其他文化形式不具备的独特优势。

中国传统节日内容丰富，形式多样，是中华民族历史文化长期积淀凝聚而成的瑰宝，它的形成与农民的原始信仰、祭祀活动、天文历法、物候节气等人文和自然文化内容紧密相关，清晰记录了中华民族丰富多彩的社会文化生活，也蕴含着博大精深的历史文化内涵。传统节日，如汉族的春节、清明节、端午节、中秋节，少数民族的三月节、泼水节、火把节、花山节等，都是民俗文化的重要传承载体，是繁荣和丰富农村文化的有效平台。

在农村文化需求日益强烈和文化消费不断增长的情况下，各地民间文艺表演也受到当地政府和民间的重视，发展速度明显加快，发展规模日渐扩大，成为农村文化产品的重要供给主体。全国各地有不少区域性的文化组织，如不少民营剧团或各类经营性演出就活跃在农村，不仅在当地演出，而且跨地域到外地参加巡演，这些演出的表演内容素材普遍取自当地，表演形式农民群众喜闻乐见，表演人才后继有人，既能有效满足村民文化需求，又带来良好的经济社会效益，具有较为乐观的发展前景。

为了弘扬我国民间艺术，促进民族民间艺术的繁荣发展，文化部（现文化和旅游部）在全国开展了"中国民间艺术文化之乡"命名评选活动。我国已有多个地方入选"中国民间艺术文化之乡"。这些地方是民间艺术和民间文化传承基地，都有其别具一格的民间艺术项目，如剪纸、绘画、陶瓷、雕刻、泥塑、编织等民间工艺项目，戏曲、杂技、花灯、龙舟、舞龙舞狮等民间艺术和民俗表演项目。农村和城市居民既可以观赏，又可以亲身参与感受，能够衍生出众多新产业、新业态，助推当地经济社会发展。

4. 乡村精神文化

人无精神不立，国无精神不兴。新时代乡村振兴，塑造乡村"精气神"至关重要。乡村精神文化是指乡村作为一个稳定的共同体所具有的共同心理结构和情感反应模式，是乡村社会成员在生产生活中逐渐建立形成的价值观念，它潜存于物质文化中，是隐性存在状态，只有通过长期体验才能真正感悟。

乡村精神文化蕴含在乡村其他文化资源载体中，是乡村文化的精髓，处于乡村文化旅游资源的最高层。它包括了人的政治思想的树立、时代精神的塑造、道德修养的熏陶、科学知识的教育、素质能力的培训、思想方式的引导等方面。乡村精神文化是一种"软约束"和"软治理"，弘扬其中的优秀文化，对促进社会主义核心价值观扎根乡村、实现乡村治理有效乃至乡村振兴具有重要意义。在新时代乡村文化建设中，会产生持续影响的精神层面文化包括宗族文化、孝文化等。[①]

宗族文化在维持乡村人际关系，助力自治和德治中发挥着重要作用。宗族文化是乡村同宗同族经过长期提炼和整理约定俗成的民俗文

---

① 包美霞编著：《乡村文化兴盛之路：传承发展提升农耕文明》，中原农民出版社、红旗出版社 2019 年版，第 39-40 页。

化，且传承于族人之间，记载于字里行间，铭刻于彼此心间。它与儒学和礼教文化相得益彰，是中国特有的代表性传统文化，在我国乡村发展中持久发挥作用。改革开放之后，随着社会主义市场经济发展，城乡二元经济松动，农民进城人数增加，宗族文化日渐式微。但是，随着乡村振兴战略的提出，乡村重新焕发新活力，宗族文化呈现复兴态势，具体表现为修族谱、立宗祠、祭祖宗、定族规等。

中华民族历来重视孝文化的弘扬和传承，正所谓百善孝为先，孝乃德之本，全面推进新时代乡村振兴，理所当然要大力弘扬孝文化。乡风文明是乡村振兴的重要基础和坚实保障，而孝道则是乡风文明的基石，是实现乡村振兴的必然选择。心存孝道者，心灵定然美，人心美的地方，乡风民俗必然美。政府、媒体、社会公益组织要把培育弘扬孝道作为加强乡村精神文明建设的重要内容，通过形式多样的宣传、评比、评选等活动，表扬奖励孝亲榜样，引导民风民俗，弘扬真善美，传播正能量。

国风之本在家风，家风之本在孝道，孝是为人子女应尽的义务，责无旁贷，在尽孝过程中，人们能够真正知晓恩情的宝贵，懂得责任的重要，感佩担当的真诚。作为农村家庭的集体成员，父母亲首先要孝老爱亲，做到言传身教，用孝道传递好家风，扮演好为人父母的重要角色。现在，我国多地以弘扬孝德、孝道为主题建造了不少有影响的基地，成为传播孝文化的重要形式。

(二) 新时代推动乡村文化兴盛的重要价值

一个国家、一个民族的强盛，总是以文化兴盛为支撑，中华民族的伟大复兴必然要以中华文化的繁荣发展为条件。文化兴则国运兴、文化强则民族强。文化是一个国家、一个民族的灵魂。没有高度的文化自信，没有文化的繁荣兴盛，就没有中华民族的伟大复兴。必须坚持中国特色文化发展道路，建设社会主义文化强国。

进入新时代，我国经济社会发展面临新特征、新挑战，增强发展的平衡性和协调性是破解社会主要矛盾的重要任务和必然要求。推动乡村振兴，要注重物质文明和精神文明协调发展，不断提升人民群众文明素养和社会文明程度。文化是民族的根，也是乡村的魂。乡风文明既是新时代乡村振兴的一个重要目标，也是乡村振兴的灵魂和保障。这一目标的实现，是与乡村文化振兴相互统一、相互促进的渐进式历史发展过程。推动乡村文化振兴，推动乡村文化繁荣兴盛是其题中要义，且贯穿乡村振兴、实现农业农村现代化全过程。文化作为一种更基本、更深沉、更持久的力量，以其先导性、战略性为乡村振兴提供精神激励、智慧支持、道德滋养。

1. 推动农村文化兴盛是建设社会主义现代化国家的必然要求

中国特色社会主义进入新时代，我们进入了由富起来向强起来跨越的新征程，实现"两个一百年"奋斗目标，实现中华民族伟大复兴的中国梦是中国共产党和中国人民矢志不渝的理想追求。经过全党和全国各族人民接续奋斗，我国全面建成小康社会、胜利实现了第一个百年奋斗目标，现在又踏上了全面建设社会主义现代化国家新征程，并且以中国式现代化全面推进中华民族伟大复兴。中国式现代化是物质文明和精神文明相协调的现代化，全面建设社会主义现代化国家，最艰巨最繁重的任务依然在农村，当前，我国农村物质生活条件有了极大改善和明显提高，但是文化文明发展程度仍相对滞后，影响和制约着农村发展。农村文化建设是乡村振兴的重要领域，是我国新时代文化发展的主战场。推动乡村文化兴盛，关系到国家文化强国建设的水平，关系到国家现代化的质量。

2. 推动乡村文化兴盛是实施乡村振兴战略的现实要求

党中央提出实施乡村振兴战略，是解决城乡发展不平衡、农村发展不充分的治本之策。改革开放40多年来，我国农业农村发展各方面都发生了翻天覆地的变化。就农村文化建设而言，在党和政府的重视与领导下，农村文化基础设施建设大力推进，农村多元化文化活动广泛开展，农村文化氛围显著改善，农民的文化生活日益丰富。但是，不可忽视的问题是，由于我国长期存在城乡二元体制，农村文化在城镇化和工业化快速推进的过程中出现了不同程度的衰落。相比城乡居民在收入分配上的差距，在公共文化服务和社会保障上的差距更加明显。把推进乡村文化振兴与乡村经济发展、生态环境保护、公共服务体系等有机结合起来，一并建设，一体推进，不仅是"抓重点、补短板、强弱项"的重要举措，更是解决乡村文化发展不平衡、不充分矛盾的重要抓手。

3. 推动乡村文化兴盛是顺应农民美好生活需要的重要措施

中国特色社会主义进入新时代，我国社会主要矛盾发生历史性变化，乡村居民对美好生活的需要也发生深刻变化，对商品和服务的需求日益广泛化、多元化。不仅对物质文化生活提出了更高要求，而且对民主、法治、公平、正义、安全、环境等方面的要求也日益增长。其中，对于文化产品和文化服务方面的需要比以往任何时候都更迫切更重要。只有推动文化兴盛，提升农村精神风貌，培育文明乡风、良好家风、淳朴民风，才能更好满足农民群众新期待，更好推动人的全面发展、社会全面进步。

(三) 新时代推动乡村文化振兴与推进乡村振兴的逻辑

实施乡村振兴战略，是党的十九大作出的重大部署，是决胜全面建成小康社会、全面建设社会主义现代化国家的重大历史任务。乡村振兴战略要坚持农业农村优先发展，按照"产业兴旺、生态宜居、乡风文明、治理有效、生活富裕"的总要求，建立健全城乡融合发展的体制机制和政策体系，加快推进农业农村现代化。文化振兴对实现乡村振兴的总要求发挥着不可替代的重要作用，是乡村振兴战略实施的必然要求、必由之路和必然结果。

1. 文化振兴助力产业兴旺

乡村振兴，产业兴旺是重点。按照马克思主义政治经济学基本观点，生产力是社会发展的决定力量。乡村能否振兴归根结底决定于乡村的生产力发展水平和物质基础状况，而这又取决于乡村一二三产业是否兴旺发达。实现产业兴旺需要有高素质的人才作为支撑，而乡村文化的振兴可以提高农民的科技文化水平和生产经营技能，培育造就有文化、懂技术、善经营、会管理的新型农民，以及培育各类专业人才及科技人才队伍，从而为乡村振兴提供充足的智力支持。同时，具有鲜明民族特色和区域特点的乡村文化本身就是重要而独特的文化资源，是乡村振兴的重要文化生产力，通过科学开发、高效运营这些乡村文化资源，可以形成独具特色的创意农业和特色文化产业，有利于拓展乡村传统产业，延长产业链、提升价值链，构建农村一二三产业融合发展新格局，有效助力产业兴旺。

2. 文化振兴助力生态宜居

乡村振兴，生态宜居是关键。良好的生态环境和整洁的村容村貌既是美丽乡村的外在体现，也是农村文明程度的直观反映。实现生态宜居，要充分发挥农民的主人翁精神和主体作用，积极参与到生态文明的建设过程中，这就需要通过宣传教育培育人们的生态环保意识，形成生态优先、环境友好的生产方式，低碳、循环、绿色、节约的生活方式，树立尊重自然、顺应自然、保护自然的生态文明价值观，做到人与自然和谐相处。实现生态宜居，同样需要乡村丰富多彩的文化依托，在我国乡村千百年的发展演变进程中，各地形成了独具特色的乡村文化形态，与乡村的村落布局、族群地标、建筑设施融为一体。文化是村落、地标、建筑的灵魂和内在价值，村落、地标、建筑是文化的重要载体和外在展现。生态宜居不仅要有良好的生态环境，更要体现深厚的文化底蕴，做到"望得见山、看得见水、记得住乡愁"。

3. 文化振兴助力乡风文明

乡村振兴，乡风文明是保障。乡风文明能够为产业兴旺提供智力支持和渠道拓展，为生态宜居提供良好的人文环境和精神家园，有助于推进乡村治理，构建自治、法治、德治相结合的乡村治理体系，提高乡村治理的有效性。必须高度重视文化在乡村振兴中的重要作用，以文化振兴推动乡风文明。要重视发挥中华优秀传统文化在乡村源远流长、底蕴深厚的优势，紧密结合现代文明理念和生活方式，不断提高农民的思想觉悟、道德水平、文化素养，提升农民的文明程度和精神风貌，促进农民养成良好的思维习惯、行为习惯、生活习惯，培育形成文明乡风、良好家风、淳朴民风，为实施乡村振兴战略提供强大精神动力。

4. 文化振兴助力治理有效

乡村振兴，治理有效是基础。新时代乡村振兴必须把夯实乡村基础作为固本之策，建立健全党委领导、政府负责、社会协同、公众参与、法治保障的现代乡村社会治理体制，建立自治、法治、德治相结合的乡村治理体系。加强基层党组织建设，打造一支懂农业、爱农村、爱农民的"三农"工作队伍，充分发挥基层党组织的战斗堡垒作用和党员的先锋模范作用，这需要党员干部安心农业、甘于奉献、对农民群众充满感情，始终和农民群众想在一起、干在一起，这种思想觉悟植根于党和人民的长期文化教育和实践锻炼。自治是乡村治理体系的基础，实现自治，需要培育自治文化，养成自治意识，掌握自治方法，具备自治能力。法治是乡村治理体系的保障，实现法治，需要培育农民的法治意识、法治理念、法治精神，通过法治宣传教育，增强村民尊法、学法、守法、用法的思想观念和行为自觉，养成办事依法、遇事找法、解决问题用法、化解矛盾靠法的行为习惯。德治是乡村治理的支撑，实现德治，需要培育和弘扬社会主义核心价值观，发展社会主义先进文化，塑造与新时代相适应的道德规范，大力倡导移风易俗，营造风清气正的乡村风貌。

5. 文化振兴助力生活富裕

乡村振兴，生活富裕是根本。实现生活富裕，需要通过多渠道、多方式加大对农民的培训，提升其科学文化素养和职业技能素质，从而拓宽就业增收渠道，不断改善农民生活。乡村借助文化的力量可以形成新的竞争优势，通过文化赋能于农业和农产品，使其具有更多文化内涵和独特价值，实现农业、文化、旅游等多要素的融合发展，将显著拓展产业边界，成为有效增加农民收入、实现农民富裕的途径。在新时代，乡村生活富裕不仅体现于农民物质生活水平的提高，也体现于精神文化生活的丰富。当我国农业农村经济快速发展，农民的物质生活水平不断提升时，农民对精神文化生活的需求必然相应增长，文化振兴可以为农民提供丰富的文化产品和服务，让农民在精神文化层面有更多获得感和幸福感。

二、新时代我国乡村文化建设的成就与存在的问题

（一）新时代我国乡村文化建设的成就

党的十八大以来，党和政府高度重视"三农"工作，把农业农村放在治国理政的重要位置，推进农业农村全面发展，在文化建设方面，

也进步巨大，成绩斐然。农村文化基础设施建设取得重大进展，文化教育事业取得可喜成绩，精神文化产品琳琅满目，农民精神生活日益丰富，乡村文明程度大幅提高，切实增强了农民群众的获得感、幸福感、安全感。

1. 乡村思想道德建设成果显著

进入新时代，党和政府十分重视全体公民的社会主义核心价值观培育，持续加强农村思想道德建设，以主流价值观塑造引领村庄文化精神。大多数农村地区主动把社会主义核心价值观融入村庄经济社会发展全过程、各方面，培育提升村庄精气神，并且已经取得了明显经济社会效益。例如，浙江省东阳市南马镇花园村大力倡导"求是、创新、求强、共富"的花园精神，着力培养造就新型农民，建立了党校、报社等文化载体，制作村民读本、员工手册，使花园村成为远近闻名的文明村。

2. 乡村基础设施显著改善

长期以来，农村的基础设施建设显著落后于城市。在新时代，农村基础设施建设提速，文化领域成效显著。乡村文化馆和图书馆、综合文化站、文化活动中心等公共文化实施布局逐渐完善，很多地区从本地实际出发，基于地方特色，精心设计建起了多种独具特色的文化场馆。浙江省的几个村庄颇具代表性，花园村建有集展示、收藏、科教、培训于一体的农村博物馆；龙峰村充分挖掘本村独特的畲族文化，建起了在全国独树一帜的畲族文化馆；棠棣村依托本村"千年兰乡"之美誉与蓬勃发展的兰花产业，建起了兰文化展示馆。

3. 乡村传统文化资源丰富拓展

优秀的传统文化资源是乡村的宝贵财富，各地高度重视并大力推进文化资源与村民思想情感、生活方式及思维方式的有机融合和活化利用，以文化建设推动乡村振兴。乡村传统村落往往历史悠久，承载着丰富深厚的文化价值，是汇聚了道德教化、礼仪规范、民族风情、手工技艺等的地域综合体，凝聚着中华民族传统文化的基因与灵魂。多地将优秀传统文化打造成特色产业，显著拓展优化了当地的产业结构，取得了良好的经济效益，实现了文化和经济的良性互动。例如，浙江省松阳县注重乡村传统文化资源的挖掘利用，有效盘活民俗文化、传统老屋、农林茶文化,依托当地独特山水优势,融入现代科技和时尚创意元素,推动民俗经营、农旅结合、茶叶产业、微型文创等多元产业蓬勃发展。

4. 乡村文化人才建设受到重视

进入新时代,党和政府十分重视人才培养,提出"人才强国"战略,针对新时代推进乡村振兴重大问题,习近平总书记提出"人才振兴"的战略和举措,从中央到地方,对于人才队伍建设投入大量精力,乡村文化人才建设受到重视并取得明显成效。不少地区实现了乡镇宣传干事专职配备,全面推行文化产业特派员和专管员制度,形成了乡镇和村庄全覆盖的宣传文化队伍。农村乡贤、各类志愿者规模不断扩大,成为乡村文化建设的重要力量。还有地方充分调动乡村已有资源,如聘请退休文化干部、学校老师帮助整理村史资料、编写乡村志、策划文化活动,丰富提升了乡村文化活动的内涵和层次。

(二) 新时代我国乡村文化建设存在的问题

尽管这些年我国更加重视乡村文化事业,文化建设力度持续加大,乡风文明程度进一步提升,农村面貌焕然一新。但是,与全面推进新时代乡村振兴战略的要求和农民日益增长的美好生活需要之间仍存在差距,主要体现在精神文化生活、家风民风社风、基本公共服务三个方面。

1. 农民精神文化生活内容单一,农村文化产品供给不足

(1) 农民文化娱乐生活方式比较单一。

随着我国农村经济持续发展,农民收入水平不断提高,电视、电脑、手机等现代化电子娱乐设备已经被广泛接受,农民群众已经能够享受比较丰富的娱乐活动。但是,与城市相比,农村地区的文化娱乐生活仍然相对单一,农民很少光顾"两馆一站一室"等农村文化设施,利用率极低,有的农村还有农家书屋,里面也有数量可观的书籍,但阅读或借阅的人数较少。多数农民日常生活中除了看电视,最主要的消遣方式就是打牌、打麻将。这些活动影响了农村文明思想观念的形成,助长了贪图享乐、不思进取的懒散思想,同时也制约了乡村经济发展和社会进步。数据显示,2010~2013 年,农民消费支出中教育文

化娱乐占比低于9%，2014~2016年，该占比才略高于10%。①

（2）农村民俗文化活动较少。

民俗文化是我国几千年来在农村生产生活过程中逐渐凝结而成的，具有一定稳定性的艺术表现形式。它可以促使社会有效排除干扰，保护文化特色，对社会具有整合、凝聚、规范的功能，产生重要的社会控制效用。但是，近些年来，社会关系深刻变动，我国正处于社会转型期和矛盾凸显期，城市文化和乡村文化相互交织，外来文化和本土文化相互交锋，市场经济意识逐渐渗透到农村中，对农村已有民俗文化造成强烈冲击，原有的文化生态被打破，许多文化资源闲置，加之大部分优秀民俗文化需要经年累月的刻苦训练，传承创新人才缺乏，致使部分民俗文化处于衰落甚至消亡的境地。

（3）农村落后思想和不法活动有所抬头。

总的来说，农村社会治理体系和治理能力现代化水平普遍不高，不能完全适应新时代中国特色社会主义乡村振兴的要求。目前，一些农村地区仍存在封建迷信活动，如婚丧嫁娶、升迁考学、拆迁建房等日常活动习惯于看风水、测命运、批八字。伴随着信息技术的广泛应用，智能手机、电脑等智能产品在农村迅速普及，这既给农民社会带来很大便利，也为某些封建迷信等落后思想通过微信、微博等媒体平台传播提供了可乘之机，给农民群众特别是文化水平较低、辨别能力较差的农民造成了不利影响。

党和政府历来尊重人民群众宗教信仰，倡导信教自由。但是，在我国当前农村，有些非法宗教活动和邪教组织，打着宗教自由的幌子，趁机侵入农村，蚕食和渗透农村和谐社会秩序，也有一些犯罪分子散布反动言论，否定和攻击党和政府的领导，试图搞乱农民思想，给农村社会治安带来不安因素。有的宗教头目，甚至以农村为据点组织煽动农民群众以集体上访、非法集会等方式，扰乱社会公共秩序，有意颠覆党的基层政权。对此类活动必须坚决打击，防止农村宗教势力演变为独霸一方的黑恶势力。

---

① 魏后凯、闫坤主编：《中国农村发展报告（2018）：新时代乡村全面振兴之路》，中国社会科学出版社2018年版，第330页。

2. 农村乡风民风家风问题突出，农民道德观念弱化

（1）集体意识和集体观念弱化。

新时代中国特色社会主义的关键词是社会主义，社会主义制度较资本主义制度的优越性的一个重要标准是社会主义能够处理好个人与集体的关系。在社会主义中国，个人利益和集体利益是辩证统一的，是互为前提、互促共进的。正确处理个人与集体的关系，是新时代推进乡风文明建设的重要条件。我们时刻要以集体利益为重，把集体利益放在首位，同时要尊重和维护个人的正当利益。改革开放之后，农村集体所有、集体统一经营的制度，转变为以家庭承包经营为基础、统分结合的双层经营体制，很多地区农村集体经济遭到弱化和瓦解，农民集体主义观念被打破。在市场经济发展过程中，有个别人受物质利益主宰，把"一切向钱看"作为行动准则，处处追求个人利益最大化，集体观念淡薄，导致个人主义、拜金主义、功利主义逐渐在农村出现，严重影响乡风文明。

（2）铺张浪费、非法集资等不良现象存在。

随着农村生产力水平提高和经济社会发展，农民的劳动时间和劳动强度都显著下降，农民的收入水平不断提高，生活水平显著改善，农民有了更多空闲时间和更多精力，之前形成的艰苦奋斗、勤俭节约的传统美德也逐渐淡化。有些地方的农村出现了相互攀比、铺张浪费之风，婚丧嫁娶讲排场，天价彩礼、大操大办等现象，对社会风气有不良影响。有的农民甚至染上了恶习，特别是在传统节日期间，从事一些不健康的精神文化活动，人们甚至怀念从前农村令人赞美的淳朴民风。

同时，农村有大量农民外出务工经商，大部分人摆脱贫困甚至发家致富。然而，当前有不少社会不法组织觊觎农民的辛苦钱，通过非法集资活动千方百计骗取农民钱财。有的农村竟然出现了以"国家项目""农民合作社""投资理财公司""信用担保公司""养生保健"等名称为旗号，进行非法集资和非法传销的组织。他们往往通过亲朋好友、乡村熟人等手段发展下线，骗取农民的积蓄，给农民群众造成巨大财产损失。

（3）家风传承日趋淡化，家庭伦理问题凸显。

中华民族历来重视家庭，家是最小国，国是千万家，正所谓"天下之本在家"。家庭是社会的细胞，农村家庭是农村生产生活的最基本单位，也是乡风文明建设的主体。家风是先人在长期的历史发展进程中，从一代又一代的生活中总结出的家族风气，是融入家族成员血脉的骄傲，是一个家庭的精神内核，也是一个社会的价值缩影。习近平总书记指出，家风是社会风气的重要组成部分。家庭不只是人们身体的住处，更是人们心灵的归宿。家风好，就能家道兴盛、和顺美满；家风差，难免殃及子孙、贻害社会，正所谓"积善之家，必有余庆；积不善之家，必有余殃"。①

如今，随着改革开放的不断深入，随着我国经济社会发展不断推进，人民生活水平不断提高，家庭结构和生活方式发生了新的变化。农村传统大规模家族结构逐渐演变，家庭结构趋向小型化、独立化，家风家训传统意识逐渐淡薄，家风家训对家庭建设的作用日渐式微。农村孝道观念与从前相比淡化了，子女没有尽力孝敬老人，甚至有的老人物质生活匮乏，生活负担加重，无法保证正常生活，养老观念淡化了；有的老人精神生活孤寂，父母与子女之间缺乏顺畅的交流沟通，尊老观念淡化；有的家庭重心发生转移，家庭中老人地位下降，敬老观念淡化。有的家庭在老人生前不养老尽孝，死后花高价安葬，出现这种厚葬薄养的排面现象。还有夫妻矛盾加剧，家庭暴力出现，离婚率增加。家庭独立性增强，邻里关系有的疏远。

3. 农村基本公共服务投入不足，城乡发展差距较大

（1）农村教育资源不足，农民科学文化素质偏低。

当前我国城乡发展仍存在差距，农村显著落后于城市，农村居民收入水平也明显低于城市居民，其中一个主要原因是农村的教育资源不足，文化发展相对落后，农民的受教育程度相对较低，科学文化素质偏低。新时代推进农村乡风文明建设可以为农民的自我发展和自我提升创造良好的人文社会环境，进而持续提升农民素质。习近平总书记一针见血地指出："治贫先治愚，扶贫先扶智。教育是阻断贫困代际

---

① 习近平：《习近平谈治国理政》第2卷，外文出版社2017年版，第355页。

传递的治本之策。"①

当前，我国农民科学文化素质有待提高，需要尽快摆脱思想观念受到小富即安、安于现状的小农思想的深刻影响，提高对新鲜事物的接受能力及创新能力。这样才能有利于农业生产效率的提高，促进农村精神文明的建设。《公民科学素质蓝皮书》显示，2012 年、2015 年、2017 年对省（市）四类重点人员，即学生及待升学人员、城镇劳动人口、领导干部和公务员、农民进行科学素质达标率调查，其中农民达标率表现较差，分别为 8.63%、12.18%、20.98%。②

此外，城乡教育资源配置仍不均衡，既包括教师文化水平、专业技能、师资待遇这些软性竞争力，也包括教室、教学设备等硬件设施，都制约了农村教育水平的提升。同时，由于年轻人外出务工，导致农村留守儿童只能与老人相依为命，缺乏有效的全面监管、教育氛围、学习环境，致使留守儿童学习成绩普遍不理想，且容易滋生学习无用的错误观念，导致基础文化水平难以实质性提高。

（2）农村医疗卫生建设滞后，保障制度不完善。

新时代农民生活水平提高的一个显著标志是生命安全和身体健康得到有效保障，健康水平不断提高。经过多年发展，人民群众的平均寿命和健康素质等各方面都取得明显进步，实现重大突破。但是，由于农村经济社会发展水平仍然较低，医疗卫生建设相对滞后，保障制度也有待尽快完善。

当前，农村基层卫生体系不健全，资金投入普遍不足，软硬件设施滞后，人员素质不高，医疗设备陈旧老化，不能有效满足农民群众的就医需要。农民就医负担太重，经常会出现"一人得病，全家倒下"的现象，因病致贫、因病返贫的现象时有发生，"病有所医"的问题还没有得到根本解决。

（3）农村公共文化设施落后，供给缺乏。

由于我国长期存在二元经济现象，城乡经济社会发展差距依然较

---

① 习近平：《在中央扶贫开发工作会议上的讲话（2015 年 11 月 27 日）》，载中共中央文献研究室编《十八大以来重要文献选编（下）》，中央文献出版社 2018 年版，第 41 页。

② 魏后凯、闫坤主编：《中国农村发展报告（2018）：新时代乡村全面振兴之路》，中国社会科学出版社 2018 年版，第 324—325 页。

大，农村文化设施建设的投入严重不足，农村缺少像城市一样健全完备的文化设施，即使有一些政府为了推进城市公共服务均等化而建设的休闲娱乐设施，也由于缺少维护运营资金及人才，很多处于低效利用状态。农村文化阵地建设明显滞后，特别是中西部偏远贫困地区，文化馆、文化站、图书室等公共文化设施更是有待建设，农村文化生活、精神生活有待提高。农村文化建设与农民群众的精神文化需要不相适应，与新时代乡风文明的目标要求也相去甚远，这成为新时代乡风文明建设的明显短板。

三、新时代实现我国农村文化现代化的路径

（一）加强农村思想道德建设

人民有信仰，民族有希望，国家有力量。党的十八大以来，以习近平同志为核心的党中央高度重视我国文化发展，围绕深化精神文明建设作出了一系列重要部署。中国要美，乡村必须美，实现新时代乡村振兴，推进美丽乡村建设，培育凝练精气神是核心。习近平总书记指出："农村精神文明建设很重要，物质变精神、精神变物质是辩证法的观点，实施乡村振兴战略要物质文明和精神文明一起抓，特别要注重提升农民精神风貌。"[1]

1. 社会主义核心价值体系是建设文明乡风之本

核心价值体系是社会上占主导地位的价值观的总和，是社会成员用以挑战社会生活和社会行为的一系列价值规范和准则的综合。社会主义核心价值体系是社会主义意识形态的本质体现，包括马克思主义指导思想、中国特色社会主义共同理想、以爱国主义为核心的民族精神和以改革创新为核心的时代精神、社会主义荣辱观等内容。[2] 党的十八大

---

[1] 习近平：《在江苏徐州市考察时的讲话》，《人民日报》2017年12月14日。

[2] 顾保国、林岩编著：《文化振兴：夯实乡村振兴的精神基础》，中原农民出版社、红旗出版社2019年版，第102-103页。

报告首次提出要积极培育和践行社会主义核心价值观。党的十九大报告把坚持社会主义核心价值体系作为新时代坚持和发展中国特色社会主义的基本方略之一，为新时代推进乡村文化振兴，实现乡风文明和文化现代化提供了指导，指明了方向。

（1）以社会主义核心价值观为引领，统筹推进农村文化工作。

习近平总书记指出："要弘扬和践行社会主义核心价值观，坚持教育引导、实践养成、制度保障三管齐下，以农民群众喜闻乐见的方式，深化中国特色社会主义和中国梦宣传教育，弘扬民族精神和时代精神，加强爱国主义、集体主义、社会主义教育。要丰富农民精神文化生活，加强无神论宣传教育，抵制封建迷信活动。"[①]

首先，要充分了解新时代农民生产生活实际和思想道德观念发展变化，找准农民的真实需求，通过宣传教育，加强社会主义核心价值观教育，以农民群众喜闻乐见的方式开展文化展演活动，发挥文艺作品淳化风俗的作用，培育文明乡风、淳朴民风、良好家风，推动农村美起来。其次，重视农民的主体地位，发挥农民的主体作用，调动农民参与乡村精神文明创建活动的积极性和主动性，依托文明村镇创建、好人好事评奖等活动形成鲜明导向作用和良好示范效应，让文明乡风融入农村生产生活各个方面。最后，以繁荣农村文化为目标，统筹推进相关工作，如加大对农村文化建设的资金投入，加快推进乡村文化惠民工程落实落地，加速农村公共文化服务体系建设等，把农民的文化权益实现好、维护好、发展好。

（2）推动精神文明建设，让文明乡风传承发展。

新时代，乡村振兴离不开精神文明建设的支撑和保障。这是一项长期的基础性工程，要充分发挥党章党规、法律法规对乡村居民行为的刚性约束功能，确保移风易俗形成长效机制，抑恶扬善，激浊扬清，把社会不良风气压下去，把新风正气树起来。引导和鼓励农民按照社会主义核心价值观的要求，完善乡规民约，积极向上向善，使村民努力做到内心有尺度、行为有准则。在我国建设美丽中国的宏伟蓝图中，

---

① 中共中央党史和文献研究院：《习近平关于"三农"工作论述摘编》，中央文献出版社 2019 年版，第 123 页。

文化振兴是重要一环，农村文明乡风的传承发展无疑发挥着重要保障作用。

2. 加强村风民俗和乡村道德建设

让社会主义核心价值观真正成为人们的思想旗帜和行动指南，做到内化于心、外化于行，文化引领至关重要。就农村而言，加强村风民俗建设，积极推进移风易俗，形成文明进步向上的新风尚，是社会主义核心价值观引领作用的主要路径和集中体现。在我国农村培育和践行社会主义核心价值观，对于提升农民思想境界、培养优秀道德品质、促进乡村和谐稳定、实现乡村全面振兴，具有战略性、全局性、基础性的重要意义。

习近平总书记指出："国无德不兴，人无德不立。乡村社会和城市社会有一个显著不同，就是人们大多'生于斯、死于斯'，熟人社会特征明显。要加强乡村道德建设，深入挖掘乡村熟人社会蕴含的道德规范，结合时代要求进行创新，强化道德教化作用，引导农民爱党爱国、向上向善、孝老爱亲、重义守信、勤俭持家。"① 目前，乡村道德建设的重要任务是，立足我国农村实际情况，通过教育引导、舆论宣传、榜样示范、实践养成、制度保障等方式，凝聚思想，汇集共识，让社会主义核心价值观转化为村民的精神追求和自觉行动，积极改变村容村貌和村风民俗，加快实现农村文化现代化。

首先，加强舆论宣传和教育引导，使社会主义核心价值观融入村民日常生活。以美丽乡村建设和文明示范村为目标，不断推动社会主义核心价值观进村入户。根据各地农村经济社会发展实际情况，因地制宜建设打造多元文化资源，以多种形式展示，如围绕社会主义核心价值观，以图画、言语、顺口溜等呈现形式，建造文化街道、文化长廊、文化墙，大力宣传中国梦、法律知识、文明新风、孝义故事。把深刻哲理以农民群众喜闻乐见的方式表现出来，将此潜移默化转化为农民自觉奉行的行为标准。

其次，发挥榜样示范，使社会主义核心价值观融入村民精神生活。

---

① 习近平：《走中国特色社会主义乡村振兴道路（2017年12月28日）》，载《论坚持全面深化改革》，中央文献出版社2018年版，第409页。

在乡村文化建设过程中，榜样的力量是巨大的，群众会用眼睛去观察，用行动去效仿。在推进乡风文明进程中，可以通过农民群众自荐互评会、乡村家庭评比会等形式，广泛开展好媳妇、好公婆、好儿女等评选表彰活动，积极开展寻找最美乡村教师、最美医生、最美村官、最美家庭等活动。同时，通过召开村民大会等多种形式，隆重表彰先进人物，大力宣传典型人物的先进事迹。

最后，构建村规民约，使社会主义核心价值观融入村民生活。制度是管根本、管长远最有效的武器，只有制度管人，才是真正意义上的民主。要从村民日常生活、行为习惯入手，结合本地实际，就乡村社会治安、卫生环境、邻里关系、移风易俗、文明新风等与群众生产生活密切相关的内容，发动群众积极参与、充分讨论、精心制定村规民约，对其进行宣传与践行。同时，成立村民代表大会、村民议事会、红白理事会，对村规民约的执行落实情况进行监督评议，强化其激励约束机制，提升村规民约的实施效力。

3. 倡导文明健康生活方式，培养乡村社会新风

生活方式是人们在生活过程中形成的比较稳定的习惯与形式，它归根结底是由生产方式决定的，在很大程度上取决于人们的理想信仰和价值追求。有什么样的价值观，就决定了选择什么样的生活方式。生活方式如同一面镜子，映照出一个人的世界观、人生观、价值观。

文明是乡村现代化的集中表现，也是现代生活方式的重要因素，它既表现为生产发展、物质丰裕，也表现为文化发达、思想先进。其中，精神文明是乡村文化现代化的关键，其表现为教育、科学、文化知识的发达以及政治、思想、道德水平的提高。健康的生活方式，既指物质生活健康，也指精神生活健康，两者相互支撑，相互促进。

当前农村社会仍存在铺张浪费的生活方式，还有普遍蔓延的趋势，这显然不利于美丽乡村建设，所以倡导健康文明的生活方式有其必要性。需要以社会主义核心价值观为指导，努力在乡村形成与其生产力发展水平和社会文明程度相适应的、文明的、健康的新时代生活方式。

(二) 传承发展提升农村优秀传统文化

历史悠久的中华文明根在农耕文明，灿烂辉煌的农耕文明是中华

文化的鲜明标识，承载着华夏文明生生不息的基因密码，彰显着中华民族的思想智慧与精神追求。农村是乡土文化的发祥地，乡土文化浸润着乡村文化精神，造就了乡土品格。只有以乡土文化为根基，传承发展乡土文化，打造自己独特优势，乡村文化振兴才有传承动力和发展活力。习近平总书记指出："我们要深入挖掘、继承、创新优秀传统乡土文化。要让有形的乡村文化留得住，充分挖掘具有农耕特质、民族特色、地域特点的物质文化遗产，加大对古镇、古村落、古建筑、民族村寨、文物古迹、农业遗迹的保护力度。要让活态的乡土文化传下去，深入挖掘民间艺术、戏曲艺术、手工技艺、民族服饰、民俗活动等非物质文化遗产。要把保护传承和开发利用有机结合起来，把我国农耕文明优秀遗产和现代文明要素结合起来，赋予新的时代内涵，让中华优秀传统文化生生不息，让我国悠久的农耕文明在新时代展现其魅力和风采。"[1]

1. 推动农村优秀传统文化创新发展

乡村优秀传统文化是乡村文明的重要组成部分，要积极吸收城市文明和外来文化优秀成果，在保护传承的基础上，创造性转化、创新性发展，不断赋予时代内涵、丰富表现形式。[2] 要活化利用与村民思想感情、思维方式、生活方式紧密相关的优秀传统文化资源，进行创新发展。例如，盘活乡村民俗文化、传统老屋、农村传统手工艺，融入时尚创意元素，推动民俗经济、农旅结合、特色手工艺、微型文创产业蓬勃发展。

尽管有不少地方充分保护利用当地文化资源，形成了独特的文化创意产业及其相关产业链，实现了经济社会收益双丰收。但是，农村文化传承仍存在一些问题，诸如创新性不足、内涵和外延有效融合不够、活动形式有待丰富等。因此，要在尊重文化发展规律的前提下，坚持辩证取舍、古为今用、洋为中用、立足现实、推陈出新，守住中华文化本根，传承中华文化基因。

---

① 中共中央党史和文献研究院：《习近平关于"三农"工作论述摘编》，中央文献出版社 2019 年版，第 124-125 页。

② 《中共中央　国务院关于实施乡村振兴战略的意见》，人民出版社 2018 年版，第 17 页。

　　继承发展中华优秀传统文化，就是要用中华优秀传统文化的精华滋养新时代中国人的精神世界，用中华优秀传统文化的丰富智慧振奋新时代中国人的精神力量。大力推动文化创新，在探索中突破超越、在融合中绽放光彩，打造良好文化生态，推进中华优秀传统文化与新时代乡村文化相融合，铸就中华文化新辉煌。让人们认识、认同、接受中华优秀传统文化，需要充分运用现代科学技术和传播方式，使中华优秀传统文化"活起来"，并努力将其融入乡村百姓的生产生活中，使之与节日庆典、礼仪规范、民风民俗相衔接，与文艺体育、饮食医药、服装服饰相结合。① 只有这样，才能体现中华优秀传统文化的实践价值与时代魅力，同时，文化传承才会产生源源不断的内生动力，呈现光辉灿烂的发展前景。

　　2. 加强农耕文化和历史文化遗产的保护

　　我国是一个农业大国，农耕文化源远流长。在长期的农耕实践中，先辈们积累了丰富的农耕经验，创造了大量优秀农耕文化遗产。截至2020年底，联合国粮农组织公布了62项全球重要农业文化遗产保护项目，我国占15项，位居世界首位。②

　　当前，我国农业文化遗产保护和利用还有很多不足，如对农业文化遗产精髓挖掘不够，没有系统发掘农业文化遗产中包含的历史、文化、经济、生态等价值。因此，新时代需要切实推动优秀文化遗产合理适度利用，深入挖掘农耕文化蕴含的优秀思想观念、人文精神、道德规范，充分发挥其在凝聚人心、教化群众、淳化民风中的重要作用。当然，文化遗产要保护好，也需要适度开发，开拓其经济功能，形成可持续发展机制。要把文化遗产保护与特色农业、生态农业、休闲农业、品牌农业、文化产业的发展有机结合，乡村不仅能提供农产品，也能提供生态产品和文化产品，进而丰富了乡村业态，拓宽了农民就业创业渠道，增加了农民收入，使农民从文化遗产保护中受益，实现保护开发互促，持续发展基础稳固。

---

　　① 顾保国、林岩编著：《文化振兴：夯实乡村振兴的精神基础》，中原农民出版社、红旗出版社2019年版，第133-134页。

　　② 王克修：《如何保护和发展农业文化遗产》，《学习时报》2020年4月6日。

　　我国乡村有大量的历史文化遗产，如文物古迹、传统村落、民族村寨、传统建筑、农业遗迹、灌溉工程遗产等，这些历史文化遗产经历漫长岁月演变至今，包含丰富的历史和时代内涵，具有十分重要的价值。习近平总书记指出，乡村发展要让居民望得见山，看得见水，记得住乡愁，保护和弘扬中华优秀传统文化，延续城市历史文脉，保留中华文化基因。全国各地有很多好的代表性做法，比如，山东省济宁市通过实施省级传统村落评选活动，选取代表性历史文化遗产，争取上级项目资金投入，结合各地的民俗风情、地理环境、气候土壤大力发展乡村旅游；又如，贵州省从江县注重优秀历史文化遗产的保护和开发，通过推进科学规划、改善基础设施、完善村规民约、加强遗产保护、打造休闲旅游，实现了乡村文化的繁荣兴盛。

　　当下乡村有许多区别于城市的特色文化，成为乡村新的生长点和增长极。要充分挖掘乡村特色文化内涵，发挥乡村特色文化活动的纽带作用，这不仅可以推进乡风文明、民风融洽、家风和睦，而且可以带动特色文化经济，助推乡村振兴。发展乡村特色文化经济要以"文化+"为着力点，彰显文化的引领作用，打造乡村特色文化旅游产业链，实现乡村文化经济繁荣发展。传统农业社会在社会生产过程中，积淀流传下来很多传统手艺、技艺、工艺，成为非物质文化遗产的重要组成部分，要重点支持这些特色文化传承、创新、发展、推广，在新时代继续焕发新光彩，创造新辉煌。

（三）加强农村公共文化建设

　　农村公共服务是国家和社会对农村公共文化建设和农村群众文化活动给予支持和帮助，是农村社会福利的一个重要组成部分，是为了满足农民群众日益增长的精神文化的需要。党的十九大报告提出："完善公共文化服务体系，深入实施文化惠民工程，丰富群众性文化活动。"① 加强农村公共文化服务体系建设，保证农民群众基本文化权益，是全面建成小康社会的内在要求，也是新时代推进乡村文化振兴的重

---

　　① 习近平：《决胜全面建成小康社会 夺取新时代中国特色社会主义伟大胜利——在中国共产党第十九次全国代表大会上的报告》，人民出版社 2017 年版，第 43 页。

要内容。

1. 加强公共文化设施建设，优化公共服务网络

按照有标准、有网络、有内容、有人才的要求，健全乡村公共文化服务体系。政府结合当地实际需要和文化特色，进行专项规划，有序建设公共文化设施。公共文化设施的种类、数量、规模、布局应当优化合理，形成场馆服务、数字服务、流动服务三者有机结合，覆盖广泛、便利可及的公共文化设施网络。同时，配合完善硬件设施，提升软实力，建立专业文化服务人才队伍，做好人才选拔、培养、管理、使用，做到"一乡一组织，一村一专人"，人才结构完整合理，不断优化公共文化服务网络。

2. 丰富公共文化产品供给，提高公共文化服务效能

公共文化产品供给和活动开展，是公共文化服务的主要内容。政府要加大公共文化服务供给力度，县级公共文化机构要兼顾周边，发挥辐射效应，公共文化资源重点向乡村倾斜，基层综合性文化服务中心建设要充分考虑乡村居民实际需求，提供更多更好的农村公共文化产品和服务，做到乡村两级公共文化服务全覆盖。积极推动当地优秀传统文化创造性转化、创新性发展，形成凸显本地特色的文化产品和文化活动，逐渐打造成多样化的基层特色品牌。

3. 整合乡村文化资源，展现乡村新风貌

新时代乡村是大有可为的广阔舞台，迎来了千载难逢的发展机遇，这既为文艺创作和文化繁荣提供了沃土和富矿，也为吸引各类人才到乡村大显身手提供了契机。习近平总书记指出："要推动文化下乡，鼓励文艺工作者深入农村、贴近农民，推出具有浓郁乡村特色、充满正能量、深受农民欢迎的文艺作品。要整合乡村文化资源，广泛开展农民乐于参与的群众性文化活动。要培育挖掘乡土文化人才，开展文化结对帮扶，制定政策引导企业家、文化工作者、科普工作者、退休人员、文化志愿者等投身乡村文化建设，形成一股新的农村文化建设力量。"[①] 当社会更多资源汇聚于乡村，乡村一定会焕发乡村振兴新风貌。

---

① 中共中央党史和文献研究院：《习近平关于"三农"工作论述摘编》，中央文献出版社 2019 年版，第 123 页。

·第七章·

坚持"三治融合"，推进乡村组织振兴，实现农村治理现代化

全面推进新时代乡村振兴，制度建设是关键。要充分发挥乡村治理对于乡村振兴的基础性作用。针对我国当前乡村治理中存在的不利于乡村振兴的问题进行全面分析，探寻解决之策。需要构建基层党组织领导，各主体协同作用的乡村治理体制，以及自治、法治、德治"三治融合"的治理体系，确保实现农村治理现代化，为全面推进新时代乡村振兴提供制度保障。

一、新时代加强我国乡村治理的重要意义

乡村振兴战略的总要求包括：产业兴旺、生态宜居、乡风文明、治理有效、生活富裕，这是一个相互联系的有机整体。全面推进乡村振兴，治理有效是基础，通过推进乡村治理体系和治理能力现代化，能够夯实乡村振兴基层基础，进而促进乡村振兴其他环节的更好实现。具体而言，治理有效是实现产业兴旺的"助推器"，实现生态宜居的"保护伞"，实现乡风文明的"黏合剂"，实现生活富裕的"发酵剂"。①

---

① 刘儒编著：《乡村善治之路：创新乡村治理体系》，中原农民出版社、红旗出版社2019年版，第13页。

（一）乡村治理是实现产业兴旺的"助推器"

产业兴旺是乡村振兴的重点，只有实现产业兴旺才能为乡村振兴提供生产力支撑和物质基础。这就需要激发乡村产业蕴含的活力，深入推进农业供给侧结构性改革，提高农业生产能力，构建现代化农业产业体系、生产体系、经营体系，走质量兴农之路，推动农村一二三产业融合发展，拓展乡村新产业、新业态。实施上述举措，实现产业振兴目标，绝对不能离开稳定的乡村社会秩序。

如果没有有效的乡村治理，乡村振兴就难以形成合力，乡村社会也必然是一盘散沙，产业发展自然就会缺乏动力与活力。治理有效的乡村才能形成组织基础，在基层党组织领导下，学习贯彻习近平新时代中国特色社会主义思想和习近平总书记关于"三农"工作的重要论述，着力推动产业兴旺；治理有效的乡村才能形成人才基础，培养符合农业农村现代化发展需要的新型职业农民、农村专业人才、农村科技人才，汇聚起振兴乡村的磅礴力量；治理有效的乡村才能形成政策基础，使乡村振兴的各项政策科学制定、顺利推进、取得成效。

（二）乡村治理是实现生态宜居的"保护伞"

生态宜居是乡村振兴的关键，良好的生态环境是农村的最大优势和宝贵财富，山清水秀的乡村景色和清洁美丽的生活环境是村民的美好向往。农业直接关系到我国农产品安全、人民群众身体健康，是生态产品的重要供给渠道，农村是重要的生态涵养功能区，美丽乡村是美丽中国的底色。

过去我国经济持续快速增长，取得了巨大发展成就，但这种规模速度型的经济发展方式也给我国资源和环境的承载力带来严峻挑战。农业农村领域生态环境欠账不断增多，导致生态宜居的美丽乡村建设步伐滞缓。所以，当务之急是转变发展观念，强化人们对绿色发展理念的认识，提高对"绿水青山就是金山银山"深刻哲理的理解和贯彻，形成尊重自然、顺应自然、保护自然的正确观念，必须重构社会组织秩序，制定相应的行之有效的激励约束体制机制。乡村治理是重构村民之间关系的重要基础和保障，强调人们形成责任与权利、竞争与合作的最优安排,主动服从整体,服务大局,以农村垃圾处理、污水治理、村容村貌提升为突破口,营造宜居宜业的生产生活环境,严格落实各项措施,稳步解决乡村生态问题。当然,乡村治理必须充分尊重农民意愿,维护农民权益,立足乡村实际,因地制宜,不搞形象工程,循序渐进推动乡村自然资本加快增值,进而实现百姓富、生态美的统一。

(三) 乡村治理是实现乡风文明的"黏合剂"

乡风文明是乡村振兴的保障。乡村振兴必须坚持物质文明和精神文明一起抓,提升农民精神风貌,而乡风文明在乡村振兴中可以发挥重要作用,是精神文明建设的重要环节。由于我国经济社会加速转型,城镇化、工业化、市场化、国际化交织叠加,对农业农村发展产生了前所未有的深刻影响,农业人口大量流向城市,农村的经济受到冲击,同时,乡村优秀传统文化影响力和思想道德水平也有所降低。新时代,推进乡风文明建设,培育文明乡风、良好家风、淳朴民风,不断提高乡村社会文明程度,迫在眉睫,势在必行。

乡风文明建设既需要一定的经济基础,又需要农民思想素质提高和乡村文化氛围的营造。党委领导、政府负责、社会协同、公众参与、法治保障、科技支撑的乡村治理体制是推动乡村一切事务的主体力量,能够集中民意、凝聚民智、汇集民力,为乡风文明提供基础。一方面可以加强乡村思想道德建设,贯彻社会主义核心价值观,传承发扬中华优秀传统文化;另一方面可以确保公共文明建设顺利推进,保证乡村移风易俗取得预期效果。

(四) 乡村治理是实现生活富裕的"发酵剂"

生活富裕是乡村振兴的根本。为中国人民谋幸福,为中华民族谋复兴,是中国共产党人的初心和使命,也是激励一代代共产党人前赴后继、接续奋斗的根本动力。实现全体人民共同富裕是社会主义的本质要求,也是中国特色社会主义的鲜明特征。让亿万农民过上幸福美好生活,切实增强农民群众的获得感、幸福感、安全感是共产党人坚定不移的理想追求,也是全面推进新时代乡村振兴的出发点和落脚点。

马克思主义政治经济学基本原理表明，经济基础决定上层建筑，上层建筑反作用于经济基础，经济基础与上层建筑是辩证统一的关系。一方面，农村经济发展，农民收入增长是实现乡村治理的基础所在，只有乡村物质生活条件持续改善，自治、德治、法治相结合的乡村社会治理体系才能有效建立并顺利运行。另一方面，乡村治理并不是简单取决于经济基础和物质条件，也并不意味着乡村治理有效可以在农民生活富裕之后自然派生，相反，随着农民生活富裕程度提升，乡村治理的重要性只能增强而不能削弱。乡村治理在促进农民物质生活提高、精神生活丰富等方面发挥着"发酵剂"的作用。有效的乡村治理坚持人人参与、人人尽责、人人享有的原则，按照抓重点、补短板、强弱项的要求，激发农民致富活力，推进富裕乡村建设。加强乡村治理，用自治解决矛盾，用法治定纷止争，用德治春风化雨，有利于农民物质生活和精神生活的双富裕。

二、新时代我国乡村治理存在的主要问题

新时代，在党中央和各级地方政府积极推动下，我国乡村治理体系建设取得了明显进展，但是，与全面推进新时代乡村振兴的总要求和总目标相比，我国乡村治理仍面临一些问题。习近平总书记指出："当前，我国城乡利益格局深刻调整，农村社会结构深刻变动，农民思想观念深刻变化。这种前所未有的变化，为农村经济社会发展带来巨大活力，同时也形成了一些突出矛盾和问题。西方工业化国家在二三百年里围绕工业化、城镇化陆续出现的城乡社会问题，在我国集中出现了。"[①] 新时代我国乡村治理存在的主要问题具体体现在以下五个方面：

（一）农村基层党组织服务能力有待增强

农村基层党组织是推动乡村振兴的领导力量，发挥着"火车头"

---

① 中共中央党史和文献研究院：《习近平关于"三农"工作论述摘编》，中央文献出版社 2019 年版，第 129 页。

和"领头雁"的作用，近年来我国不断加强农村基层党组织建设，并取得了积极进展，但是其服务乡村振兴的能力有待增强。第一，农村基层党组织队伍有待进一步增强。其一，农村基层党组织干部受教育程度较低，文化水平不高，解决农村发展难题、带领农民群众致富的能力不足。其二，农村党员及干部年龄普遍较大，党组织出现老龄化趋势，缺乏青年党员的加入，出现了青黄不接的现象，人才出现断层，党员干部联系服务群众工作难以有效推进。其三，部分党员干部服务群众意识不强，甚至一些地方干群关系紧张，还有农民合法权益受到侵害的事件发生，基层民主管理制度有待健全，农村基层党组织建设有待提高，公共管理和社会服务能力有待加强，要进一步提高服务型党组织建设在群众中的满意度。其四，农村基层党员参与组织生活的积极性不高，由于当前大部分农村基层党员结构不合理，流动性党员数量较多，留守党员年老体弱等原因，出现了对组织生活参与热情不高的情况。第二，基层党组织促进农村经济发展作用有待增强。基层党组织带领农民通过发展产业推动乡村经济社会发展是其主要职责，基层党组织需要充分重视乡村产业发展，充分利用政府政策扶持，提高乡村集体经济发展速度，壮大集体经济实力，为乡村有效治理提供必要的资金支持，带动村民共同发展致富，应提高基层党组织在群众中的声望，进一步增强党组织的领导力。

（二）农村村民自治效果有待提高

习近平总书记指出，当前，许多农村出现村庄空心化、农民老龄化现象，据推算，农村留守儿童已超过6000万人，留守妇女达4700多万人，留守老年人约有5000万人。① 根据国家统计局发布的2020年农民工监测调查报告，2020年农民工总量达到28560万人，其中外出农民工16959万人，农民工平均年龄为41.4岁，40岁以下农民工所占比重为49.4%。这种乡村治理人才不足的现象制约了乡村治理水平的提高。加之大部分乡村财力有限，乡村基础设施和公共文化资金投入不

---

① 中共中央党史和文献研究院：《习近平关于"三农"工作论述摘编》，中央文献出版社2019年版，第129页。

足，致使农村教育、文化、医疗卫生、社会保障等社会事业发展滞后，基础设施不完善，人居环境不适应，也影响了乡村自治的有效开展。

（三）农村法制建设存在问题

随着乡村经济社会发展，农村利益主体和社会阶层日趋多元化，各类组织活动和诉求明显增多，如何运用法律手段和法治方式维护好农民群众的合法权益、解决矛盾和争端，是推进乡村治理的重要内容。但是，当前农村法制建设还存在一些问题：一是农业农村相关的各种法律法规体系还不完善、不健全，有些领域仍存在无法可依的状况。二是由于乡村法律法规的普及方式传统、普及范围狭窄，村民对其了解有限，影响了村民运用法律的效果。三是农村法律相关的公共服务建设不足，导致农民尽管有通过法律解决纠纷、保护自己合法权益的需要和愿望，但法律资源短缺制约了农民依法办事的成效。

（四）农村道德水平有待提高

随着我国城乡关系深刻演变，农村人口大量流动，乡村由之前的相对封闭社会逐步转变为开放社会，农村与外界的联系日益加强，互动日渐频繁，原来乡村作为熟人社会形成的村民之间的强烈黏性，正在演化为市场经济下的契约关系，变成一个类陌生人社会，村民彼此之间的相互依赖性日趋减弱，随之而来的便是道德水平的下降。因此，农民对乡村公共事务的关心程度也出现下降，对个人利益追求引发的矛盾纠纷有所增多，这在一定程度上影响了农村社会的稳定和发展，也制约了德治水平的提高，影响了新时代乡村治理的成效。

（五）乡村社会治安有待加强

随着城乡人口流动性加强，乡村结构发生了新的变化，有的乡村出现青壮年劳动力外流，乡村缺乏治理主体，导致农村治安状况不容乐观，一些地方出现了违法犯罪活动，黑恶势力活动时有发生，邪教甚至利用普通宗教进行非法活动。也有的农村地区是外来人口流入当地，如何处理好本地人和外地人的关系，引导两者相互融合，并对外来人口进行高效管理和服务，进而促进当地经济社会发展和稳定是亟待解决的问题。因此，新时代，加强乡村社会治安，建设平安乡村对农村社会治理提出了新要求。

三、新时代推进我国乡村治理现代化的路径

全面推进新时代乡村振兴，要把加强基层治理放在乡村振兴的基础地位，充分发挥农村基层党组织的战斗堡垒作用，建立健全党委领导、政府负责、社会协同、公众参与、法治保障的现代乡村治理体制，坚持自治、法治、德治相结合的乡村治理体系，不断夯实新时代乡村治理的制度基础，实现农村治理现代化目标。

（一）坚持党对"三农"工作的领导，加强农村基层党组织建设

1. 坚持党对"三农"工作的领导

党的十九大报告指出："党政军民学，东西南北中，党是领导一切的。"[1] 立党为公、执政为民是中国共产党的执政理念，"农业农村农民问题是关系国计民生的根本性问题"[2]。中国共产党历来高度重视"三农"工作，十分强调加强党对"三农"工作的领导，形成了既一脉相承又与时俱进、既符合我国国情农情又体现农业农村发展规律的"三农"发展理论，成为中国特色社会主义理论体系的重要组成部分。

改革开放以来，特别是党的十八大以来，中国"三农"工作取得的巨大成就很大程度上得益于党对"三农"工作的高度重视和科学领导。在新时代，我国如期全面建成小康社会，完成第一个百年奋斗目标，接下来要开启全面建设社会主义现代化国家新征程，实现第二个百年奋斗目标，实现中华民族伟大复兴。任务艰巨，使命光荣，加强党对"三农"工作的全面领导有着突出紧迫性和极端重要性。

---

① 习近平：《决胜全面建成小康社会　夺取新时代中国特色社会主义伟大胜利——在中国共产党第十九次全国代表大会上的报告》，人民出版社 2017 年版，第 20 页。

② 习近平：《决胜全面建成小康社会　夺取新时代中国特色社会主义伟大胜利——在中国共产党第十九次全国代表大会上的报告》，人民出版社 2017 年版，第 32 页。

2. 加强基层党组织建设是乡村治理有效的根本

习近平总书记历来重视我国基层党组织建设，强调加强基层党组织建设的重要性。党的十九大报告指出："党的基层组织是确保党的路线方针政策和决策部署贯彻落实的基础。"[①] 习近平总书记指出："基础不牢，地动山摇。农村工作千头万绪，抓好农村基层组织建设是关键。无论农村社会结构如何变化，无论各类经济社会组织如何发育成长，农村基层党组织的领导地位不能动摇、战斗堡垒作用不能削弱。"[②]

新时代，加强农村基础党组织建设意义重大，基层党组织是我们党执政大厦的根基，是党的基本细胞，是党树立在群众中的旗帜，是全面从严治党的关键环节。习近平总书记高度重视基层党组织建设，他指出，党的工作最坚实的力量支撑在基层，经济社会发展和民生最突出的矛盾和问题也在基层，必须把抓基层打基础作为长远之计和固本之举，丝毫不能放松。[③] 习近平总书记强调，党的基层组织建设，着力点是使每个基层党组织都成为战斗堡垒。基层党组织是我们党全部工作和战斗力的基础，但总的是战斗堡垒，它的政治功能要充分发挥。[④] 基层党组织既是党整个体系的组织支撑，又是党贯彻落实任务的工作支撑、党联系群众的纽带支撑、党应对风险考验的战斗力支撑。

加强党的基础组织建设是新时代做好党的一切工作的基础和根基。党的十九大报告强调："党的基层组织是确保党的路线方针政策和决策部署贯彻落实的基础。要以提升组织力为重点，突出政治功能，把企业、农村、机关、学校、科研院所、街道社区、社会组织等基层党组织建设成为宣传党的主张、贯彻党的决定、领导基层治理、团结动员

① 习近平：《决胜全面建成小康社会　夺取新时代中国特色社会主义伟大胜利——在中国共产党第十九次全国代表大会上的报告》，人民出版社 2017 年版，第 65 页。

② 中共中央党史和文献研究院：《习近平关于"三农"工作论述摘编》，中央文献出版社 2019 年版，第 185 页。

③ 《看清形势适应趋势发挥优势　善于运用辩证思维谋划发展》，《人民日报》2015 年 6 月 19 日。

④ 《习近平主持召开中共中央政治局会议》，《新华日报》2014 年 8 月 30 日。

群众、推动改革发展的坚强战斗堡垒。"① 就乡村振兴中基层党组织的重要性,党的十九大报告指出:"加强农村基层基础工作,健全自治、法治、德治相结合的乡村治理体系。培养造就一支懂农业、爱农村、爱农民的'三农'工作队伍。"②

(二) 深化村民自治实践

自治是新时代乡村治理的基础,在新时代乡村治理体系中发挥着不可替代的重要作用,村民自治是调动村民积极性的有效途径,能够为乡村振兴提供可靠的政治基础,有利于促进新时代基层民主政治建设。③ 党的十八大以来,习近平总书记多次强调要坚持和完善基层群众自治制度,创新村民自治有效实现形式,充分发挥村民在乡村振兴和乡村管理中的主人翁作用,真正让农民自己"说事、议事、主事",有效推进村级乡村治理体系构建。

1. 健全党组织领导的村民自治制度

在乡村治理过程中,要注意理顺村民自治与党组织领导的关系,按照《中国共产党农村基层组织工作条例》的要求,乡、村党组织主要发挥政治引领、思想引领、组织引领的作用,是党在农村的基础组织,在乡村治理中处于把方向、定政策、观全局的领导地位。村民自治组织要在党组织的领导下开展工作。

(1) 完善村委会选举制度。

村委会是依据《中华人民共和国村民委员会组织法》规定,由村民民主选举产生的村民自治运作常设机构,是基层群众性自治的典型代表。村委会选举制度要能充分体现广大农民群众意愿,符合党和人民的根本利益,既要发挥正式组织的作用,也要发挥非正式组织的作用。要正确处理农村中国共产党支部委员会和村民自治委员会,即村

---

① 习近平:《决胜全面建成小康社会 夺取新时代中国特色社会主义伟大胜利——在中国共产党第十九次全国代表大会上的报告》,人民出版社 2017 年版,第 65 页。

② 习近平:《决胜全面建成小康社会 夺取新时代中国特色社会主义伟大胜利——在中国共产党第十九次全国代表大会上的报告》,人民出版社 2017 年版,第 32 页。

③ 刘儒编著:《乡村善治之路:创新乡村治理体系》,中原农民出版社、红旗出版社 2019 年版,第 100-103 页。

"两委"的关系，通过"两推一选"确定候选人，同时，也要正确发挥非正式组织对完善村委会选举制度的积极作用。

（2）构建多层次协商格局。

协商民主是我国社会主义民主政治的特有形式和独特优势，是扩大村民有序政治参与的重要形式，是新时代背景下基层党组织建设的重要举措。2015年，中共中央印发《关于加强社会主义协商民主建设的意见》，对基层民主协商作出全面部署："要按照协商于民、协商为民的要求，建立健全基层协商民主建设协调联动机制，稳步开展基层协商，更好解决人民群众的实际困难和问题，及时化解矛盾纠纷，促进社会和谐稳定。"[1] 2019年6月，中共中央办公厅、国务院办公厅印发《关于加强和改进乡村治理的指导意见》，指出："健全村级议事协商制度，形成民事民议、民事民办、民事民管的多层次基层协商格局。创新协商议事形式和活动载体，依托村民会议、村民代表大会、村民议事会、村民理事会、村民监事会等，鼓励农村开展村民说事、民情恳谈、百姓议事、妇女议事等各类协商活动。"[2]

（3）建立健全村务监督委员会，实施村级事务阳光工程。

村民自治在维护乡村社会稳定、促进乡村经济发展、推动乡村民主政治建设等方面成效显著，然而，村民自治实践中也存在一些问题，损害了党在人民群众中的形象，破坏了政府在乡村治理中的公信力。为此，2017年，中共中央办公厅、国务院办公厅印发《关于建立健全村务监督委员会的指导意见》，指出："村务监督委员会是村民对村务进行民主监督的机构。建立健全村务监督委员会，对从源头上遏制村民群众身边的不正之风和腐败问题、促进农村和谐稳定，具有重要作用。"[3] 2018年中央一号文件也明确要求全面建立健全村务监督委员会，推行村级事务阳光工程，从制度上规范村民自治中的"小微权力"。2019年，中共中央办公厅、国务院办公厅印发《关于加强和改进乡村治理的指导意见》，明确提出："全面实施村级事务阳光工程。

① 《加强社会主义协商民主建设》，《光明日报》2015年2月10日。

② 《中办国办印发〈关于加强和改进乡村治理的指导意见〉》，《光明日报》2019年6月24日。

③ 《建立健全村务监督委员会》，《光明日报》2017年12月5日。

完善党务、村务、财务'三公开'制度，实现公开经常化、制度化和规范化。"①

2. 创新基层管理体制机制

新时代，我国乡村的生产力与生产关系、经济基础与上层建筑都在发生深刻变化，不断创新完善与之相适应的基层管理体制机制，是实现治理有效、推进乡村振兴的前提和保障。

（1）建立完善的乡村便民服务体系。

以更好满足新时代村民生产生活为目标，充分发挥乡镇和村服务农民的作用，加大基本公共服务投入，强化公共服务职能。大力推进农村社区综合服务实施建设，引导管理服务向农村基层延伸，重点为农民打造"一门式办理""一站式服务"综合服务平台，在村庄普遍建立网上服务点，构建线上线下相结合的逐步完善的乡村便民服务体系。集中清理村级组织考核评比多、创建达标多、检查督查多、盖章证明多等突出问题，简化办理程序，降低办理成本，引导规范社会组织更便利高效地为农村居民提供高质量服务。

（2）培育乡村社会组织，创新管理组织体系。

按照"优化结构、理顺职能、提高效能"的工作要求，大力培育服务性、公益性、互助性农村社会组织。积极探索新时代符合乡村发展要求的基层组织机构设置方式和运行形式，规范各组织和部门职能，充分发挥乡村自治主体应有作用。农村党组织负责牵头抓总、总揽全局、协调各方，把基层党组织建设成为宣传党的主张、贯彻党的决定、领导基层治理、团结动员群众、推动改革发展的坚强战斗堡垒。村民委员会的主要职能是聚焦乡村具体性和事务性事情，负责乡村公共服务、社会管理、村民自治、社区服务、社会稳定的职责。农村集体经济组织负责在社会主义市场经济条件下按照客观经济规律管理运营集体资产，推动乡村集体资产保值增值，为乡村振兴夯实生产力基础。

3. 创新乡村资金投入机制，夯实乡村治理财力基础

全面推进新时代乡村振兴需要持续的资金投入，资金短缺是制约

---

① 《中办国办印发〈关于加强和改进乡村治理的指导意见〉》，《光明日报》2019 年 6 月 24 日。

农村管理体制机制创新的重要因素。目前，乡村各项事务的资金来源仍旧以政府投入为主，然而面对乡村基础设施和公共服务建设大量资金投入需求，仅依靠政府这一单一投融资渠道，显然无法满足乡村发展需要。为此，创新乡村资金投入机制成为当务之急。一方面，应更好统筹国家财政资金用途，提高财政资金使用效率，适度加大政府财政资金对乡村的转移支付力度；另一方面，要创新体制机制和政策激励，鼓励和支持乡村各个主体积极参与乡村公共产品和公共服务供给，拓宽投融资渠道，丰富乡村振兴资金来源。

充足的资金可以为农村工作的顺利开展提供有力保障。新时代发展农村集体经济是实施乡村振兴战略的根本保障。首先，重视农村集体经济的顶层设计，形成重视保护农村集体资产的共识，以法律的形式，通过严格的清产核资，准确掌握农村集体资产数量，杜绝任何侵害集体资产的行为。其次，创新集体经济发展方式，我国农村各地发展情况千差万别，应根据各地资源优势因地制宜推进产业发展。最后，建立激励机制，提升集体经济发展活力，引入更多优秀人才，服务乡村振兴，将集体经济经营绩效与经营者报酬挂钩，给予相应的物质和精神奖励。

4. 发挥乡规民约作用

乡规民约是我国基层社会组织中社会成员共同制定的行为规范，能够在振兴乡村、实现乡村善治中发挥重要作用。乡规民约有助于引导村民自我约束、自我管理、相互监督、规范行为，有利于乡村和谐稳定。在乡村振兴实践中，乡规民约也有利于推动乡村经济、政治、文化、社会、生态协同发展。

（1）规范乡规民约建设程序。

形成一个规范的乡规民约建设程序是发挥其治理乡村，实现善治的前提。这套民主程序应该由村民共同参与建立和实施，每个村民都是乡规民约建设的主角，被赋予相应权力，能够充分调动积极性、主动性。同时，也要建立乡规民约的监督机制，确保乡规民约的实施效果。

（2）注重乡规民约宣传。

由于如今乡村人员流动性加强，乡规民约对村民的直接作用明显减弱,所以建立乡规民约只是第一步,要顺利将其转化为村民的实践行动,还需要加大乡规民约的宣传力度,最大限度保证村民都能够知晓并认同。习近平总书记深刻指出:"在行使村民民主权利的过程中,有两个情况要把握好。一是要处理好'走出去'和'留下来'的关系。在大量村民外出务工的情况下,村里的重大事项如何决策,外出村民在本村的权利和权益如何维护,是一个需要认真对待的重要问题。沿用开会表决、投票决策等老办法是必要的,但这显然难以适应农村人口外流的现实。要创新办法、开辟新渠道,充分兼顾'走出去'和'留下来'的村民各自在村民自治组织和集体经济组织中的权利和权益。二是要处理好'老村民'和'新村民'的关系。大量外来农民到一些城中村和城乡接合部租房居住、打工务农,同本村居民容易形成差别,容易引发矛盾。促进新老村民和谐相处,既要保障'老村民'的基本权益,也要兼顾'新村民'的利益诉求。要按照法律法规落实'新村民'的各项权利,使他们能够在居住地享受基本公共服务,同'老村民'和谐相处。"[1] 这就需要根据不同乡村和村民的实际情况,创新宣传教育方式,采取行之有效的方式扩大乡规民约的感染力和影响力。

(3)强化乡规民约实施保障。

乡规民约如果不能落地生效,就形同虚设,提高乡规民约约束力和实施效力才能形成保障机制。应建立适当的奖惩机制和监督机制,乡村干部和群众共同配合和监督,对遵守乡规民约的村民,可以给予一定奖励,形成正向反馈机制;对轻微违反乡规民约的村民,可以进行一定警示教育;对严重违反乡规民约的村民,可以采取诉诸法律等严厉形式,形成乡规民约践行的刚需约束机制。

(三)推进法治乡村建设

实现乡村治理有效,要走中国特色社会主义乡村善治之路,法治是乡村善治的根本保障。构建现代乡村社会治理体系,需要法治保驾

---

[1] 中共中央党史和文献研究院:《习近平关于"三农"工作论述摘编》,中央文献出版社2019年版,第133页。

护航。习近平总书记指出："法治是乡村治理的前提和保障，要把政府各项涉农工作纳入法制化轨道，加强农村法治宣传教育，完善农村法治服务，引导广大干部群众尊法学法守法用法，依法表达诉求、解决纠纷、维护权益。"[①] 要将法治理念贯穿于乡村组织振兴全过程，强化法律权威，弘扬法治理念，培育法治精神，提升法治水平，不断健全乡村公共法律服务体系，着力推进新时代中国特色社会主义法治乡村建设。

1. 强化法律在乡村治理中的权威地位

建设法治乡村，需要强化法律在乡村治理中的权威地位，引导培养农民群众充分认识法治乡村建设的重要意义，不断建立健全法律法规体系，加大乡村普法力度，逐步提高村民的法治素养。

（1）充分认识法治乡村建设的重要意义。

通过综合分析我国发展时代特征和任务要求，习近平总书记提出协调推进"四个全面"战略布局的科学论断，其中，全面依法治国成为新时代治理国家的基本方略。2014 年 10 月，党的十八届四中全会审议通过《中共中央关于全面推进依法治国若干重大问题的决定》，对建设法治中国作出顶层设计重大部署，坚持依法治国、依法执政、依法行政共同推进，坚持法治国家、法治政府、法治社会一体建设。要增强全民法治观念，推进法治社会建设。要推进多层次、多领域依法治理，坚持系统治理、依法治理、综合治理、源头治理，提高社会治理法治化水平。[②] 新时代法治乡村建设，是全面推进依法治国、建设法治中国的内在要求。

进入新时代，党中央始终关注乡村法治建设，将其作为乡村振兴的重要内容。2017 年党的十九大报告提出"健全自治、法治、德治相结合的乡村治理体系"。2018 年 2 月印发的《中共中央　国务院关于实施乡村振兴战略的意见》提出"建设法治乡村"。2018 年 3 月，习近平总书记在参加十三届全国人大一次会议山东代表团审议时提

---

① 中共中央党史和文献研究院：《习近平关于"三农"工作论述摘编》，中央文献出版社 2019 年版，第 136 页。

② 《中共中央关于全面推进依法治国若干重大问题的决定》，《光明日报》2014 年 10 月 2 日。

出，"推动乡村组织振兴，建立健全党委领导、政府负责、社会协同、公众参与、法治保障的现代乡村社会治理体制，确保乡村社会充满活力、安定有序"①。2018 年 9 月印发的《乡村振兴战略规划（2018—2022 年）》提出"推进乡村法治建设"具体要求。乡村法治建设，能为乡村振兴提供立法、执法、司法、守法的有力保障，助推乡村振兴顺利实现。

（2）建立健全乡村法律法规。

全面推进新时代乡村振兴是伟大的开创性事业，没有太多经验可循，与乡村振兴相适应的法律法规也不可能尽善尽美、一劳永逸，需要各级党委和政府根据乡村振兴实践逐步建立健全。在立法方面，截至 2018 年 12 月，农业领域共有法律 15 部、行政法规 29 部、部门规章 148 部，涵盖农业基本法、农村基本经营制度、农业支持保护、农产品质量安全等方面，逐步构建起农业农村法律法规体系，农业农村治理总体上实现了有法可依。② 之后，围绕乡村振兴战略，注重乡村法律法规的及时性、针对性、系统性、实效性，又在农村土地制度改革、集体产权制度改革、承包地"三权分置"改革、宅基地改革等方面持续推进法律法规有效供给，保障了乡村振兴战略的有效实施。

（3）加大乡村普法力度。

法治是乡村振兴的根本。新时代，要广泛开展乡村普法宣传教育，加大全民普法力度，引导农民群众逐步养成办事依法、遇事找法、解决问题用法、化解矛盾靠法的行为习惯，全面提高村民的法治素养，营造良好的法治氛围。

要积极构建新时代乡村普法教育新格局。其一，加强组织领导。完善党委领导、政府负责、人大监督、社会参与的运作机制，落实"谁执法谁普法"普法责任制；其二，完备内容体系。从法律意识教育、法律规则教育、用法能力教育等方面结合乡村法治环境进行系统完善。其三，创新方式方法。加强新媒体、新技术的广泛运用，鼓励

---

① 《习近平参加十三届全国人大一次会议山东代表团审议》，《光明日报》2018 年 3 月 9 日。

② 郭元凯、谌玉梅编著：《组织振兴：构建新时代乡村治理体系》，中原农民出版社、红旗出版社 2019 年版，第 133 页。

支持法律相关人员以多种形式开展普法宣传，积极创作贴近老百姓的法治文艺作品。其四，完善保障机制。推动普法教育立法，健全法律服务体系，优化人员配置，保障经费投入，建立科学考评机制，从而在法律、服务、资金、人才、评估方面做到全面保障。

2. 提高乡村执法能力和水平

在推进乡村振兴过程中，只有将"纸面上的法"真正转化为"行动中的法"，法律的权威才能体现，法律的生命力才能彰显。因此，提高乡村执法能力和水平，确保农业农村的各项法律法规严格实施，才能真正助推法治乡村建设。

（1）提高基层干部依法办事能力。

广大基层干部是落实新时代乡村振兴战略、推动乡村振兴的关键力量。要高度重视并切实提高基层干部依法办事的能力和水平，要秉公执法，树立宪法法律至上、法律面前人人平等的观念，要严格依法行政，做到法无授权不可为、法定职责必须为；要公正司法，司法是维护社会公平正义的最后一道防线，要让人民群众从每一个司法案件中切实感受到社会公平正义。2018 年 3 月，习近平总书记在参加十三届全国人大一次会议重庆代表团审议时指出："要加强教育引导，注重破立并举，抓住'关键少数'，推动各级领导干部自觉担当领导责任和示范责任，把自己摆进去、把思想摆进去、把工作摆进去，形成'头雁效应'。要坚持法治、反对人治，对宪法法律始终保持敬畏之心，带头在宪法法律范围内活动，严格依照法定权限、规则、程序行使权力、履职尽责，做到心中高悬法纪明镜、手中掌握法纪戒尺。知晓为官做事尺度。"①

（2）深化农业综合行政执法改革。

深化农业综合行政执法改革，是贯彻落实《深化党和国家机构改革方案》的现实要求，也是有效实施新时代乡村振兴战略、完善乡村治理体系的迫切需要。我国各级农业农村部门要严格遵循改革的总体要求，正确把握改革的基本原则，把党对农业农村工作的绝对领

---

① 《习近平参加十三届全国人大一次会议重庆代表团审议》，《光明日报》2018 年 3 月 11 日。

导坚决贯彻到改革的各方面和全过程。要全面整合乡村农业执法队伍，构建权责明细、上下贯通、指挥顺畅、运行高效、保障有力的新时代农业综合行政执法体系。不断加强农业执法规范化建设，创新农业执法制度，改进执法方式，提高执法效能。

（3）完善乡村矛盾调处化解机制。

维护农村社会和谐稳定是新时代乡村振兴的基本要求。党的十九大报告指出，要加强预防和化解社会矛盾机制建设，正确处理人民内部矛盾。农村是熟人社会，村民之间发生矛盾纠纷在所难免，而且这些矛盾纠纷涉及生产生活的方方面面，如果处理不及时、不合理，可能会激化矛盾，演化为治安案件、刑事案件、群体性事件。有别于直接诉诸法律的简单做法，运用人民调解将起到良好效果。人民调解是一项具有中国特色的社会主义法律制度，在维护社会和谐稳定方面发挥了重要作用，被国际社会誉为"东方经验"。党的十九大报告指出："推动社会治理重心向基层下移，发挥社会组织作用，实现政府治理和社会调节、居民自治良性互动。"① 农村社会矛盾化解要积极整合农村社会内部资源，引导自治组织成长，支持村民参与乡村治理，自主化解内部矛盾。

3. 健全农村公共法律服务体系

党的十八届四中全会提出，要推进覆盖城乡居民的公共法律服务体系建设。公共法律服务是立足于服务型政府建设理念，主要由司法行政机关统筹提供的，满足社会公共需求，供全体人民平等享有的公共法律服务和产品。相较于城市而言，农村的公共法律服务长期以来在数量和质量上都明显落后，不能满足新时代乡村振兴的要求，亟须在以下三个方面加强工作：

（1）加强对农民的法律援助。

新时代，习近平总书记多次强调要加大对农民群众特别是困难群众维护合法权益的法律援助。法律援助，是国家建立的保障经济困难公民和特殊案件当事人获得必要的法律咨询、代理、刑事辩护等无偿

---

① 习近平：《决胜全面建成小康社会 夺取新时代中国特色社会主义伟大胜利——在中国共产党第十九次全国代表大会上的报告》，人民出版社2017年版，第48页。

法律服务，用以维护当事人合法权益、维护法律正确实施、维护社会公平正义的一项重要法律制度。① 加强农民法律援助，是保护农民合法权益的重要手段之一，是新时代推进法治乡村建设的重要抓手。近年来，我国农村地区法律援助广泛开展，覆盖面不断扩大。例如，截至 2018 年 8 月，福建省已经建成 78 个市（县、区）公共法律服务中心，1033 个乡镇（街道）法律服务站，14492 个村（社区）法律服务联系点，实现市、县、乡、村四级行政机构全覆盖。②

（2）加大对农民的司法救助。

党的十八大以来，国家司法救助力度持续加大。由于受制于我国社会主义初级阶段经济发展水平，城乡之间在司法资源的分配方面存在明显的差异性。在广大农村，司法资源短缺，给案件当事人走法律诉讼程序带来不便，也影响案件执行力度，同时，不少农村地区的司法救助无法全覆盖，这些因素在一定程度上影响了农民合法权益的维护。因此，基层法院和检察院要加强农民司法救助，对经济困难的农民可适当采取缓、减、免交诉讼费措施，将司法救助款项精准发放到符合救助条件的农民手中，加强涉农案件诉讼监督，保障农民合法权益。

（3）增加乡村公益法律服务。

当前，我国农村法律服务资源供给明显不足，不能满足农民群众对法律服务的需求增长。为适应新时代乡村振兴需要，要按照城乡基本公共服务均等化的要求，以政府为主导，广泛动员社会力量，构建农村公益服务法律体系。首先，构建政府主导、政府部门和非政府部门相互协调、社会多方参与的乡村公益法律服务主体，不断壮大农村公益法律服务力量。其次，明晰乡村公益法律服务的对象和范围，这既需要充分考虑乡村公益法律服务供给有限性特征，又需要竭尽全力减轻农民负担，满足其基本法律需求。再次，不断创新乡村公共法律服务载体，按照 2017 年 9 月司法部印发的《关于推进公共法律服务

---

① 郭元凯、谌玉梅编著：《组织振兴：构建新时代乡村治理体系》，中原农民出版社、红旗出版社 2019 年版，第 144 页。

② 《福建公共法律服务实现市县乡村全覆盖》，《人民日报》2018 年 8 月 22 日。

平台建设的意见》，持续打造公共法律服务实体、热线、网络三大平台。最后，加强乡村公益法律服务资金投入保障和考核评估，既要稳定资金投入存量，又要积极寻求资金投入增量，同时要对运行绩效进行认真评估考核。

（四）提升乡村德治水平

法安天下，德润人心。新时代，党和政府高度重视乡村德治工作，并作出一系列部署，为提升乡村德治水平提供了根本遵循。习近平总书记指出："我国很多村庄有几百年甚至上千年的历史，至今保存完整。很多风俗习惯、村规民约等具有深厚的优秀传统文化基因，至今仍然发挥着重要作用。要在自治和法治的同时，注重发挥好德治的作用，推动礼仪之邦、优秀传统文化和法治社会建设相辅相成。"①

充分发挥德治在乡村善治过程中的重要作用，要求我们深入挖掘乡村熟人社会蕴含的道德规范，结合时代进行创新，引导农民向上向善、孝老爱亲、重义守信、勤俭持家。建立道德激励约束机制，引导农民自我管理、自我教育、自我服务、自我提高，实现家庭和睦、邻里和谐，干群融洽。广泛开展各级各类评先奖优表彰活动，深入宣传道德模范和典型事迹，弘扬真善美，传播正能量。②

1. 将我国传统美德与社会主义核心价值观转化为道德实践

新时代，我国不断推进实践创新和理论创新，实现理论与实践的良性互动，在伟大实践中提炼总结形成新的理论，然后用新的理论在实践中接受检验并指导实践，在实践中深刻领悟和逐步深化理论。提升乡村德治水平，要将我国传统美德和社会主义核心价值观转化为有效推动乡村振兴的道德实践。

（1）弘扬社会主义核心价值观。

社会主义核心价值观是我国当代优秀文化的凝结，是中华民族赖以生存的精神纽带和共同的价值基础。其一，教育引导深入人心。借

---

① 中共中央党史和文献研究院：《习近平关于"三农"工作论述摘编》，中央文献出版社 2019 年版，第 137 页。

② 《中共中央 国务院关于实施乡村振兴战略的意见》，人民出版社 2018 年版，第 22-23 页。

助现代网络宣传平台,开展持续不断的教育传播和普及宣传,使社会主义核心价值观成为家喻户晓的理念,从而潜移默化影响农民的思想观念,真正将社会主义核心价值观内化于心。其二,注重实践养成。将社会主义核心价值观与农民的日常生活紧密结合起来,充分利用农村传统节日和重大纪念日开展形式多样的活动,让农民亲身感受到社会主义核心价值观不是抽象、空洞、只停留在政策层面的概念,而是与每个人都休戚相关的重要内容。

(2)践行中华民族传统美德。

中国作为拥有 5000 多年悠久历史的东方大国,创造了光耀人类历史的灿烂文明,形成了独具特色的中华民族传统美德。新时代,我们要充分认识其时代价值,将传统美德内化于心,外化于行。习近平总书记指出:"把培育和弘扬社会主义核心价值观作为凝魂聚气、强基固本的基础工程,继承和发扬中华优秀传统文化和传统美德,广泛开展社会主义核心价值观宣传教育,积极引导人们讲道德、尊道德、守道德、追求高尚的道德理想,不断夯实中国特色社会主义的思想道德基础。"① 传统美德是在日常生活中对村民影响最深的文化,要用传统美德来教育村民思想,指导村民行为,塑造新时代村民,丰富村民精神生活。

(3)增强农民职业道德。

作为新时代乡村振兴的主力军,农民的职业道德十分重要。要以提升农民职业道德为抓手提高乡村德治水平。农民的职业道德不仅能够保证其在从事农业生产过程中恪尽职守、诚实经营,而且能够间接指导其在直接生产劳动之外的处事方式。提升农民的职业道德,重在培养农民树立科学的职业价值观,增强职业纪律意识,提升职业责任感,将传统的敬业精神根植于农村,热爱农业农村,把经营好农业、建设好农村作为自己的毕生追求。

2. 将德治贯穿于我国乡村治理的全过程各领域

在新时代乡村治理过程中,道德的规范和感化作用非常广泛,对于个人与家庭、农民与干部、基层与上层,道德都可以发挥积极作用。

---

① 习近平:《习近平谈治国理政》第1卷,外文出版社 2018 年版,第 163 页。

要把道德的力量辐射到乡村治理各领域,将德治贯穿于乡村治理全过程。为此,需要从提高领导干部品德、加强公德教育、发挥乡规民约作用、传承优良家风四个方面夯实乡村德治坚实基础。[1]

(1)提高领导干部品德,夯实德治政治基础。

1938年,在中共六届六次全会上,毛泽东提出著名论断:"政治路线确定之后,干部就是决定的因素。"在中国特色社会主义新时代,领导干部依然是我们党的重要组成,党员特别是党员领导干部的品质决定党的品质,也决定国家的品质。各级领导干部不仅要有治理国家、管理社会、服务人民的高超能力,而且要有良好的道德品质。乡村基层干部要具备为民之心,做到"公私分明""先公后私""公而忘私""大公无私",始终把人民利益放在首位,不过分计较个人的得失,愿意为了党和人民的事业奋斗终身。各级领导干部是农民群众的"主心骨""领头雁",要强化个人品德,加强责任担当,做好领导表率,为基层德治提供坚实政治基础。

(2)加强公德教育,夯实德治社会基础。

新时代推动乡村振兴,加强基层社会治理,农民群众是德治的主体,其主观意愿和实践行动是乡村治理最广泛的社会基础。基层德治能否得到广大农民群众的信任和支持直接影响其实施效果,这就需要把基层社会德治的重点放在农民社会公德教育上,把社会公德树立为农民群众最基本、最简单、最普遍的行为准则,包括文明礼貌、助人为乐、团结互助、爱护公物、遵纪守法等品格。只有全方位、各方面加强社会治理的公德基础,德治才能在社会治理中发挥出应有作用。

(3)发挥乡规民约作用,夯实德治文化基础。

乡规民约是农村千百年发展而传承下来的礼仪和规矩,是乡村文化的载体,是村民日常生活的准则,也是乡村治理的有效工具。其内容主要包括社会基本道德、日常人际交往、落实国家政策等多个方面,目的在于更好促进农村团结,推动乡村经济社会发展。结合新时代乡村振兴战略的总要求,与时俱进对各地乡规民约进行现代化改进和完

---

① 刘儒编著:《乡村善治之路:创新乡村治理体系》,中原农民出版社、红旗出版社2019年版,第185—188页。

善，保留其有效合理成分，新增制度化、组织化、法治化新内涵，以更好适应时代需要，承担起道德教化村民的责任，为乡村德治提供文化基础。

（4）传承优良家风，夯实德治精神基础。

家庭是社会治理的细胞，是乡村社会基层治理的起点。全面推进新时代乡村振兴过程中，家庭必然能够发挥更大作用。《新时代公民道德建设实施纲要》明确指出："要弘扬中华民族传统家庭美德，倡导现代家庭文明观念，推动形成爱国爱家、相亲相爱、向上向善、共建共享的社会主义家庭文明新风尚，让美德在家庭中生根、在亲情中升华。通过多种方式，引导广大家庭重言传、重身教，教知识、育品德，以身作则、耳濡目染，用正确道德观念塑造孩子美好心灵；自觉传承中华孝道，感念父母养育之恩、感念长辈关爱之情，养成孝敬父母、尊敬长辈的良好品质；倡导忠诚、责任、亲情、学习、公益的理念，让家庭成员相互影响、共同提高，在为家庭谋幸福、为他人送温暖、为社会作贡献过程中提高精神境界、培育文明乡风。"① 传承优良家风家训，将有利于夯实乡村德治精神基础。

3. 新时代乡村德治要成风化俗以文化人

道德源于人类内心修养，是人类通过风俗习惯、传统文化、他人行为、宗教信仰、学习教育等因素的共同作用而形成的自我约束。道德是一种自觉行为，对人的影响是一个长期的潜移默化的过程。充分发挥德治在新时代乡村治理中的作用，关键在于村民将高尚的道德修养具体化到日常生活中，使其落实落地。

（1）推进乡村德治日常化。

一个人的道德修养是在日常生活的点滴实践中日积月累逐渐形成的，并不是一朝一夕、一蹴而就的，在其逐步形成并稳定固化的过程中，它会主动自觉指导人们的日常行为和生产方式，久而久之，它就会内化为一种习惯，潜移默化、润物无声地影响人们的思想观念和行为选择。德治重要的是日常化，将其体现在日常生活每一件事情上，

① 《中共中央　国务院印发〈新时代公民道德建设实施纲要〉》，《光明日报》2019年10月28日。

每一天都用道德标准来规范要求和反思自省，且不能是口号式地空洞宣传，而是将道德内容扎实融入乡村振兴具体实践中。

（2）推进乡村德治具体化。

新时代实现乡村全面振兴，千头万绪，任务艰巨，这就要求推动乡村德治，发挥乡村道德治理作用，必须提高工作的针对性、精准性，明确工作的对象及具体内容，做到具体对象具体对待、具体问题具体分析、具体任务具体要求，以期达到工作的预期目标。我国乡村受地理环境、历史文化、经济社会发展水平等多种因素影响，区域发展分化严重，加之社会群体组成多样化，各群体彼此差异性明显，乡村德治必须从实际出发，因地制宜，精准施策。如对待农村青少年的思想道德教育、农村不同职业劳动者、农村其他社会工作者等群体，都需要具体化方式方法来应对处理。

（3）推进乡村德治形象化。

新时代有效发挥乡村德治作用，仅仅依靠口头说教很难取得预期效果，即使强制性要求群众被动接受这些内容，结果也往往会适得其反。采取一些信息化、群众喜闻乐见的传播方式和表现形式将有助于预期效果的达成。从乡村干部中选出优秀代表，从村民中选出好人好事代表，让他们现身说法，引导农民群众身临其境、见贤思齐。可以选择以娱乐形式传递道德内容，生动形象地把真善美的内涵传达给村民，让村民真正领悟到哪些行为值得肯定、表扬、效仿、学习，这将有效扩大乡村德治的影响力。

（五）推进平安乡村建设

乡村振兴，平安乡村是基础。习近平总书记深刻指出，平安是老百姓解决温饱后的第一需求，是极重要的民生，也是最基本的发展环境。习近平总书记强调："要推进平安乡镇、平安村庄建设，加强农村社会治安工作，推进县乡村三级综治中心建设，构建农村立体化社会治安防控体系，开展突出治安问题专项整治，对扰乱农村生产生活秩序、危害农民生命财产安全的犯罪活动要严厉打击，对邪教、外部势力干扰渗透活动要有效防范和打击。要深入开展法治宣传教育，引导广大农民增强守法用法意识，发挥好村规民约、村民民主协商、村民自我约束自我管理在乡村治理中的积极作用。"①

1. 健全农村社会治安防控体系

建立健全农村社会治安防控体系是平安乡村建设的重点工程。2015 年 4 月，中共中央办公厅、国务院办公厅印发《关于加强社会治安防控体系建设的意见》，对如何构建乡村社会治安防控体系作出顶层设计。当前，需要从落实领导责任制、推动警务机制创新、推进网格化管理等方面切实把乡村社会治安防控体系落到实处。

（1）落实乡村社会治安综合治理领导责任制。

党中央始终高度重视社会治安治理工作，2016 年 3 月，中共中央办公厅、国务院办公厅印发了《健全落实社会治安综合治理领导责任制规定》，从责任内容、督促检查、表彰奖励、责任督导和追究等方面，对落实综合治理领导责任制作出部署，明确强调："坚持问题导向、法治思维、改革创新，抓住'关键少数'，强化担当意识，落实领导责任，科学运用评估、督导、考核、激励、惩戒等措施，形成正确导向，一级抓一级，层层抓落实，使各级领导班子、领导干部切实担负起维护一方稳定、确保一方平安的重大政治责任，保证党中央、国务院关于社会治安综合治理决策部署的贯彻落实。"②

健全落实社会治安综合治理领导责任制，是新时代平安中国建设的主要抓手，也是巩固平安中国建设成果的重要保障。近年来，我国各地积极贯彻落实中央要求，扎实推进社会治安治理，并取得初步成效。截至 2016 年底，28 个省（区、市）实现县级综合治理中心全覆盖，全国县、乡、村三级综合治理中心覆盖率达 97%。③ 各地实践证明，凡是高度重视社会治安综合治理领导工作，并不折不扣将其贯彻落实到乡村，普遍具有治安案件少、矛盾纠纷少、刑事案件少、社会和谐稳定、农民群众满意度高的特征。

---

① 中共中央党史和文献研究院：《习近平关于"三农"工作论述摘编》，中央文献出版社 2019 年版，第 133-134 页。

② 《健全落实社会治安综合治理领导责任制规定》，《光明日报》2016 年 3 月 24 日。

③ 郭元凯、谌玉梅编著：《组织振兴：构建新时代乡村治理体系》，中原农民出版社、红旗出版社 2019 年版，第 183 页。

（2）推动乡村警务机制创新完善。

当前农村大量青壮年劳动力外流,不少乡村出现"空心化"现象,留守村民在面对不法侵害等现象时,预防能力和抵抗能力明显弱化,导致社会治安问题突出。应对这一突出问题,充实农村警务资源,推动警力下沉和警务机制创新,是当务之急、势在必行。

近年来,我国各地不断推进乡村警务机制创新完善,为维护乡村平安稳定发挥了重要作用。例如,浙江省绍兴市上虞区,首创"乡警回归"新模式,打造共治共享社会治理新格局。2017年以来,上虞区公安局以制度形式破解基层派出所"事多人少"难题,组织民警"常回家看看"。截至2018年,678名民警深入全区365个行政村担任"乡警",矛盾纠纷调解成功率达到98.7%,同比提升20.1%,矛盾纠纷警情同比下降21.8%,治安纠纷处罚率同比下降27.7%。[①]

（3）推进乡村基层网格化管理。

进入新时代,全国各地在推进基层社会治理过程中,创造性开展网格化管理,并且已经推广到乡村振兴实践中。2018年,中共中央、国务院印发《乡村振兴战略规划（2018—2022）》,提出"探索以网格化管理为抓手,推动基层服务和管理精细化精准化"。网格化管理是指在党委领导、政府主导下,各部门齐抓共管,把管理区域按照一定范围、人口、户数及楼宇数量,划分为若干网格状单元,相应定员定岗配置服务管理人员（即网格员）,每个网格员对自己管理网格内的人、地、物、事、组织等基本治安要素进行动态化管理,依托数字管理系统提高效率,并提供精细化、个性化服务,从而做到信息掌握到位、矛盾化解到位、治安防控到位、便民服务到位。[②]

近年来,我国推进农村网格化管理中,着力做好如下工作:其一,协同治理,实现治理主体多样化。将村民、村委会、基层党组织、基层政府、农村自治组织、网格员等乡村主体充分整合起来,建立分工清晰、权责明确、通力合作的乡村治理格局。其二,纵横联

---

① 魏哲哲:《浙江公安创新实践"枫桥经验"》,《人民日报》2018年12月5日。

② 郭元凯、谌玉梅编著:《组织振兴:构建新时代乡村治理体系》,中原农民出版社、红旗出版社2019年版,第187页。

动，形成高效协同机制。通过镇（乡）、村、格三级网格治理平台建设，形成纵向多层次上下联动机制；通过跨地域、跨部门协同，形成横向覆盖全面的协调机制。其三，集成创新，提高乡村治理水平。立足新时代，找准科技手段服务乡村治理的切入点，将信息化、智能化技术运用于乡村社会治理全过程、各领域，不断提升乡村社会治理能力。

2. 建设平安和谐新乡村

推动新时代乡村振兴，必须创建一个平安和谐的乡村社会环境。需要开展扫黑除恶斗争，整治农村社会乱象，加大非法宗教活动打击，确保农民群众安居乐业、社会安定有序，夯实党的执政基础。

（1）深入开展农村扫黑除恶专项斗争。

农村黑恶势力严重威胁村民生命财产安全，严重影响农村经济社会稳定发展，推动乡村振兴，建设平安乡村，必须严厉打击农村黑恶势力。为此，中共中央、国务院于2018年1月专门印发《关于开展扫黑除恶专项斗争的通知》。首先，按照"属地管理"和"谁主管、谁负责"的原则，对乡村进行全面排查，向社会公布多种便捷举报方式，广泛发动群众参与，收集案件线索。其次，坚持"黑恶必除、除恶务尽、打早打小、露头就打"的方针，以雷霆万钧之势保持高压态势，绝不姑息手软，还农民群众一个安全的生活环境。最后，利用电视、网络、广播等多样化方式，加大宣传力度，营造严厉打击涉黑涉恶违法犯罪活动的浓厚社会氛围。

（2）坚决整治农村社会治安乱象。

进入新时代，我国农村面貌焕然一新，"三农"工作取得新成就，但是由于农村居民文化素质普遍偏低，法治观念淡薄，依法维护自身合法权益的能力较弱，加之维护农村社会治安的资源严重不足，导致农村社会治安状况日趋复杂，社会治安乱象频繁发生。

整治乡村社会治安乱象，需要严厉打击涉农犯罪。例如，盗窃农户财产、村集体变压器、电缆等公共设施；假冒伪劣农用物资等破坏农业生产，通过金融欺骗侵害农民利益；聚众赌博、贩毒吸毒、卖淫嫖娼等违法犯罪行为。通过解决突出农村治安问题，整治重点地区，全面推动农村社会治安综合治理，有效提高农村的社会安全度。

（3）严厉打击农村非法宗教活动。

随着我国开放力度加大和国家环境变化,一些农村地区出现了乱建庙宇、教堂和滥塑宗教造像等不健康的宗教现象,甚至还有境外敌对势力利用非法宗教、邪教活动对我国农村进行渗透,威胁基层政权,试图削弱或颠覆党的领导。这些问题严重影响了社会主义精神文明建设,严重干扰了平安乡村建设和乡村振兴战略实施。

2018 年中央一号文件和《乡村振兴战略规划（2018—2022 年）》都明确指出,要依法加大对农村非法宗教、邪教活动打击力度。第一,高度重视农民教育问题,丰富农民精神需求,把提高农民的主动参与作为重点;第二,加强基层党组织建设,筑牢防范处置非法活动的防线;第三,发挥乡村各组织团体的作用,共同反对邪教活动;第四,加大宗教治理力度,强化法律的基础性作用。

3. 健全农村公共安全治理体系

目前,我国农村公共安全治理体系和运行模式都难以完全适应新时代乡村振兴要求。需要牢固树立乡村安全发展理念,扎实做好乡村公共安全工作,为农民群众编织立体化、全方位的乡村安全网。

（1）开展农村安全隐患治理。

开展农村安全隐患排查治理是推动农村经济社会发展,确保农村安全生产、平安生活的重要举措。要有效消除各类安全隐患,建立健全农村重大危险监控、排除、处置长效机制,坚决遏制重特大安全事故发生,实现公共安全网全覆盖。

各级党委和政府要发挥好主体责任,把乡村安全隐患治理、保证乡村平安作为工作的重要内容,层层落实责任,分工明确,协同配合。要结合农村实际,对安全多发的重点领域和地区进行排查,提前预警并做好针对预案,努力把安全隐患消除在萌芽状态。广泛宣传,加强农民群众的安全意识,增强化解危险的能力,及时将安全督察情况反馈给所在乡村,让群众知晓,奖优惩劣,营造良好氛围。

（2）优化农村交通管理体系。

为了更好促进乡村经济社会发展,解决城乡发展差距,新时代乡村建设明显提速,农村交通通达程度显著提高,由此也衍生出交通安全相关问题。习近平总书记指出:"农村枯井、河塘、桥梁、自建房、客运和校车等安全事故时有发生，要全面开展排查治理，提升老百姓安全感。"① 可见，我国农村交通管理能力普遍不足，需要着力构建共建共治共享的交通管理体系。

加强农村道路"路长制"管理体系建设，理顺各级管理部门的职责，推动形成农村交通设施齐抓共管局面。加大对道路管护资金、人员等投入和保证措施，提高交通设施的运行效率。同时，要加大宣传力度，提高群众参与度，鼓励人人护路爱路。

（3）推进农村"雪亮工程"建设。

现在，不少农村地区，青壮年劳动力纷纷外出务工经商，老人、妇女、儿童构成农村留守群体，不可避免地削弱了群防群治能力，产生了乡村社会治安"空心村"。传统的治安防控措施已经不能很好满足新时代的现实需求，为此，《中共中央国务院关于实施乡村振兴战略的意见》中首次提出"雪亮工程"，意味着新时代平安乡村建设提速。"雪亮工程"是以县、乡、村三级综治中心为指挥平台，以综治信息化为支撑，以网格化管理为基础，以公共安全视频监控联网应用为重点的"群众性治安防控工程"，因为"群众的眼睛是雪亮的"，故称之为"雪亮工程"。

我国农村应该高度重视"雪亮工程"建设，实现"全域覆盖、全网共享、全时可用、全程可控"的公共安全视频监控联网应用，创新方式方法，推动更多社会组织、农民群众参与建设。按照"统筹使用、兼容整合、统一规划、合理布局、先易后难"的原则，提升社会治安防控水平。另外，实施农村"雪亮工程"，不仅要重视建设，也要做好管理、保养、维护等工作。

---

① 中共中央党史和文献研究院：《习近平关于"三农"工作论述摘编》，中央文献出版社 2019 年版，第 136 页。

· 第八章 ·

坚持共享发展，推进共同富裕，实现农民生活现代化

> 乡村振兴，生活富裕是根本。为此，必须坚持共享发展理念，将共享发展贯穿于新时代乡村振兴的全过程、各方面、各环节。我国脱贫攻坚战取得了全面胜利，解决了困扰中华民族几千年的绝对贫困问题，在中华大地上全面建成了小康社会。我们要在此基础上乘势而上，在全面建成小康社会后，实现巩固拓展脱贫攻坚成果同乡村振兴的有机衔接，着力构建有效解决农村相对贫困的长效机制，逐步实现农民生活现代化，最终实现共同富裕。

一、以共享发展理念引领农民生活现代化

（一）新时代共享发展理念的丰富内涵

共享发展理念注重解决社会公平正义问题，其实质是坚持以人民为中心的发展思想，体现的是逐步实现全体人民共同富裕的最终目标。这反映了社会主义国家坚持人民主体地位的内在要求，彰显了人民至上的价值取向。

坚持共享发展，实现共同富裕是中国特色社会主义的本质要求。共同富裕自古以来就是中国人民的夙愿，在中国共产党的领导下，中国实现了从站起来、富起来到强起来的伟大飞跃，实现了从贫困到小康，再到共同富裕的历史性跨越。进入新时代，习近平总书记提出并

落实共享发展新理念，共同富裕迈出了决定性步伐，人民生活水平显著提高，生活富裕的目标正在实现。

在十八届中央政治局常委同中外记者见面时，习近平总书记代表党中央作出庄严承诺："我们的责任，就是要团结带领全党全国各族人民，继续解放思想，坚持改革开放，不断解放和发展社会生产力，努力解决群众的生产生活困难，坚定不移走共同富裕的道路。"[①] 此后，在党的十八届五中全会上，以习近平同志为核心的党中央首次明确提出创新、协调、绿色、开放、共享的新发展理念。习近平总书记认为："共享理念实质就是坚持以人民为中心的发展思想，体现的是逐步实现共同富裕的要求。我国正处于并将长期处于社会主义初级阶段，我们不能做超越阶段的事情，但也不是说在逐步实现共同富裕方面就无所作为，而是要根据现有条件把能做的事情尽量做起来，积小胜为大胜，不断朝着全体人民共同富裕的目标前进。"[②]

如何深刻理解共享发展理念的丰富深刻内涵，习近平总书记从四个方面进行了明确阐述：其一，共享是全民共享。这是就共享的覆盖面而言的。共享发展是人人享有、各得其所，不是少数人共享、一部分人共享。其二，共享是全面共享。这是就共享的内容而言的。共享发展就要共享国家经济、政治、文化、社会、生态各方面建设成果，全面保障人们在各方面的合法权益。其三，共享是共建共享。这是就共享的实现途径而言的。共建才能共享，共建的过程也是共享的过程。要充分发扬民主，广泛汇聚民智，最大激发民力，形成人人参与、人人尽力、人人都有成就感的生动局面。其四，共享是渐进共享。这是就共享发展的推进进程而言的。一口吃不成胖子，共享发展必将有一个从低级到高级、从不均衡到均衡的过程，即使达到很高的水平也会有差别。我们要立足国情、立足经济社会发展水平设计共享政策，既不裹足不前、铢施两较、该花的钱也不花，也不好高骛远、寅吃卯粮、口惠而实不至。这四个方面是相互贯通的，要整体理解和

---

① 《习近平在十八届中共中央政治局常委同中外记者见面时强调 人民对美好生活的向往就是我们的奋斗目标》，《人民日报》2012年11月16日。

② 习近平：《习近平谈治国理政》第2卷，外文出版社2017年版，第214—215页。

把握。[1]

我们党对于共享发展的理念和政策是一以贯之，持续深化的。在党的十九大报告中，习近平总书记进一步强调："全党必须牢记，为什么人的问题，是检验一个政党、一个政权性质的试金石。带领人民创造美好生活，是我们党矢志不渝的奋斗目标。必须始终把人民利益摆在至高无上的地位，让改革发展成果更多更公平惠及全体人民，朝着实现全体人民共同富裕不断迈进。"[2]

（二）农民农村共同富裕是乡村振兴战略的行动指引和根本所在

生活富裕是新时代中国特色社会主义乡村振兴的重要标志，实现农民农村共同富裕是乡村振兴战略的行动指引和根本所在。实施乡村振兴战略，就是要通过优先发展农业农村，推动乡村经济社会全面发展，不断提高农民的收入水平和消费水平，大幅度提升农民生活质量，稳步增进农民福祉，使农民的获得感、幸福感、安全感更加充实、更可持续，朝着最终实现共同富裕的目标不断迈进。

生活富裕，提高农民收入是前提和基础。新时代我国"三农"问题的核心就是广大农民群众的收入问题。习近平总书记指出："农业农村工作，说一千、道一万，增加农民收入是关键。要加快构建促进农民持续较快增收的长效政策机制，让广大农民都尽快富裕起来。"[3]"增加农民收入是'三农'工作的中心任务。农民小康不小康，关键看收入。检验农村工作实效的一个重要尺度，就是看农民的钱袋子鼓起来了没有。要构建促进农民持续较快增收的长效政策机制，通过发展农村经济、组织农民外出务工经商、增加农民财产性收入等多种途径增加农民收入，不断缩小城乡居民收入差距，让广大农民尽快富起来。"[4]

实现农民共同富裕，是一个循序渐进的长期过程。我国脱贫攻坚

---

① 习近平：《习近平谈治国理政》第 2 卷，外文出版社 2017 年版，第 215–216 页。

② 习近平：《决胜全面建成小康社会 夺取新时代中国特色社会主义伟大胜利——在中国共产党第十九次全国代表大会上的报告》，人民出版社 2017 年版，第 44 页。

③ 《习近平在山东考察时的讲话》，《人民日报》2018 年 6 月 15 日。

④ 中共中央党史和文献研究院：《习近平关于"三农"工作论述摘编》，中央文献出版社 2019 年版，第 146 页。

战取得了全面胜利，使农村贫困人口全部脱贫，解决了农民"两不愁三保障"，满足了农民的基本生存需要，解决了困扰我国几千年的绝对贫困问题。在此成就基础上，巩固拓展脱贫攻坚成果，接续推进乡村全面振兴，实现脱贫攻坚成果与乡村振兴的有效衔接，建立健全解决我国相对贫困的长效机制。通过农村产业振兴和资源激活，逐步建立可持续的农业农村导向型农民增收长效机制，同时，优先推动农村事业全面进步，实现农民全面发展，进而实现农民共同富裕。最终，乡村全面振兴，农业强、农村美、农民富目标顺利实现。

二、新中国解决农村绝对贫困的政治经济学分析

新中国成立以来，中国共产党始终把消除贫困、改善民生、实现全体人民共同富裕作为矢志不渝的奋斗目标和一以贯之的使命担当。经过 70 多年持之以恒、锲而不舍的艰苦奋斗，2020 年中国如期打赢脱贫攻坚战，全面建成小康社会，意味着在现行标准下农村贫困人口实现脱贫，贫困县全部摘帽，困扰中国人民几千年的绝对贫困问题得到彻底解决，这是我国经济社会发展史上亘古未有的重大成就，对实现中华民族伟大复兴的中国梦具有里程碑的意义。

站在实现第一个百年奋斗目标，向第二个百年奋斗目标迈进的历史交汇点，系统回顾总结中国共产党团结带领全国各族人民脱贫的实践历程和宝贵经验，具有重要意义。新中国 70 多年的脱贫史，是把马克思主义政治经济学基本原理和方法论同中国基本国情和具体实际相结合，不断探索中国特色扶贫开发道路，进而取得巨大脱贫成就的奋斗史，体现了重要的实践意义；是不断推进马克思主义反贫困理论中国化和马克思主义政治经济学创新、丰富、拓展的发展史，体现了重要的理论意义；是在中国脱贫实践进程中持续积累中国经验，并为全球减贫事业做出重大贡献的辉煌史，体现了重要的世界意义。

（一）新中国脱贫史鸟瞰——艰难的历程和光辉的成就

对人类社会发展演进的分析，马克思非常重视历史唯物主义和辩

证唯物主义的世界观和方法论运用，明确指出："辩证法在对现存事物的肯定的理解中同时包含对现存事物的否定的理解，即对现存事物的必然灭亡的理解；辩证法对每一种既成的形式都是从不断的运动中，因而也是从它的暂时性方面去理解；辩证法不崇拜任何东西，按其本质来说，它是批判的和革命的。"① 新中国成立以来，中国共产党始终立足我国国情，一切从实际出发，用发展的眼光认识和分析我国贫困问题，针对不同时期脱贫实践中的新情况和新问题，不断创新和完善贫困治理体系，并提出行之有效的减贫政策和举措。为厘清中国脱贫实践和理论的发展脉络，辩证看待各个阶段的减贫措施和成效，有必要回顾其历程，总结其经验，前瞻其未来。我国的脱贫历程可以划分为以下几个主要阶段：

1. 发展生产，开启救济扶贫新篇章（1949~1978 年）

1949 年新中国成立之初，一穷二白，百废待兴，工农业基础极其薄弱。1949 年工农业总产值为 466 亿元（约合 179.6 亿美元），人均工农业总产值、人均国民收入、人均社会商品零售额分别仅为 86 元、69元、25.94 元。② 如果用世界银行每人每天 1 美元的绝对贫困标准，90%以上的中国人生活处于极端贫困状态。此外，1949 年中国的文盲率大约是 80%，而且被视为识字的 20%的人当中，已经包括了那些只认识几百个中国汉字的人和在今天只能列为半文盲的人。③

恢复生产、使绝大多数人普遍摆脱贫困成为当务之急。在此期间，党和政府着力恢复国民经济，进行了土地制度改革，废除了封建地主土地所有制，通过合作化道路，把小农经济逐步改造为社会主义集体经济，促进了农业生产和农村经济发展，农民生活水平明显提高。与此同时，国家通过对农村特殊困难的"贫困户""五保户"进行定期行政救济，为其提供生活基本保障，开启了社会救济扶贫新篇章。另外，农村基础设施、教育文化、医疗卫生等事业大力推进，为农民持续减贫提供了有利条件和充分保障。

---

① 《马克思恩格斯文集》第 5 卷，人民出版社 2009 年版，第 22 页。
② 陈锡文编著：《读懂中国农业农村农民》，外文出版社 2018 年版，第 44 页。
③ ［美］费正清：《剑桥中华人民共和国史（上卷）》，谢亮生等译，中国社会科学出版社 1990 年版，第 194 页。

在此期间，中国的农业生产力稳步提升，1978 年全国有效灌溉面积达到 4496.5 万公顷，农业机械总动力为 11795 万千瓦，化肥施用量达 884 万吨，分别比 1952 年增加 1.25 倍、640 倍和 112 倍。粮食总产量从 1949 年的 11318 万吨增加到 1978 年的 30477 万吨，粮食产量的增加直接缓解了广大农民的贫困状况。[①] 我国小学生在校规模从 1949 年的 2439.1 万人增加到 1975 年的 1.5 亿人；初中生在校生规模从 1949 年的 83.2 万人增加到 1978 年的 4995.2 万人；文盲率由 1949 年的 80% 下降至 1978 年的 22%；平均预期寿命从 1960 年的 43.7 岁提高到 1978 年的 65.6 岁。[②] 截至 1978 年，按照当时规定的贫困标准，我国农村未解决温饱的绝对贫困人口数为 2.5 亿人，贫困发生率为 30.7%。[③] 更为重要的是，这一阶段的农业和社会发展成就为随后实现大规模减少收入性贫困奠定了基础。

2. 制度变革，推动益贫扶贫大发展（1978~1985 年）

从中华人民共和国成立到改革开放的 30 多年间，中国在特殊的国际和国内环境约束下确立了计划经济体制并实施了国家工业化战略，形成了割裂型城乡经济关系。[④] 长期以来，农业积累单向流入工业也在一定程度上加剧并固化了农村贫困，加之当时国家经济实力整体有限，我国在消除收入贫困和消费贫困方面依旧任重道远。1978 年党的十一届三中全会召开，标志着我国进入改革开放的历史新时期。家庭联产承包责任制打响了农村改革第一枪，拉开了改革序幕。针对改革开放前农村计划经济体制存在的问题，开始推动农村经济体制转轨，通过益贫式增长开启农村减贫新进程。

其一，废除人民公社制度，实行以家庭承包经营为基础、统分结合的双层经营体制，实行"交够国家的，留足集体的，剩下就是自己

---

① 李小云、于乐荣、唐丽霞：《新中国成立后 70 年的反贫困历程及减贫机制》，《中国农村经济》2019 年第 10 期。

② 王小林：《新中国成立 70 年减贫经验及其对 2020 年后缓解相对贫困的价值》，《劳动经济研究》2019 年第 6 期。

③ 丁军、陈标平：《新中国农村反贫困行动的制度变迁与前景展望》，《毛泽东邓小平理论研究》2009 年第 6 期。

④ 高帆：《从割裂到融合：中国城乡经济关系演变的政治经济学》，复旦大学出版社 2019 年版，第 113 页。

的"分配原则，极大激发了广大农民生产积极性。实现了农产品产量大幅提升，基本解决了农民的温饱问题。其二，1978～1984 年，国家逐步改革粮食统购统销政策，放开农产品价格管理权限，形成合理的价格体系。[①] 从 1985 年开始，初步建立农产品交易市场，发展农村商品经济。其三，全国各地因地制宜发展适宜生产经营形式，乡镇企业异军突起，农村集体经济发展壮大，农民就业渠道相应拓宽。

此外，国家还颁布了一系列专门针对特殊贫困地区的援助政策。1980 年，中央设立支援经济不发达地区发展专项资金；1982 年，设立"三西"地区农业建设专项补助资金；1983 年，中国人民银行安排"发展少数民族地区经济贷款"专项资金；1984 年，划定 18 个集中连片贫困区进行重点扶持。[②]

通过上述改革举措，我国农业生产能力不断提升，农业农村发展取得明显成效，带动了农村贫困人口大幅度减少。按照 1978 年 100 元的贫困标准，我国贫困人口数量从 1978 年的 2.5 亿减少到 1985 年的 1.25 亿，贫困发生率从 30.7% 下降到 14.8%。[③]

3. 区域开发，站上制度减贫新起点（1986～1993 年）

改革开放以来，农村面貌发生了很大变化，农民收入稳步提高，贫困问题得到较大程度缓解。但有些区域农村仍处于极度贫困的状态，且农村内部的收入差距逐渐拉大，根据农村各地区人均社会总产值分布的基尼系数来看：1983 年为 0.275，1984 年为 0.297，1985 年为 0.317，1986 年为 0.316，1987 年为 0.342，1988 年为 0.369，1989 年为 0.385，1990 年达到 0.399。[④] 这表明当时我国区域之间发展不平衡的矛盾开始凸显，贫困问题亦从之前的普遍性转向区域性。

为此，党和政府开始大幅度调整扶贫开发政策，在农村开展了有计划、有组织、大规模的区域扶贫开发。1986 年，我国成立了专门的

---

① 汪三贵、尹浩栋、王瑜：《中国扶贫开发的实践、挑战与政策展望》，《华南师范大学（社会科学版）》2017 年第 4 期。

② 白永秀、吴杨辰浩：《论建立解决相对贫困的长效机制》，《福建论坛（人文社会科学版）》2020 年第 3 期。

③ 范小建：《60 年：扶贫开发的攻坚战》，《求是》2009 年第 20 期。

④ 蔡昉：《农村发展不平衡的实证分析与战略思考》，《中国农村观察》1994 年第 3 期。

扶贫机构——国务院贫困地区经济开发领导小组，使农村扶贫开发制度化、机构化、规范化，站上了制度减贫的新起点。将贫困县作为扶贫开发的基本单元，1986 年确定了 331 个国家级贫困县，1987 年又针对 18 个集中连片贫困带重新划定了 592 个国家级贫困县。[①] 通过开发式生产建设，形成贫困地区和贫困户的自我积累和发展能力，提高了摆脱贫困的内生动力。

随着扶贫政策的不断推进，贫困人口数量大幅减少，截至 1993 年末，农村贫困人口由 1986 年的 1.25 亿人下降到 7000 万人，贫困发生率也由 14.8% 下降到 7.7%，国家重点贫困县农民人均纯收入从 206 元提高到 484 元。[②] 制度化大规模区域开发带动下的开发式扶贫战略在农村取得显著减贫效果。

4. 综合施策，实现解决温饱大跨越（1994~2012 年）

在区域开发扶贫推动下，我国大部分自然条件优越和资源禀赋良好的地区迅速走出贫困状态，而剩余贫困人口主要集中于少部分自然条件恶劣地区，贫困呈现出区域散点式分布特征。1994 年 3 月，国家颁布《国家八七扶贫攻坚计划》，提出力争用 7 年左右的时间，基本解决 8000 万农村贫困人口的温饱问题。明确以贫困村为基本单位，以贫困户为主要工作对象，以扶持贫困户发展种养业为重点，坚持多渠道增加扶贫投入。[③] 在该计划实施的 7 年间，中国农村的贫困人口从 8000 万下降到 3000 万，贫困发生率也由 8.72% 下降到 3.00%，大量贫困人口温饱问题基本解决。[④]

2001 年，《中国农村扶贫开发纲要（2001—2010）》颁布实施，坚持综合开发、全面发展的开发式扶贫方针，重点聚焦我国贫困问题突出的老少边穷地区和集中连片贫困区，把贫困瞄准重心由"县"下移到"村"，由政府主导的单一主体扶贫机制转向社会多元主体共同参

---

① 潘慧、章元：《中国战胜农村贫困：从理论到实践》，北京大学出版社 2017 年版，第 146-147 页。

② 胡富国主编：《读懂中国脱贫攻坚》，外文出版社 2018 年版，第 147 页。

③ 黄承伟：《中国扶贫开发道路研究：评述与展望》，《中国农业大学学报（社会科学版）》 2016 年第 5 期。

④ 赵慧珠：《走出中国农村反贫困政策的困境》，《文史哲》 2007 年第 4 期。

与、协同推进。2006 年中国全面取消了农业税，既减轻了农民负担，又推进了城乡均衡发展。此外，农村社会保障制度不断推进，农民基本生活"安全网"持续织密织牢。到 2010 年底，按照 2008 年国家贫困标准，我国农村贫困人口为 2688 万，贫困发生率为 2.8%；按照 2010 年国家贫困标准，我国农村贫困人口为 1.6 亿，贫困发生率为 17.2%，脱贫取得重大进展。[1]

在实现了减贫大跨越基础上，为了巩固脱贫攻坚成果，继续推进减贫工作，2011 年，中央政府颁布了《中国农村扶贫开发纲要（2011—2020）》，明确指出"我国扶贫开发已经从以解决温饱问题为主要任务的阶段转入巩固温饱成果，加快脱贫致富、改善生态环境、提高发展能力、缩小发展差距的新阶段"。到 2012 年底，按照 2010 年国家扶贫标准，我国农村贫困人口为 9800 多万，贫困发生率为 10.2%。[2]

5. 精准扶贫，打赢脱贫攻坚战（2013~2020 年）

经过多年扶贫开发的全面深入推进，我国贫困人口数量大幅降低，剩下的都是脱贫难度大的深度贫困地区和群体。要如期实现 2020 年打赢脱贫攻坚战，全面建成小康社会的宏伟目标，继续采取传统"大水漫灌"式扶贫模式，难以取得预期成效。针对这个重大问题，2013 年 11 月，习近平总书记首次提出"实事求是、因地制宜、分类指导、精准扶贫"的减贫思想，为新时代我国扶贫开发工作指明了方向。

随后，中央就落实习近平总书记"精准扶贫"思想相继出台了一系列重要政策。2014 年 1 月，中共中央办公厅、国务院办公厅颁布了《关于创新机制扎实推进农村扶贫开发工作的意见》，提出"精准扶贫"工作机制，要求通过精准识别、动态管理，为贫困户建档立卡，健全干部驻村帮扶机制，改进贫困考核机制和资金管理体制，创新社

---

[1] 国家统计局住户调查办公室：《中国农村贫困监测报告 2017》，中国统计出版社 2017 年版，第 22-35、346-353 页。

[2] 赵定东、方琼：《新中国成立以来农村反贫困政策的层次结构与历史变迁》，《华中农业大学学报（社会科学版）》2019 年第 3 期。

会参与机制，集中力量解决突出问题，实现扶真贫和真扶贫。[①] 2015年，《中共中央　国务院关于打赢脱贫攻坚战的决定》发布，要求把精准扶贫、精准脱贫作为基本方略，明确到2020年，稳定实现农村贫困人口不愁吃、不愁穿、义务教育、基本医疗和住房安全有保障的总体目标。[②] 2017年，党的十九大报告提出乡村振兴战略，按照产业兴旺、生态宜居、乡风文明、治理有效、生活富裕的总要求，建立健全城乡融合发展体制机制和政策体系，加快推进农业农村现代化。[③] 2018年，《中共中央　国务院关于打赢脱贫攻坚战三年行动的指导意见》发布，针对未来3年脱贫3000万农村贫困人口的艰巨任务，就完善顶层设计、强化政策措施、加强统筹协调、推动脱贫攻坚进行了部署。[④]

党的十八大以来，我国持续推动的扶贫开发工作呈现新局面，取得了减贫的决定性胜利。截至2019年末，全国农村贫困人口从2012年的9899万人减少到551万人，累计减少9348万人；贫困发生率从2012年的10.2%下降至0.6%，累计下降9.6个百分点，为全面建成小康社会打下了坚实基础。[⑤]

（二）新中国脱贫事业的本质——体现马克思主义政治经济学的根本立场

时代是思想之母，实践是理论之源。理论源于实践，受实践检验并指导实践。通过上述对新中国脱贫历程的回顾与分析，发现脱贫是党和政府在各个时期都十分关注的问题，始终在党和国家治国理政工作中居于重要地位，是贯穿于我国经济社会发展的一条主线，也是体现中国共产党领导和新中国发展成就的主要标志，新中国脱贫实践既需要科学理论的指导，又为理论创新提供了肥田沃土。

---

① 《关于创新机制扎实推进农村扶贫开发工作的意见》，《光明日报》2014年1月26日。

② 《中共中央　国务院关于打赢脱贫攻坚战的决定》，《光明日报》2015年12月8日。

③ 习近平：《决胜全面建成小康社会　夺取新时代中国特色社会主义伟大胜利——在中国共产党第十九次全国代表大会上的报告》，人民出版社2017年版，第31页。

④ 《中共中央　国务院关于打赢脱贫攻坚战三年行动的指导意见》，《光明日报》2018年8月20日。

⑤ 张翼：《2019年全国农村贫困人口减少1109万人》，《光明日报》2020年1月24日。

马克思主义政治经济学是指导我国经济社会发展的重要理论指南，同时，我们党坚持把马克思主义政治经济学基本原理同中国具体实际相结合，不断丰富和发展马克思主义政治经济学。习近平总书记指出：马克思主义政治经济学是马克思主义的重要组成部分，也是我们坚持和发展马克思主义的必修课。我们党历来重视对马克思主义政治经济学的学习、研究、运用。学习马克思主义政治经济学基本原理和方法论，有利于我们掌握科学的经济分析方法，认识经济运动过程，把握社会经济发展规律，提高驾驭社会主义市场经济能力，更好回答我国经济发展的理论和实践问题，提高领导我国经济发展能力和水平。[①]

事实上，新中国脱贫实践和马克思主义政治经济学理论两者之间存在着内在的关联性，呈现出良性互动的发展态势。而脱贫和马克思主义政治经济学两者呈现出的多维逻辑一致性则是能够实现实践和理论有机融合、相互促进的基础。

1. 以实现全体人民摆脱贫困为立足点的脱贫实践和以人民主体性为根本立场的马克思主义政治经济学具有立场一致性

中国脱贫行动始终以贫困人口为中心，进而着眼于全体人民，充分依靠人民和一切为了人民，不断改善民生，提高人民生活水平。中华人民共和国成立之初，贫困现象普遍存在，贫困人口数量巨大，党和政府密切联系群众，充分依靠群众，通过恢复国民经济和发展生产，千方百计解决绝大多数人的温饱问题。改革开放后，制度创新推动我国贫困问题得到极大缓解，贫困人口大幅减少，党和政府针对仍然未摆脱贫困的地区和群众进行区域性和综合性扶贫开发，大力激发群众发展生产的主动性和积极性，提高了群众脱贫的效果，促使大多数贫困人口彻底摆脱了贫困。新时代，党和政府实施精准扶贫方略，聚焦深度贫困地区和群众，针对贫困群体的致贫原因和困难程度，对症下药，因户施策，因人施策，精准帮扶，努力解决贫困人口"两不愁三保障"问题。习近平总书记强调，全面建成小康社会，一个也不能少；共同富裕路上，一个也不能掉队，到 2020 年贫困人口实现脱贫，贫困

---

① 《习近平在中共中央政治局第二十八次集体学习时强调　立足我国国情和我国发展实践　发展当代中国马克思主义政治经济学》，《人民日报》2015 年 11 月 25 日。

县全部摘帽，打赢脱贫攻坚战，全面建成小康社会。

马克思主义政治经济学科学分析了资本主义生产方式的运动规律，揭示了劳动异化、劳动人民遭受资本家剥削的深层原因，为未来理想社会描绘了蓝图，并指明了其有效实现路径。马克思指出，在未来社会"每个人的自由发展是一切人的自由发展的条件"①，"把生产发展到能够满足所有人的需要的规模；结束牺牲一些人的利益来满足另一些人的需要的状况；彻底消灭阶级和阶级对立；通过消灭旧的分工，通过产业教育、变换工种、所有人共同享受大家创造出来的福利，通过城乡的融合，使社会全体成员的才能得到全面发展"②。马克思明确宣称，他的经济理论"能代表的只是这样一个阶级，这个阶级的历史使命是推翻资本主义生产方式和最后消灭阶级。这个阶级就是无产阶级"③。可见，为无产阶级和广大人民群众服务是马克思主义政治经济学的根本立场。中国特色社会主义政治经济学是把马克思主义政治经济学基本原理同中国经济实际相结合，随着时代、实践、科学发展而与时俱进，不断丰富发展的理论成果，它同样具有人民至上的鲜明品格。习近平具有深厚的人民情怀，明确提出："坚持以人民为中心的发展思想，把增进人民福祉、促进人的全面发展、朝着共同富裕方向稳步前进作为经济发展的出发点和落脚点。"④

2. 以发展为脱贫手段的脱贫实践和以生产力为出发点的马克思主义政治经济学具有路径一致性

"发展仍是解决我国所有问题的关键。"⑤ 有史以来，贫困问题一直是困扰人类发展的重大问题，摆脱贫困也成了古今中外各个国家和民族的夙愿。然而，在人类社会漫长的演进过程中，由于生产力不发达，技术进步缓慢，劳动生产率没有显著提高，社会无法为绝大多数人提供维持他们正常再生产的基本生活资料，致使大量人口长期陷入

---

① 《马克思恩格斯文集》第 2 卷，人民出版社 2009 年版，第 53 页。

② 《马克思恩格斯文集》第 1 卷，人民出版社 2009 年版，第 689 页。

③ 《马克思恩格斯文集》第 5 卷，人民出版社 2009 年版，第 18 页。

④ 中共中央文献研究室：《习近平关于社会主义经济建设论述摘编》，中央文献出版社 2017 年版，第 31 页。

⑤ 中共中央文献研究室：《习近平关于社会主义经济建设论述摘编》，中央文献出版社 2017 年版，第 3 页。

贫困状态。分析贫困的致因，减贫的实质应该是不断发展生产力，提高社会生产能力，加快经济发展，增加生活资料供给，满足人民群众生活需要。离开生产讲消费和离开发展讲减贫都是无源之水、无本之木，不可能找准问题的解决之道。新中国的脱贫历程体现了党和国家始终高度重视发展生产，将发展作为持续减贫的根本手段，夯实了减贫的物质基础。中华人民共和国成立初期，针对我国经济基础薄弱、贫困人口众多的国情，党带领人民群众大力发展农业生产，持续改变农村面貌，尽力改善农民生活。同时，依靠"三农"的支持，我国的工业得到快速发展，建立起了比较完备的工业和国民经济体系，为普遍减贫奠定了坚实的物质基础。改革开放以来，针对不同贫困地区的实际情况，充分利用当地资源优势，因地制宜选择和培育适宜产业，大力发展生产，为贫困人口提供有效就业机会，拓宽了就业渠道，增加了他们的收入。这种开发式扶贫发挥了贫困人口的主体作用，激发了他们的内生动力，具有较强持续性。新时代，要完成脱贫攻坚和全面建成小康社会目标，脱贫工作时间紧、任务重、难度大，为此，习近平总书记提出精准扶贫思想，将产业扶贫置于"五个一批"工程的首要位置，重点引导和支持所有具有劳动能力的人依靠自己双手开创美好明天，立足当地资源，实现就地脱贫，强调了发展产业、促进生产的重要意义。

历史唯物主义是马克思主义政治经济学的方法论。社会存在决定社会意识是历史唯物主义最基本的原理，社会存在的实体就是劳动。劳动的本质是物质资料的生产和再生产，其构成了人类社会存在和发展的基础。马克思指出："我们首先应当确定一切人类生存的第一个前提，也就是一切历史的第一个前提，这个前提是：人们为了能够'创造历史'，必须能够生活。但是为了生活，首先就需要吃喝住穿以及其他一些东西。因此第一个历史活动就是生产满足这些需要的资料，即生产物质生活本身，而且，这是人们从几千年前直到今天单是为了维持生活就必须每日每时从事的历史活动，是一切历史的一种基本条件……因此任何历史观的第一件事情就是必须注意上述基本事实的全部意义和全部范围，并给予应有的重视。"① 恩格斯也指出："人们首先必须吃、喝、住、穿，然后才能从事政治、科学、艺术、宗教等等；所以，直接的物质的生活资料的生产，因而一个民族或一个时代的一定的经济发展阶段，便构成基础，人们的国家设施、法的观点、艺术以至宗教观念，就是从这个基础上发展起来的，因而，也必须由这个基础来解释，而不是像过去那样做得相反。"② 可见，人类社会变迁的根本原因就植根于物质资料生产的发展和变革之中，物质资料生产理所当然成为政治经济学研究的出发点，这也凸显了马克思主义政治经济学理论体系建构逻辑起点和演进路径的科学性。

3. 以最终实现共同富裕为目标的脱贫实践和以生产关系为研究对象的马克思主义政治经济学具有目标一致性

新中国脱贫实践表明，党和政府团结领导人民群众开展生产活动，推动经济发展，不是为了某一个地区或某一个群体的少部分人摆脱贫困而富裕起来，而是着眼于中国全体人民的共同富裕，这既体现了我们党的根本价值追求，也是我国几十年脱贫实践的真实写照。我们不仅重视发展生产，提高效率，不断把蛋糕做大，使全体人民持续减贫、脱贫、致富具备了可能性；而且始终发挥党领导的政治优势和社会主义制度优势，不断推进体制机制创新，着力实现收入分配合理、社会公平正义、全体人民共同富裕，在做大蛋糕的基础上把蛋糕分好，避免资本主义社会出现的贫富差距和两极分化现象，为脱贫提供了持久坚定的制度保障，从而使全体人民持续减贫、脱贫、致富成了必然性。中华人民共和国成立后，毛泽东认为共同富裕对社会主义成败举足轻重，他说："要巩固工农联盟，我们就得领导农民走社会主义道路，使农民群众共同富裕起来。"③ "现在我们实行这么一种制度，这么一种计划，是可以一年一年走向更富更强的，一年一年可以看到更富更强些。而这个富，是共同的富，这个强，是共同的强，大家都有份。"④

---

① 《马克思恩格斯文集》第 1 卷，人民出版社 2009 年版，第 531 页。
② 《马克思恩格斯文集》第 3 卷，人民出版社 2009 年版，第 601 页。
③ 中共中央文献研究室：《建国以来重要文献选编》第 7 册，中央文献出版社 1993 年版，第 308 页。
④ 《毛泽东文集》第 6 卷，人民出版社 1999 年版，第 495 页。

改革开放以来，邓小平提出共同富裕是社会主义的本质，指出："社会主义的本质，是解放生产力，发展生产力，消灭剥削，消除两极分化，最终达到共同富裕。我们的政策是让一部分人、一部分地区先富起来，以带动和帮助落后的地区，先进地区帮助落后地区是一个义务。"① 同时他也掷地有声地警告："社会主义的目的就是要全国人民共同富裕，不是两极分化。如果我们的政策导致两极分化，我们就失败了；如果产生了什么新的资产阶级，那我们就真的走了邪路了。"② 新时代，习近平指出减贫是一个渐进的过程，最终目标是实现共同富裕。"我们不能做超越阶段的事情，但也不是说在逐步实现共同富裕方面就无所作为，而是要根据现有条件把能做的事情尽量做起来，积小胜为大胜，不断朝着全体人民共同富裕的目标前进。"③ "我们追求的发展是造福人民的发展，我们追求的富裕是全体人民共同富裕。"④

马克思主义政治经济学旨在通过剖析资本主义社会运动规律，揭示资本主义生产方式下资本对劳动的剥削关系，阐明无产阶级完全摆脱贫困，进而获得真正自由和实现彻底解放的科学手段。为此，马克思主义政治经济学将生产关系作为研究对象，同时紧密联系生产力和上层建筑。它研究的不是物，而是人，不是人与自然之间的关系，而是人和人之间的关系。正如恩格斯指出的："经济学研究的不是物，而是人和人之间的关系，归根到底是阶级和阶级之间的关系。"⑤ 正是在社会生产过程中形成的人与人之间的经济关系构成了一个社会的经济基础，这个经济基础又决定了这个社会的上层建筑，从而决定着整个社会的性质和发展规律。马克思主义政治经济学研究对象的科学价值在于，它把人与人之间的经济关系从一般社会关系中抽象出来，作为专门的研究对象，在生产力和生产关系、经济基础和上层建筑的矛盾运动中，揭示社会经济过程的内在规律，并由此揭示整个人类社会发

---

① 《邓小平文选》第 3 卷，人民出版社 1993 年版，第 373、155 页。

② 《邓小平文选》第 3 卷，人民出版社 1993 年版，第 110-111 页。

③ 习近平：《习近平谈治国理政》第 2 卷，外文出版社 2017 年版，第 214-215 页。

④ 中共中央宣传部：《习近平新时代中国特色社会主义思想学习纲要》，人民出版社 2019 年版，第 45 页。

⑤ 《马克思恩格斯文集》第 2 卷，人民出版社 2009 年版，第 604 页。

展和变化的规律。生产关系包括生产、分配、交换和消费四个相互联系的环节，构成了社会经济关系的有机整体。通过分析社会诸阶级在各个环节中的关系，揭示了资本主义生产方式的固有矛盾，说明生产力发展必然冲破资本主义制度的桎梏，论证了资本主义必然灭亡，社会主义必然胜利的历史趋势，并为建立共产主义社会最终目标提供了科学的理论基础。

（三）新中国脱贫事业的成就——马克思主义政治经济学中国化的实践成果

新中国脱贫的辉煌成就是新时代彰显"四个自信"的伟大实践，也是推动理论创新的不竭源泉。马克思主义政治经济学是指导我国取得革命、建设、改革成功的科学理论，运用其生产力与生产关系、经济基础与上层建筑相互作用的独特经济分析方法，有利于揭示新中国脱贫的特点，总结和提炼脱贫的规律，把实践经验上升为系统化的经济学说。

1. 坚持党对脱贫事业的领导，强化脱贫的政治保证

新中国成立 70 多年来，中国共产党始终秉持和践行"为中国人民谋幸福、为中华民族谋复兴"的初心和使命，带领全国人民自力更生、接续奋斗，用几十年时间走完了发达国家几百年走过的发展历程，实现了从站起来、富起来到强起来的伟大飞跃。中国成为世界上减贫人口最多的国家，也是世界上率先完成联合国千年发展目标的国家，为世界减贫事业贡献了中国智慧和中国方案。我国之所以能够取得如此巨大的减贫成就，创造人类减贫史上的奇迹，关键是有中国共产党这一坚强领导核心提供政治保证，而这正是由共产党作为马克思主义政党的先进性决定的。

马克思主义经典作家认为，政党是由本阶级中先进成员组成，领导本阶级开展斗争，进而掌握政权，改变以私有制为中心的生产关系，通过大力发展生产力，实现本阶级利益，最终实现社会主义和共产主义。① 马克思、恩格斯指出："在实践方面，共产党人是各国工人政党

---

① 王朝科：《习近平新时代中国特色社会主义经济思想的理论内涵和逻辑结构》，《教学与研究》2019 年第 1 期。

中最坚决的、始终起推动作用的部分。"① 列宁也曾指出："国家政权的一切政治经济工作都由工人阶级觉悟的先锋队共产党领导。"② 1939年，毛泽东同志对比分析中国当时社会各阶级的特点，得出明确结论："领导中国民主主义革命和中国社会主义革命这样两个伟大的革命到达彻底的完成，除了中国共产党之外，是没有任何一个别的政党（不论是资产阶级的政党或小资产阶级的政党）能够担负的。而中国共产党则从自己建党的一天起，就把这样的两重任务放在自己的双肩之上了，并且已经为此而艰苦奋斗了整整十八年。"③

中华人民共和国成立后，党领导全国各族人民进行社会主义建设，毛泽东同志指出："领导我们事业的核心力量是中国共产党。"④ "中国共产党是全中国人民的领导核心。没有这样一个核心，社会主义事业就不能胜利。"⑤ 当时，我国的贫困具有普遍性，突出表现为广大农村地区农民收入水平低，难以解决温饱问题。因此，中国共产党基于"农村包围城市"革命道路的经验，始终把解决好"三农"问题放在重要位置，把农业现代化列入"四个现代化"宏伟目标，全国一盘棋，集中力量办大事，领导农民开展互助合作，发展集体经济，大兴农田水利，大办农村教育和合作医疗，极大改变了农村贫穷落后面貌。⑥

改革开放新时期，邓小平郑重指出："从根本上说，没有党的领导，就没有现代中国的一切。"⑦ 同时，根据我国社会主义初级阶段和社会主义市场经济发展的规律和要求，明确提出进一步探索执政党在经济建设与中国特色社会主义经济发展中的地位和作用，研究"党领导一切"的实现形式和有效手段。⑧ 这一时期，中国共产党从我国具体

---

① 《马克思恩格斯文集》第 2 卷，人民出版社 2009 年版，第 44 页。

② 《列宁专题文集·论无产阶级专政》，人民出版社 2009 年版，第 353 页。

③ 《毛泽东选集》第 2 卷，人民出版社 1991 年版，第 652 页。

④ 《毛泽东文集》第 6 卷，人民出版社 1999 年版，第 350 页。

⑤ 《毛泽东文集》第 7 卷，人民出版社 1999 年版，第 303 页。

⑥ 中共中央党史与文献研究院：《习近平关于"三农"工作论述摘编》，中央文献出版社 2019 年版，第 12 页。

⑦ 《邓小平文选》第 2 卷，人民出版社 1994 年版，第 266 页。

⑧ 权衡：《习近平经济思想的政治经济学理论品质及其原创性贡献分析》，《社会科学》2018 年第 7 期。

实际出发，持续推进改革，创新各方面体制机制，减贫工作常态化机制逐步建立和完善，科学制定和积极实施扶贫开发战略。从救济式扶贫到开放式扶贫，从《关于加强贫困地区经济开发工作的通知》到《国家八七扶贫攻坚计划（1994—2000 年）》再到《中国农村扶贫开发纲要（2001—2010 年）》，党始终发挥扶贫开发的主导作用，保证了我国减贫事业沿着正确方向成功推进。

党的十八大以来，中国特色社会主义进入新时代，为实现"两个一百年"奋斗目标和中华民族伟大复兴的中国梦，习近平高度重视党的领导，指出："中国特色社会主义最本质的特征是中国共产党领导，中国特色社会主义制度的最大优势是中国共产党的领导，党是最高政治领导力量。"[1] 党中央实施精准扶贫、精准脱贫基本方略，加强和改善党的领导，正式建立中央统筹、省负总责、市县抓落实的减贫责任体系，强调党政一把手是第一责任人，省市县乡村五级书记一起抓扶贫、促脱贫。充分发挥各级党委总揽全局、协调各方的作用，为脱贫攻坚提供坚强政治保证，确保如期打赢脱贫攻坚战，全面建成小康社会，实现第一个百年奋斗目标。

马克思主义政治经济学原理阐明了经济基础和上层建筑之间的辩证关系，经济基础决定上层建筑，上层建筑对经济基础产生反作用。新中国 70 多年来中国共产党带领人民进行的伟大脱贫实践，无疑是这一理论的最好证明。

2. 发挥社会主义制度优势，筑牢脱贫的制度保障

依据马克思主义政治经济学基本原理，一个社会的基本经济制度是由该社会的社会生产关系决定的，并体现和反映了这个社会生产关系的运动规律。而一个社会生产关系的性质又是由占主体地位的生产资料所有制性质决定的，不同性质的社会制度对解放和发展生产力提供的空间也各不相同。[2] 马克思肯定了资本主义制度对促进生产力发展的进步意义，但也明确指出资本主义生产资料私有制的固有制度缺

---

① 习近平：《决胜全面建成小康社会　夺取新时代中国特色社会主义伟大胜利——在中国共产党第十九次全国代表大会上的报告》，人民出版社 2017 年版，第 20 页。

② 刘凤义：《发挥基本经济制度显著优势　推进国家治理体系和治理能力现代化》，《光明日报》2019 年 11 月 12 日。

陷。资本主义剩余价值规律必然导致财富分配不公平，引起劳动者贫困产生和积累，要根治贫困，必须建立生产资料公有制的社会主义制度。

新中国成立以来，中国共产党实事求是、与时俱进、勇于变革、勇于创新，不断推进各项制度变革和体制机制创新，根据我国社会发展不同阶段的生产力水平，相应调整生产关系，适应并促进了生产力的发展，发挥社会主义制度的独特优势，从源头寻找减贫的治本之策，确立了以制度为基础的国家减贫模式，筑牢了持续减贫的制度保障。

毛泽东同志指出建立社会主义经济制度的重要性："党在过渡时期的总路线的实质，就是使生产资料的社会主义所有制成为我国国家和社会的唯一的经济基础。我们所以必须这样做，是因为只有完成了由生产资料的私人所有制到社会主义所有制的过渡，才利于社会生产力的迅速向前发展，才利于在技术上起一个革命，把在我国绝大部分社会经济中使用简单的落后的工具农具去工作的情况，改变为使用各类机器直至最先进的机器去工作的情况，借以达到大规模地出产各种工业和农业产品，满足人民日益增长着的需要，提高人民的生活水平。"[1]中华人民共和国成立后，通过社会主义三大改造确立了社会主义公有制主体地位，建立起以公有制为主体的社会主义基本经济制度，奠定了国家动员、政府主导减贫的坚实制度基础。在农村，通过土地改革，逐步建立起土地等生产资料社会主义劳动群众集体所有和集体统一经营的经济制度和经营方式，有力促进了农业生产，推动了农村基础设施和公共服务的供给，显著解决了农民温饱问题，减少了农村的普遍性贫困。

改革开放之后，党和国家继续深化对社会主义发展规律的认识，进一步探索和发挥社会主义制度优势，推进生产力发展和聚力缓解贫困。邓小平指出，"只有社会主义制度才能从根本上解决摆脱贫穷的问题"，[2]强调社会主义是消灭贫困的制度保证。在农村，我国实行了以家庭承包经营为基础、统分结合的双层经营体制，通过土地所有权和

---

① 《毛泽东文集》第6卷，人民出版社1999年版，第316页。
② 《邓小平文选》第3卷，人民出版社1993年版，第208页。

经营权的两权分离，既坚持了农村土地集体所有的基本经济制度，发展壮大集体经济，为政府推动扶贫开发提供充裕物质条件，又适应当时广大农民的生存需要，尊重农民意愿，激发农民生产、生存和发展的积极性，在较短时间内解决了大量贫困地区和贫困户的温饱问题。这种生产关系的调整和农地制度的创新产生了良好的减贫效果。

习近平总书记始终坚持以人民为中心的发展思想，高度重视脱贫工作，强调一定要兑现党和政府对人民做出的庄严承诺，到2020年打赢脱贫攻坚战。习近平总书记指出："全面建成小康社会，最艰巨最繁重的任务在农村、特别是在贫困地区。没有农村的小康，特别是没有贫困地区的小康，就没有全面建成小康社会。"① 进入新时代，党在农村的改革深入推进，农村基本经营制度和集体产权制度逐步完善，顺应农民保留土地承包权、流转经营权的意愿，实行承包权和经营权分置并行，这种土地所有权、承包权、经营权"三权分置"的制度安排巩固了集体土地所有权，稳定了农民土地承包权，放活了农村土地经营权，是农村土地集体所有基本经济制度的崭新表现形式。通过土地经营权流转，培育多元化经营主体，发展多样化农业经营方式，使小农户和现代农业发展有机衔接，发展农业社会化服务体系，可以提高农业生产经营集约化、专业化、组织化、社会化，促进一二三产业融合发展，丰富农民就业创业，拓宽增收渠道。党的十九届四中全会对中国特色社会主义基本经济制度做了新概括，主动推进新时代生产关系不断调整，丰富和完善基本经济制度在农村的实现形式，为减少贫困提供持续稳定的长效制度保障。

3. 解放发展保护生产力，夯实脱贫的物质基础

马克思主义政治经济学基本原理告诉我们，生产力与生产关系以及由此派生的经济基础和上层建筑之间的矛盾运动是历史唯物主义的逻辑主线。在这条逻辑主线中，生产力是发端的、首要的要素。② 马克思关于生产力的首要性命题是建立在这样一个颠扑不破的事实之上的，

① 中共中央党史和文献研究院：《习近平关于"三农"工作论述摘编》，中央文献出版社2019年版，第155页。
② 林岗、张宇：《〈资本论〉的方法论意义：马克思主义经济学的五个方法论命题》，《当代经济研究》2000年第6期。

即 "全部人类历史的第一个前提无疑是有生命的个人的存在，因此，第一个需要确认的事实就是这些个人的肉体组织以及由此产生的个人对其他自然的关系"①。列宁也指出："只有把社会关系归结于生产关系，把生产关系归结于生产力的水平，才能有可靠的根据把社会形态的发展看作自然历史过程。不言而喻，没有这种观点，也就不会有社会科学。"②

减少贫困、改善民生、实现共同富裕，归根结底在于物质生活资料的数量增加和质量提升，这显然依赖于物质生活资料的生产力水平不断提高。因此，党和国家始终将生产力决定生产关系的历史唯物主义原理作为推进减贫事业的基本依据，不断探索和丰富了"生产力"的内涵，强调解放生产力、发展生产力、保护生产力的辩证统一。③ 在减贫实践中根据我国不同时期的贫困状况和致贫主因，寻求解放和发展生产力的切实手段，不断发挥生产力对破解贫困的治本之道，持续夯实减贫的物质基础。

（1）通过解放生产力有效减贫。

解放生产力是发展生产力的重要前提。社会要进步、经济要发展、贫困要减少，首先需要破除阻碍生产力发展的各种束缚因素。毛泽东同志曾经指出："社会主义革命的目的是为了解放生产力。"④ 邓小平同志也指出："生产力方面的革命也是革命，而且是很重要的革命，从历史的发展来讲是最根本的革命。"⑤

中华人民共和国的成立，成功实现了中国历史上最深刻、最伟大的社会变革，不仅赢得了民族独立，人民解放，中国人民以崭新面貌开启了社会主义建设伟大征程，而且为社会生产力发展创造了前所未有的广阔空间，为我国逐步发展经济、积极消除贫困、持续改善民生提供了必要的物质基础。进入改革开放新时期，改革成为我国各方面取得巨大成就的根本动力和重要法宝。特别是农村改革，针对当时不

---

① 《马克思恩格斯文集》第1卷，人民出版社2009年版，第519页。
② 《列宁选集》第1卷，人民出版社1995年版，第8-9页。
③ 蒋永穆、卢洋：《新中国70年的减贫事业》，《光明日报》2019年7月5日。
④ 《毛泽东文集》第7卷，人民出版社1999年版，第1页。
⑤ 《邓小平文选》第2卷，人民出版社1994年版，第311页。

适应农村生产力发展的不合理生产关系进行了主动调整，革除了生产力约束因素，在解放生产力和整体推进体制改革的过程中，贫困地区的生产力水平快速提高，大量贫困人口从中受益。家庭联产承包责任制的实行，赋予了农民经营自主权，极大调动了贫困人口从事农业生产的积极性，释放了劳动力这一最重要生产力要素的潜力；农产品价格改革改变了过去价格"剪刀差"对农民的收入挤压，适度提高的农产品收购价格在一定程度上保证了农村贫困人口的农业经营性收入来源；农村乡镇企业的兴起和户籍制度改革的推行，使劳动者具有了到企业获取工资性收入的机会，改变了以往贫困人口依赖单一农业经营性收入的制约，促进了收入来源多样化，提高了减贫实效。新时代，党中央统筹推进"五位一体"总体布局和协调推进"四个全面"战略布局，全面深化改革持续发力，制约贫困地区发展的体制机制藩篱相继清除，贫困地区生产力得到进一步解放。通过构建"工农互促、城乡互补、全面融合、共同繁荣"的新型工农城乡关系，新型城镇化和农业农村现代化"双轮驱动"，有效辐射带动了贫困人口减贫步伐；户籍制度改革深入推进，不仅为进城务工农民工创造了同工同酬的保障，而且为他们市民化并获得稳定就业与收入提供了机会，开辟了贫困人口增收脱贫宽广渠道。国家统计局数据显示，2019 年贫困地区农村居民人均可支配收入为 11567 元，其中人均工资性收入 4082 元，对贫困地区农村居民增收的贡献率为 38.0%，已经成为四类收入来源构成中最主要部分。[①]

（2）通过发展生产力持续减贫。

生产力是推动社会进步和制度变迁的根本动力，社会主义要取代并超越资本主义，必须解放和发展生产力。同样，社会主义消除贫困也离不开大力发展生产力。邓小平指出："社会主义必须大力发展生产力，逐步消灭贫穷，不断提高人民的生活水平。否则，社会主义怎么能战胜资本主义？"[②] "搞社会主义，一定要使生产力发达，贫穷不是

---

① 国家统计局：《2019 年贫困地区农村居民收入情况》，http://www.stats.gov.cn/tjsj/zxfb/202001/t20200123_1724697.html，2020 年 1 月 23 日。

② 《邓小平文选》第 3 卷，人民出版社 1993 年版，第 10 页。

社会主义。我们坚持社会主义，要建设对资本主义具有优越性的社会主义，首先必须摆脱贫穷。"① 中华人民共和国成立以来，中国共产党把消除贫困作为社会主义的本质要求，积极发展生产力，着力推动持续减贫。

中华人民共和国成立初期，我国是一个以农业生产为主、工业能力十分薄弱的发展中国家，1949 年，中国第一、第二、第三产业占国民收入的比重为 68：13：19。② 农业主要是沿袭了几千年的手工劳动和小农生产方式，工业则几乎是一片空白。以至于，毛泽东感慨道："现在我们能造什么？能造桌子椅子，能造茶碗茶壶，能种粮食，还能磨成面粉，还能造纸。但一辆汽车，一架飞机，一辆坦克，一辆拖拉机都不能造。"③ 面对当时生产力发展水平低下，人民生活普遍贫困的状况，党和国家把减贫的重心集中于发展生产，恢复国民经济，推动我国从落后的农业国逐步转变为先进的工业国，为普遍减少贫困奠定了坚实物质基础。同时，针对特殊困难地区和群体，给予物资救济，促使贫困程度得以缓解。改革开放新时期，我国减贫理念转化为通过开发式扶贫促进贫困地区和贫困人口脱贫致富。重点改善贫困地区的基础设施，建立适应当地实际需要的相关产业，通过大力发展生产，优化产业结构，提高产业竞争力，极大带动了当地贫困农民就业增收。这种开发式扶贫模式由于推进了贫困地区生产力发展，为持续减贫提供了稳定支撑。进入新时代，党和国家把打赢脱贫攻坚战作为全面建成小康社会的底线任务和标志性指标，明确把发展视作摆脱贫困的根本途径。习近平指出："发展是党执政兴国的第一要务，是解决中国所有问题的关键。"④ 党和政府在脱贫进程中高度重视发展农业生产力，注重发挥产业扶贫的重要作用，将稳定和提升产业竞争力作为乡村振兴的根本举措，强调实现农村一二三产业融合发展，构建现代农业产

---

① 《邓小平文选》第 3 卷，人民出版社 1993 年版，第 225 页。

② 郭旭红、武力：《新中国产业结构演变述论（1949—2016）》，《中国经济史研究》2018 年第 1 期。

③ 《毛泽东文集》第 6 卷，人民出版社 1999 年版，第 329 页。

④ 中共中央文献研究室：《习近平关于社会主义经济建设论述摘编》，中央文献出版社 2017 年版，第 12 页。

业体系、生产体系、经营体系，延长产业链、提升价值链、完善利益链，为农民提供更多就业岗位和增收机会，实现贫困人口全部脱贫。

（3）通过保护生产力稳步减贫。

马克思主义认为，在社会生产中，人和自然同时起作用，现实生产力的生成，是人的社会生产力与自然界的自然生产力同时起作用的结果，两者始终相互作用，彼此交织在一起。马克思指出："自然界同劳动一样也是使用价值（而物质财富就是由使用价值构成的！）的源泉，劳动本身不过是一种自然力即人的劳动力的表现。"[①] 因此，生产力和生产关系是社会生产不可分割的两个方面。保护生产力，是发展生产力的重要基础和保障。

中华人民共和国成立后，毛泽东明确提出："我们的根本任务已经由解放生产力变为在新的生产关系下面保护和发展生产力。"[②] 在努力推动我国贫困地区生产力水平发展和贫困人口收入水平增长的同时，党和政府注重将发展生产力和保护生产力有机结合，明确生态环境也是生产力，并积极发挥生态环境的经济效益来助力减贫。改革开放以来，扶贫开发战略和产业扶贫政策的实施，要求各地发挥资源禀赋优势，因地制宜发展特色产业，从而有效推动了贫困地区的生态建设和资源环境保护，积极发展生态农业和环保农业，贫困地区的可持续发展能力不断巩固和提高。进入新时代，我国积极践行绿色发展理念，大力推进生态文明建设。习近平总书记指出："生态环境没有替代品，用之不觉，失之难存。我讲过，环境就是民生，青山就是美丽，蓝天也是幸福，绿水青山就是金山银山；保护环境就是保护生产力，改善环境就是发展生产力。"[③] 我国开始树立并践行绿色脱贫理念，尊重自然、顺应自然、保护自然，把扶贫开发与生态改善有机结合，在发展中促进保护，在保护中寻求发展。充分利用贫困地区的自然资源和生态资源，推进生态优势转化为经济优势，实现精准扶贫与绿色发展相结合。绿色脱贫道路引领中国减贫质量不断提高，脱贫成效稳步实现，

---

① 《马克思恩格斯文集》第 3 卷，人民出版社 2009 年版，第 428 页。

② 《毛泽东文集》第 7 卷，人民出版社 1999 年版，第 218 页。

③ 习近平：《在省部级主要领导干部学习贯彻党的十八届五中全会精神专题研讨班上的讲话》，《人民日报》2016 年 5 月 10 日。

增长了减贫的持续性和稳定性。

（四）总结与展望

中华人民共和国成立 70 多年来，中国共产党领导全国人民开展了波澜壮阔的脱贫实践，取得了举世瞩目的脱贫成就。新时代，中国日益走近世界舞台中央，既需要客观全面展示中国的脱贫历程和成就，做到"知其然"，讲清中国故事；也需要揭示中国脱贫成功体现的科学规律，蕴含的深刻道理，做到"知其所以然"，讲好中国故事。

基于减贫与马克思主义政治经济学两者的多维逻辑一致性，运用马克思主义政治经济学基本原理和方法论分析新中国脱贫的历程，得到如下宝贵经验和重要启示：上层建筑在特定历史条件下对生产关系和生产力具有积极作用，要坚持和加强中国共产党的领导，不断提高党的执政能力和领导水平，强化脱贫的政治保证；充分重视生产关系在特定历史条件下和特定历史发展阶段对生产力发展的正向促进作用，坚持和完善社会主义基本经济制度规定下的农村经营制度，彰显社会主义制度优势，筑牢脱贫的制度保障；充分激发生产力各要素的潜力与合力，把解放、发展、保护生产力作为减贫的根本手段，发挥生产力对于脱贫的助推作用，夯实脱贫的物质基础。

贫困是人类共同面临的永恒课题，2020 年我国全面建成小康社会，我国的绝对贫困问题得到全面解决，但并不意味着贫困问题即将彻底消失。未来我国仍然要"坚决打赢脱贫攻坚战，巩固脱贫攻坚成果，建立解决相对贫困的长效机制"[①]。这将是我国全面建成小康社会后向第二个百年奋斗目标进军的重要任务。显然，业已形成的宝贵脱贫经验和科学脱贫理论将有助于指导我国未来的贫困治理实践。此外，当前世界上仍有许多国家需要面对并解决贫困问题，中国脱贫经验无疑能够发挥独特作用，进而贡献彰显世界意义的中国智慧和中国方案。

[①] 《中共中央关于坚持和完善中国特色社会主义制度　推进国家治理体系和治理能力现代化若干重大问题的决定（2019 年 10 月 31 日中国共产党第十九届中央委员会第四次全体会议通过）》，《人民日报》2019 年 11 月 6 日。

三、全面建成小康社会后我国农村相对贫困治理：逻辑与路径

（一）全面建成小康社会后需要实现巩固拓展脱贫攻坚成果同乡村振兴有效衔接

2020 年，中国共产党团结带领全国各族人民全面打赢脱贫攻坚战，全面建成小康社会，消除了几千年来困扰中华民族的绝对贫困问题，这是彪炳史册的伟大壮举。但脱贫不是终点，而是新生活、新奋斗的起点。在《中共中央关于制定国民经济和社会发展第十四个五年规划和二〇三五年远景目标的建设》中，对实现巩固拓展脱贫攻坚成果同乡村振兴有效衔接做出了总体部署，对建立农村低收入人口和欠发达地区帮扶机制，进而巩固拓展脱贫攻坚成果提出了明确要求。该建议指出："建立农村低收入人口和欠发达地区帮扶机制，保持财政投入力度总体稳定，接续推进脱贫地区发展。健全防止返贫监测和帮扶机制，做好异地搬迁后续帮扶工作，加强扶贫项目资金资产管理和监督，推动特色产业可持续发展。健全农村社会保障和救助制度。在西部地区脱贫县中集中支持一批乡村振兴重点帮扶县，增强其巩固脱贫成果及内生发展能力。坚持和完善东西部协作和对口支援、社会力量参与帮扶等机制。"[1] 这对全面建成小康社会后更好推动减贫战略和工作体系平稳转型，进而建立长短结合、标本兼治的体制机制，全面推动新时代乡村全面振兴，具有重大而深远的意义。

1. 巩固拓展脱贫攻坚成果、筑牢防止返贫致贫防线，需要做好有效衔接

经过全党全国各族人民的共同努力，我们把绝对贫困这块"硬骨头"啃了下来，全面打赢了脱贫攻坚战，取得了解决我国绝对贫困问

---

[1] 《中共中央关于制定国民经济和社会发展第十四个五年规划和二〇三五年远景目标的建议》，人民出版社 2020 年版，第 22-23 页。

题的历史性成就。但同实现共同富裕的远大目标相比，我们仅仅走过了万里长征第一步。由于我国农村发展不平衡，一些贫困地区发展基础薄弱，贫困人口致贫原因复杂，贫困程度深，在现行脱贫标准下，尽管一些农村贫困户收入超过了贫困线，暂时解决了"两不愁三保障"问题，但并非就一劳永逸、高枕无忧了，一些脱贫基础仍比较脆弱的地区，部分脱贫农民仍存在较大的返贫风险。

有些脱贫农民主要依靠政府集中帮扶或兜底政策，在短期内通过精准帮扶举措越过了贫困线，但自身还没有形成稳定的自我发展能力，一旦政府的帮扶措施取消或帮扶力度减弱，很容易返贫。也有一些农民收入略高于贫困线，处于贫困边缘，其抗风险能力羸弱，一旦生产生活出现些许变故，很容易再次陷入贫困泥淖。一些地方短期内借助外部帮扶发展产业，但产业选择可能偏离当地的资源环境特点和优势，没有形成鲜明的区域特色和持续的竞争优势，当外部的扶持快速撤离之后，原来的产业发展便可能半途而废，影响产业带动就业、促进增收的成效。还有一些地方通过易地搬迁方式搬离了生存环境恶劣的地区，但搬得出之后，如何真正实现稳得住、能致富仍有大量艰巨繁重的工作要做。脱贫攻坚成果来之不易，要再接再厉将其巩固住、拓展好，对脱贫人口和脱贫地区扶上马、送一程，确保不发生返贫。

2. 帮扶低收入人口缩小同其他群体的发展差距，需要做好有机衔接

全面建成小康社会时期，我们党的工作重心聚焦于消除农村的绝对贫困问题，而且如期实现了这一宏伟目标。但经济社会发展客观规律决定了发展的不平衡和不充分将是长期趋势，即使绝对贫困问题得到彻底解决，相对贫困现象仍将长期存在。在我国有计划、有组织、大规模、强力度、精准化减贫政策的推动下，农村建档立卡贫困户的收入快速增长，逐步摆脱了贫困，如期实现了脱贫目标。但是与此同时，那些收入略高于国家贫困线的农村低收入人口，却始终面临实现生活富裕的严峻挑战。

国家统计局调查数据显示，我国农村居民人均收入按照人均可支配收入五等份分组，低收入组与高收入组的人均收入比从 2000 年的

1∶6.5扩大到2018年的1∶9.3。[①] 这表明农村内部收入差距呈现扩大趋势，高收入群体在发展基础、资本积累、技术专长等方面都占有优势，相对而言，低收入群体由于受到发展环境、职业技能、身体素质、家庭情况等多方面制约，自主获得资源要素和发展机会的能力较差，家庭收入难以实现持续较快增长，在此情况下，如果没有政府和社会的帮助和扶持，低收入人口仅仅依靠自身力量，其收入增长和生活改善必然滞后于整个社会发展步伐，难以摆脱发展困境。

进入新时代，我国经济发展的特征是由高速增长转向高质量发展。全面建成小康社会之后，我国开启全面建设社会主义现代化国家新征程，面对国内外环境深刻变化，在此期间，我国发展将面临经济增长承压增大、区域发展走势分化、产业结构转型升级等多重挑战，农村低收入人口就业增收难度加大，缩小农村内部收入差距任重道远。各地党委和政府需要高度重视低收入群体的收入增长和民生改善，把这项工作放在推进乡村全面振兴的突出位置，帮助农村低收入人口创造更加宽裕和更有保障的美好生活。

3. 推动脱贫地区在全面建成小康社会的基础上走向共同富裕，需要做好有效衔接

长期以来，我国区域发展不平衡特征明显，针对我国部分地区发展相对落后的局面，党中央在不同时期采取了有针对性的政策措施，在大规模扶贫开发的基础上，新时代聚焦我国深度贫困地区，集中力量根治贫困，贫困县全部摘帽，解决了我国区域性整体贫困的顽疾。但是，这些贫困地区即使在脱贫摘帽后，许多地方仍然存在自然条件恶劣、基础设施落后、公共服务短缺、社会发展滞后、农民收入较低等突出问题。特别是我国西部一些刚摆脱贫困的老少边穷地区，整体发展水平存在突出的短板和弱项。交通、水利、生产设施相对落后，影响了农村生产活动的正常开展和农业现代化的推进；教育、医疗、科技、管理等专业人才普遍匮乏，制约了农村的高质量发展和村民的高品质生活；当地特色优势产业发展薄弱，缺乏强劲的增长势

---

① 《党的十九届五中全会〈建议〉学习辅导百问》编写组编著：《党的十九届五中全会〈建议〉学习辅导百问》，学习出版社2020年版，第122页。

头，没有对农民就业增收产生显著的带动作用；农民普遍缺乏良好的教育和专业的职业培训，自我发展能力偏低，适应新发展环境的能力较弱。

按照辩证唯物主义观点，在脱贫攻坚期，我国农村地区的主要矛盾和矛盾的主要方面是集中优势兵力打脱贫攻坚战，将有限的资源精准投入集中使用，短期内解决发展不充分的短板。之后，工作重心将转向推动脱贫地区乡村全面振兴，着眼乡村长远持续协调发展，将资源均衡配置到各区域、各群体、各方面，重点解决贫困地区发展不平衡突出问题。

"十四五"时期是巩固拓展脱贫攻坚成果的关键期，也是推动乡村全面振兴的关键期。需要坚持立足长远、着眼当下的原则，充分认识做好巩固拓展脱贫攻坚成果同乡村振兴有效衔接的重要性和紧迫性，将建立防止返贫长效机制纳入新时代乡村振兴战略统筹安排、一体推进、常态实施。通过推进乡村全面振兴巩固拓展脱贫攻坚成果，夯实农民持续增收致富的物质基础，在此基础上，落实共享发展理念，并将其贯穿到农村经济社会发展全方面和各领域，努力提高包括低收入人口在内的全体农民群众的获得感、幸福感、安全感，从而使全体人民共同富裕取得更为明显的实质性进展。

（二）全面建成小康社会后我国农村相对贫困治理的逻辑

打赢脱贫攻坚战、全面建成小康社会意味着在我国彻底解决了绝对贫困问题。然而，相对贫困问题并不会随之消失，相反，它必将长期存在。因此，缓解相对贫困是我国未来"三农"工作的重点。习近平总书记高瞻远瞩地指出："2020 年全面建成小康社会之后，我们将消除绝对贫困，但相对贫困仍将长期存在。到那时，现在针对绝对贫困的脱贫攻坚举措要逐步调整为针对相对贫困的日常性帮扶措施，并纳入乡村振兴战略架构下统筹安排。这个问题要及早谋划、早作打算。"[①] 面对新时代我国"三农"工作重心历史性的转移，习近平总书记明确强

---

① 中共中央党史和文献研究院：《习近平关于"三农"工作论述摘编》，中央文献出版社 2019 年版，第 179 页。

调，要针对主要矛盾的变化，厘清工作思路，推动减贫战略和工作体系平稳转型，统筹纳入乡村振兴战略，建立长短结合、标本兼治的体制机制。这些重要论述，为找准全面建成小康社会后的工作定位、推动减贫战略精准转向指明了方向，提供了遵循。

我国仍处于并将长期处于社会主义初级阶段的基本国情，决定了治理贫困始终是我国治国理政的重要任务，任何时候都不能掉以轻心。在解决了绝对贫困问题之后，贫困将以新的方式存在并呈现。实际上，只要我国还处在物质财富和精神财富没有达到极大丰富和充分满足的社会主义初级阶段，只要我国的发展不平衡不充分现象依然存在，相对贫困就会长期存在且难以避免。绝对贫困主要解决的是人民的基本生存问题，随着我国 70 多年的持续发展，特别是党的十八大以来精准扶贫、精准脱贫方略的有效实施，我国贫困人口全部脱贫，贫困县全部摘帽，解决了区域性整体贫困。然而，相对贫困治理所要解决的不只是人民的基本生存问题，更是发展问题以及发展成果的共享问题。因此，与解决绝对贫困的攻坚战相比，解决相对贫困的持久战注定任务更重、挑战更大、时间更长。首先，相对贫困具有多维性，不仅要持续解决收入上的单维相对贫困，还要着力解决政治、文化、生态等多维相对贫困；其次，相对贫困具有动态性，一方面要尽力减少贫困人口，降低贫困发生率，另一方面要在人民生活水平普遍提高的过程中，注重逐步缩小贫富差距，减少相对贫穷；最后，相对贫困具有普遍性，相对贫困是从比较的视角来界定贫困的，可用城乡之间、城市内部、乡村内部等不同群体之间的比较来区分，涉及人口范围广、数量多。因此，以往脱贫攻坚中所向披靡的强动员、高投入、重压力的打法套路，亟待转化为适应持久战要求的常态化、常规化、长效化战略战术体系。

解决相对贫困既是社会主义本质的必然要求，更是化解新时代中国社会主要矛盾的重要举措，还是中国特色社会主义制度优势的持续体现。虽然我国成功解决了农村地区和农民的绝对贫困，但是这并不意味着就可以一劳永逸、高枕无忧了，如果不能有效解决相对贫困，之前精准脱贫所取得的全面小康成果就无法巩固扩大，甚至可能返贫和产生新的贫困，致使我们的减贫成果得而复失、功亏一篑，我们实现共同富裕的远大目标也终成镜花水月、海市蜃楼。为此，必须继续重视"三农"工作，发扬脱贫攻坚精神，把解决农村相对贫困纳入新时代乡村振兴战略，着力构建新时代解决相对贫困的长效机制，不断提升相对贫困治理的能力和水平，为实现我国共同富裕打下坚实基础。

乡村振兴战略是我国新时代"三农"工作的总抓手，是破解社会主要矛盾及城乡发展不平衡不充分的治本之策，是实现全体人民共同富裕的重要之举。将相对贫困治理纳入乡村振兴战略，是顺应我国两个一百年奋斗目标，符合我国经济社会发展实际，适应减贫规律的一项科学决策和必然抉择。通过认真学习借鉴精准扶贫所提出的"扶持谁""谁来扶""怎么扶"三大关键政策举措，科学构建解决农村相对贫困的制度框架、体制机制和政策体系。

1. 把握贫困动态变化，建立解决相对贫困的长效识别机制，明确"扶持谁"

扶贫必先识贫，明确扶持对象是有效解决相对贫困的前提。现行贫困标准下的贫困人口全部脱贫之后，并不意味着我国就没有贫困人口了，而是贫困的存在形式发生了变化，即从较易识别和发现的绝对贫困转变为难以直接衡量和辨别的相对贫困，从区域性整体贫困转变为个体性分散贫困。[①] 相对贫困是伴随着生产力与经济社会发展水平提高之后必然面临的问题，一方面，人民收入水平提高，生活水平改善，解决了基本生存问题，绝对贫困人口消除，另一方面，人们之间的收入水平产生差距，生活水平也多方面呈现出差距扩大趋势，故相对贫困人口增加。贫困致因及其表现从发展不足转向发展不平衡不充分。精准确定扶持对象，要广泛借鉴国际经验，结合我国国情和各地实际情况，制定科学的相对贫困识别筛选体系，建立动态化的相对贫困群体监测与调整机制，确保相对贫困群体精准定位、高效帮扶、有效减贫。

---

① 蒋永穆：《建立解决相对贫困的长效机制》，《政治经济学评论》2020 年第 2 期。

2. 把握贫困多维表现，建立解决相对贫困的长效保障机制，明确"扶什么"

理论和实践都表明，贫困不仅表现为收入和经济方面的数量贫困，而且表现为社会生活等方面的质量贫困。我国精准脱贫确定的"两不愁三保障"标准，尽管已经涉及吃穿、教育、医疗、住房等多个维度，但是在这个目标实现之后，相对贫困的标准也会在数量和质量上相应提升。治理相对贫困，不仅要对贫困对象进行物质帮扶，提高其物质条件，也要借鉴精准扶贫的"扶志""扶智"理念，综合考虑贫困对象在精神意志、思想文化、内生动力、自我发展等方面存在的短板和弱项。习近平总书记指出："贫困帽子摘了，攻坚精神不能放松。追求美好生活是永恒的主题，是永远的进行时。"[①] 一方面要发展乡村产业，推动农村一二三产业融合发展，丰富乡村业态，促进小农户和现代农业发展有机衔接，通过高质高效产业赋能农户，筑牢相对贫困人口增收的物质基础；另一方面持续推进乡村基本公共服务建设，发挥政府保障基本民生的兜底功能，促进乡村教育文化、医疗卫生、社会保障等均等化，"健全幼有所育、学有所教、劳有所得、病有所医、老有所养、住有所居、弱有所扶等方面国家基本公共服务制度体系"[②]，不断提升乡村相对贫困人口的生活质量和幸福指数。

3. 把握贫困深层缘由，建立解决相对贫困长效动力机制，明确"怎么扶"

与绝对贫困相比，相对贫困的致因是多重的。既有农民收入和生活水平不高造成的物质贫困，也有摆脱贫困之后由于自我发展能力不足引发的能力贫困，还有自身发展动力不足伴生的精神贫困。因此，新时代我国相对贫困治理必定是一个长期性、复杂性、艰巨性的系统工程，必须在统筹推进脱贫攻坚、巩固和拓展脱贫攻坚成果同乡村振兴有机衔接的制度框架下，发挥好党总揽全局、协调各方的重要作用，

---

① 《习近平在河南考察时强调坚定信心埋头苦干奋勇争先　谱写新时代中原更加出彩的绚丽篇章》，《人民日报》2019 年 9 月 19 日。

② 《中共中央关于坚持和完善中国特色社会主义制度　推进国家治理体系和治理能力现代化若干重大问题的决定（2019 年 10 月 31 日中国共产党第十九届中央委员会第四次全体会议通过）》，《人民日报》2019 年 11 月 6 日。

这也是解决我国一切问题的根本政治保证。要瞄准农村相对贫困产生的原因、类型及其特征，发挥党领导的政治优势和社会主义组织动员群众的制度优势，创设优化相对贫困治理架构，持续加强农村基层党组织建设，充分发挥带动广大农民群众主体作用，调动其积极性、主动性、创造性，激发相对贫困地区和人口的内生动力和自我发展能力。

(三) 全面建成小康社会后构建解决农村相对贫困长效机制的路径

新时代，我国在打赢脱贫攻坚战，胜利完成脱贫攻坚任务，历史性解决绝对贫困问题之后，我国的贫困状况发生了重大变化，扶贫工作的重心由解决绝对贫困转向解决相对贫困，扶贫工作方式由集中作战转向常态推进。为此需要做好脱贫攻坚与乡村振兴战略的有效衔接，努力探索构建解决相对贫困长效机制的路径。

1. 建立健全统一开放的城乡要素市场，提高农村生产要素收益

打破城乡要素市场分割，清除城乡生产要素自由流动壁垒，加快建立健全统一开放、竞争有序的城乡要素市场，有利于农村生产要素公平参与市场竞争，获取与之价值匹配的应有报酬，确保农民获得持续稳定的收入。首先，当前城乡土地存在巨大价值落差，严重制约了农村集体经济的发展和农民收入的增长，要贯彻落实党中央决策部署，加快建设城乡统一的建设用地市场，建立同地同权、同权同价、流转顺畅、收益共享的农村集体经营性建设用地入市制度。其次，农村宅基地是农民的主要财产，但其长期处于固化休克状态，与城市居民的房产收入形成天壤之别，无法真正发挥其市场机制，影响了农户财产性收入，要探索推进农村宅基地所有权、资格权、使用权"三权分置"，深化农村宅基地改革试点，保障宅基地农户资格权和农民房屋财产权，适度放活宅基地和农民房屋使用权，因地制宜发展乡村多元产业，增加农民的财产性收入。最后，户籍制度是影响城乡居民，特别是农民实现实质性城乡融合的关键因素，要深化户籍制度改革，健全平等自由、统一规范的人力资源市场体系，畅通城乡居民社会流动渠道，保障劳动者享有平等就业的权利，为农民获得经营性收入和工资性收入提高保障。

2. 发展乡村产业，健全农民分享产业链增值收益机制

产业是发展的基础，是为劳动者提供就业和收入的根本，产业兴旺是解决乡村相对贫困问题的前提。首先，要立足我国各地资源优势，打造具有当地特色和市场竞争力的农业全产业链，推动农村一二三产业融合发展，竭力延长产业链，形成具有独特竞争优势的产业集群，发掘培育乡村产业多元价值和多重功能，丰富乡村经济业态，拓宽农民就业渠道。其次，调整优化农业结构，推进绿色化、优质化、特色化、品牌化农产品生产，培育知名地方农产品品牌，保护地理标志农产品，增加优质绿色农产品供给，不断提高市场竞争力和占有率。最后，加快补齐农村基础设施和公共服务短板，引导优秀人才和工商资本下乡返乡，推动农产品进城、工业品下乡，激活乡村产业发展活力。总之，只有让农民共享乡村产业发展成果，才能确保农民长期持续增收。而乡村产业发展壮大需要适应乡村生产力现状和社会主义市场经济环境，培育家庭农场、农民合作社等新型农业经营主体，发展社会化服务组织及农业产业化联合体，通过股份合作、保底分红、托管服务、订单农业等多种形式，使农户融入现代农业产业链，让农民合理分享全产业链增值收益。

3. 深化农村集体产权制度改革，创新农村集体经济有效实现机制

农村生产资料的劳动群众集体所有制是社会主义公有制的重要组成部分，是社会主义公有制在农村的表现形式，是社会主义制度优势的重要体现，也是确保农民实现共同富裕的制度基础。因此，在新时代，坚持农村集体所有制、发展壮大农村新型集体经济，是实现农户和现代农业发展有机衔接、解决农村相对贫困问题的有效保障。要顺应时代发展要求，结合各地农村实际情况，创新集体经济的组织形式和实现方式。充分发挥农村生产要素作用，形成以土地份额、劳动贡献、资本投资等生产要素参与分享的产权和治理结构，以要素收益保障村集体公共支出和村民福利。要深入推进农村集体产权制度改革，积极探索农村集体经济发展路径。全面开展农村集体资产的清产核资，有序开展集体成员身份确认，加快推进集体经营性资产股份合作制改革与集体资产折股量化，集体经济组织登记赋码等工作，激化主体、激发要素、激活市场。完善农村基本经营制度，创新集体经济组织形

式和运行机制，实现乡村经营主体多元化和经营方式多样化，提高乡村投资收益，健全利益共享机制，确保广大农民从中受益。同时，要强化以工促农、以城带乡，推动公共服务向农村延伸、社会事业向农村覆盖，逐步建立健全全面覆盖、普惠共享、城乡一体的基本公共服务体系。①

---

① 杨帅、刘亚慧、温铁军：《加强对农村资源市场化开发利用》，《人民日报》2020 年 12 月 18 日。

参考文献

一、马克思主义经典著作及中国国家领导人著作

［1］马克思：《资本论（纪念版）》第 1 卷，人民出版社 2018 年版。

［2］马克思：《资本论（纪念版）》第 2 卷，人民出版社 2018 年版。

［3］马克思：《资本论（纪念版）》第 3 卷，人民出版社 2018 年版。

［4］《马克思恩格斯文集》第 1 卷，人民出版社 2009 年版。

［5］《马克思恩格斯文集》第 2 卷，人民出版社 2009 年版。

［6］《马克思恩格斯文集》第 3 卷，人民出版社 2009 年版。

［7］《马克思恩格斯文集》第 4 卷，人民出版社 2009 年版。

［8］《马克思恩格斯文集》第 10 卷，人民出版社 2009 年版。

［9］《马克思恩格斯全集》第 1 卷，人民出版社 1956 年版。

［10］《马克思恩格斯全集》第 36 卷，人民出版社 1974 年版。

［11］《马克思恩格斯全集》第 38 卷，人民出版社 1972 年版。

［12］《列宁选集》第 1 卷，人民出版社 1995 年版。

［13］《列宁专题文集·论无产阶级专政》，人民出版社 2009 年版。

［14］《毛泽东文集》第 6 卷，人民出版社 1999 年版。

［15］《毛泽东文集》第 7 卷，人民出版社 1999 年版。

［16］《毛泽东文集》第 2 卷，人民出版社 1991 年版。

［17］《毛泽东文集》第 4 卷，人民出版社 1991 年版。

［18］《邓小平文选》第 2 卷，人民出版社 1994 年版。

［19］《邓小平文选》第 3 卷，人民出版社 1993 年版。

［20］习近平：《习近平谈治国理政》第 1 卷，外文出版社 2018 年版。

［21］习近平：《习近平谈治国理政》第 2 卷，外文出版社 2017 年版。

［22］习近平：《习近平谈治国理政》第 3 卷，外文出版社 2020 年版。

［23］习近平：《决胜全面建成小康社会　夺取新时代中国特色社会主义伟大胜利——在中国共产党第十九次全国代表大会上的报告》，人民出版社 2017 年版。

［24］习近平：《摆脱贫困》，福建人民出版社 2014 年版。

二、专著、译著、文集

［1］［美］白苏珊：《乡村中国的权力与财富：制度变迁的政治经济学》，郎友兴、方小平译，浙江人民出版社 2009 年版。

［2］包美霞编著：《乡村文化兴盛之路：传承发展提升农耕文明》，中原农民出版社、红旗出版社 2019 年版。

［3］［美］卜凯：《中国农家经济》，张履鸾译，山西人民出版社 2015 年版。

［4］蔡昉、张晓晶：《构建新时代中国特色社会主义政治经济学》，中国社会科学出版社 2019 年版。

［5］陈锡文编著：《读懂中国农业农村农民》，外文出版社 2018 年版。

［6］陈锡文、韩俊编著：《乡村振兴制度性供给研究》，中国发展出版社 2019 年版。

［7］陈锡文、罗丹、张征：《中国农村改革 40 年》，人民出版社 2018 年版。

［8］陈锡文主编：《走中国特色社会主义乡村振兴道路》，中国社会科学出版社 2019 年版。

［9］《党的十九届五中全会〈建议〉学习辅导百问》编写组编著：《党的十九届五中全会〈建议〉学习辅导百问》，学习出版社 2020 年版。

［10］［美］杜赞奇：《文化、权力与国家——1900—1942 年的华北农村》，王福明译，江苏人民出版社 2020 年版。

［11］高帆：《从割裂到融合：中国城乡经济关系演变的政治经济学》，复旦大学出版社 2019 年版。

［12］顾保国、林岩编著：《文化振兴：夯实乡村振兴的精神基础》，中原农民出版社、红旗出版社 2019 年版。

［13］郭元凯、谌玉梅编著：《组织振兴：构建新时代乡村治理体系》，中原农民出版社、红旗出版社 2019 年版。

［14］国家统计局住户调查办公室：《中国农村贫困监测报告 2017》，中国统计出版社 2017 年版。

［15］贺雪峰编著：《大国之基：中国乡村振兴诸问题》，东方出版社 2019 年版。

［16］胡富国主编：《读懂中国脱贫攻坚》，外文出版社 2018 年版。

［17］［美］黄宗智：《长江三角洲的小农家庭与乡村发展》，中华书局 2000 年版。

［18］姜长云等：《乡村振兴战略：理论、政策和规划研究》，中国财政经济出版社 2018 版。

［19］刘汉成、夏亚华主编：《乡村振兴战略的理论与实践》，中国经济出版社 2019 年版。

［20］刘儒编著：《乡村善治之路：创新乡村治理体系》，中原农民出版社、红旗出版社 2019 年版。

［21］［美］费正清：《剑桥中华人民共和国史（上卷）》，谢亮生等译，中国社会科学出版社 1990 年版。

［22］［美］理查德·西奥多·伊利、爱德华·莫尔豪斯：《土地经济学原理》，滕维藻译，商务印书馆 1982 年版。

［23］［英］米勒：《中国十亿城民》，李雪顺译，鹭江出版社 2014 年版。

［24］农业部农村经济体制与经营管理司、农业部农村合作经营管理总站：《中国农村经营管理统计年报（2016 年）》，中国农业出版社 2017 年版。

［25］潘慧、章元：《中国战胜农村贫困：从理论到实践》，北京

大学出版社 2017 年版。

[26] 渠涛、邵波编著：《生态振兴：建设新时代的美丽乡村》，中原农民出版社、红旗出版社 2019 年版。

[27] 孙景淼等编著：《乡村振兴战略》，浙江人民出版社 2019 年版。

[28] 魏后凯、闫坤主编：《中国农村发展报告（2018）：新时代乡村全面振兴之路》，中国社会科学出版社 2018 年版。

[29] 温铁军、张孝德主编：《乡村振兴十人谈：乡村振兴战略深度解读》，江西教育出版社 2018 年版。

[30] 尹成杰主编：《实施乡村振兴战略　推进新时代农业农村现代化》，中国农业出版社 2018 年版。

[31] 张利庠：《中国乡村振兴理论与实施路径研究》，经济科学出版社 2020 年版。

[32] 中共中央党史和文献研究院：《习近平关于"三农"工作论述摘编》，中央文献出版社 2019 年版。

[33] 《中共中央关于制定国民经济和社会发展第十四个五年规划和二〇三五年远景目标的建议》，人民出版社 2020 年版。

[34] 《中共中央　国务院关于实施乡村振兴战略的意见》，人民出版社 2018 年版。

[35] 中共中央文献研究室：《十八大以来重要文献选编（上）》，中央文献出版社 2014 年版。

[36] 中共中央文献研究室：《十八大以来重要文献选编（下）》，中央文献出版社 2018 年版。

[37] 中共中央文献研究室：《建国以来重要文献选编》第 7 册，中央文献出版社 1993 年版。

[38] 中共中央宣传部：《习近平新时代中国特色社会主义思想三十讲》，学习出版社 2018 年版。

三、期刊

[1] 白永秀、吴杨辰浩：《论建立解决相对贫困的长效机制》，《福建论坛（人文社会科学版）》2020 年第 3 期。

［2］蔡昉：《农村发展不平衡的实证分析与战略思考》，《中国农村观察》1994 年第 3 期。

［3］曹祎遐、耿昊裔：《上海都市农业与二三产业融合结构实证研究：基于投入产出表的比较分析》，《复旦学报（社会科学版）》2018 年第 4 期。

［4］陈健：《新时代乡村振兴战略视域下现代化乡村治理新体系研究》，《宁夏社会科学》2018 年第 6 期。

［5］陈明星：《乡村振兴战略的价值意蕴与政策取向》，《城乡建设》2017 年第 23 期。

［6］陈秧分、王国刚、孙炜琳：《乡村振兴战略中的农业地位和农业发展》，《农业经济问题》2018 年第 1 期。

［7］陈志国、谭砚文、龙文军：《传承农耕文明 助推乡村振兴》，《农业经济问题》2019 年第 4 期。

［8］程恩富、张杨：《新形势下土地流转促进"第二次飞跃"的有效路径研究》，《当代经济研究》2017 年第 10 期。

［9］党国英：《农村集体经济研究论纲》，《社会科学战线》2017 年第 12 期。

［10］丁军、陈标平：《新中国农村反贫困行动的制度变迁与前景展望》，《毛泽东邓小平理论研究》2009 年第 6 期。

［11］范小建：《60 年：扶贫开发的攻坚战》，《求是》2009 年第 20 期。

［12］方坤、秦红增：《乡村振兴进程中的文化自信：内在理路与行动策略》，《广西民族大学学报（哲学社会科学版）》2019 年第 2 期。

［13］郭俊华、卢京宇：《乡村振兴：一个文献述评》，《西北大学学报（哲学社会科学版）》2020 年第 2 期。

［14］郭晓鸣：《乡村振兴战略的若干维度观察》，《改革》2018 年第 3 期。

［15］郭旭红、武力：《新中国产业结构演变述论（1949-2016）》，《中国经济史研究》2018 年第 1 期。

［16］韩长赋：《坚持所有权 稳定承包权 放活经营权 为现代农业发展奠定基础——韩长赋在国新办发布会上就〈关于完善农村土

地所有权承包权经营权分置办法的意见〉答记者问》，《农村经济管理》2016 年第 12 期。

［17］韩俊：《从宏观全局看"三农"政策走向》，《上海农村经济》2016 年第 10 期。

［18］贺雪峰：《关于实施乡村振兴战略的几个问题》，《南京农业大学学报（社会科学版）》2018 年第 3 期。

［19］贺雪峰：《关于"中国式小农经济"的几点认识》，《南京农业大学学报（社会科学版）》2013 年第 6 期。

［20］贺雪峰：《谁的乡村建设：乡村振兴战略的实施前提》，《探索与争鸣》2017 年第 12 期。

［21］湖南省中国特色社会主义理论体系研究中心：《实施乡村振兴战略　走城乡融合发展之路》，《求是》2018 年第 6 期。

［22］黄承伟：《中国扶贫开发道路研究：评述与展望》，《中国农业大学学报（社会科学版）》2016 年第 5 期。

［23］黄季焜：《中国农业的过去和未来》，《管理世界》2004 年第 3 期。

［24］黄建红：《三维框架：乡村振兴战略中乡镇政府职能的转变》，《行政论坛》2018 年第 3 期。

［25］黄祖辉、徐旭初、蒋文华：《中国"三农"问题：分析框架、现实研判和解决思路》，《中国农村经济》2009 年第 7 期。

［26］黄祖辉：《准确把握中国乡村振兴战略》，《中国农村经济》2018 年第 4 期。

［27］简新华、李楠：《中国农业实现"第二个飞跃"的路径新探——贵州省塘约村新型集体经营方式的调查思考》，《社会科学战线》2017 年第 12 期。

［28］姜长云：《科学理解推进乡村振兴的重大战略导向》，《管理世界》2018 年第 4 期。

［29］姜德波、彭程：《城市化进程中的乡村衰败现象：成因及治理——"乡村振兴战略"实施视角的分析》，《南京审计大学学报》2018 年第 1 期。

［30］蒋永穆：《基于社会主要矛盾变化的乡村振兴战略：内涵及

路径》，《社会科学辑刊》2018 年第 2 期。

［31］蒋永穆：《建立解决相对贫困的长效机制》，《政治经济学评论》2020 年第 2 期。

［32］李长学：《论乡村振兴战略的本质内涵、逻辑成因与推行路径》，《内蒙古社会科学（汉文版）》2018 年第 5 期。

［33］李赫然：《乡村振兴中的生态文明智慧》，《人民论坛》2018 年第 26 期。

［34］李小云、于乐荣、唐丽霞：《新中国成立后 70 年的反贫困历程及减贫机制》，《中国农村经济》2019 年第 10 期。

［35］李周：《乡村振兴战略的主要含义、实施策略和预期变化》，《求索》2018 年第 2 期。

［36］林岗、张宇：《〈资本论〉的方法论意义：马克思主义经济学的五个方法论命题》，《当代经济研究》2000 年第 6 期。

［37］林亦平、魏艾：《"城归"人口在乡村振兴战略中的"补位"探究》，《农业经济问题》2018 年第 8 期。

［38］刘合光：《乡村振兴战略的关键点、发展路径与风险规避》，《新疆师范大学学报（哲学社会科学版）》，2018 年第 3 期。

［39］刘彦随：《中国新时代城乡融合与乡村振兴》，《地理学报》2018 年第 4 期。

［40］刘祖云、姜姝：《"城归"：乡村振兴中"人的回归"》，《农业经济问题》2019 年第 2 期。

［41］吕宾：《乡村振兴视域下乡村文化重塑的必要性、困境与路径》，《求实》2019 年第 2 期。

［42］罗必良：《明确发展思路，实施乡村振兴战略》，《南方经济》2017 年第 10 期。

［43］马晓河：《推进农村一二三产业深度融合发展》，《黑龙江粮食》2015 年第 3 期。

［44］倪国良、张世定：《乡村振兴中乡村文化自信的重建》，《新疆社会科学（汉文版）》2018 年第 3 期。

［45］潘家恩：《艰难的回归——返乡实践者的观察与思路》，《经济导刊》2017 年第 3 期。

［46］潘家恩、温铁军：《三个"百年"：中国乡村建设的脉络与展开》，《开放时代》2016年第4期。

［47］彭海红：《塘约道路：乡村振兴战略的典范》，《红旗文稿》2017年第24期。

［48］彭海红：《中国农村改革40年的基本经验》，《中国农村经济》2018年第10期。

［49］权衡：《习近平经济思想的政治经济学理论品质及其原创性贡献分析》，《社会科学》2018年第7期。

［50］任映红：《乡村振兴战略中传统村落文化活化发展的几点思考》，《毛泽东邓小平理论研究》2019年第3期。

［51］汤洪俊、朱宗友：《农村一二三产业融合发展的若干思考》，《宏观经济管理》2017年第8期。

［52］汪三贵、尹浩栋、王瑜：《中国扶贫开发的实践、挑战与政策展望》，《华南师范大学（社会科学版）》2017年第4期。

［53］王朝科：《习近平新时代中国特色社会主义经济思想的理论内涵和逻辑结构》，《教学与研究》2019年第1期。

［54］王春光：《关于乡村振兴中农民主体性问题的思考》，《社会发展研究》2018年第1期。

［55］王东荣、顾吾浩、吕祥：《上海推进农村一二三产业融合发展》，《科学发展》2017年第7期。

［56］王东、王木森：《新时代乡村振兴战略实施的共享理路》，《西北农林科技大学学报（社会科学版）》2019年第3期。

［57］王佳宁：《乡村振兴视野的梁家河发展取向》，《改革》2017年第11期。

［58］王小林：《新中国成立70年减贫经验及其对2020年后缓解相对贫困的价值》，《劳动经济研究》2019年第6期。

［59］王勇、李广斌：《乡村衰败与复兴之辩》，《规划师》2016年第12期。

［60］魏后凯：《把握乡村振兴战略的丰富内涵》，《理论导报》2019年第3期。

［61］魏后凯：《农业农村优先发展的内涵、依据、方法》，《农村

工作通讯》2017 年第 24 期。

[62] 魏玉栋：《乡村振兴战略与美丽乡村建设》，《中共党史研究》2018 年第 3 期。

[63] 吴成林：《乡村振兴与农村基层党组织组织力的提升》，《长白学刊》2019 年第 1 期。

[64] 项继权：《中国农村建设：百年探索及路径转换》，《甘肃行政学院学报》2009 年第 2 期。

[65] 徐勇：《论现代化中后期的乡村振兴》，《社会科学研究》2019 年第 2 期。

[66] 杨新荣等：《乡村振兴战略的推进路径研究——以广东省为例》，《农业经济问题》2018 年第 6 期。

[67] 叶敬忠：《乡村振兴战略：历史沿循、总体布局与路径省思》，《华南师范大学学报（社会科学版）》2018 年第 2 期。

[68] 叶兴庆：《新时代中国乡村振兴战略论纲》，《改革》2018 年第 1 期。

[69] 张丙宣、华逸婕：《激励结构、内生能力与乡村振兴》，《浙江社会科学》2018 年第 5 期。

[70] 张海鹏、郜亮亮、闫坤：《乡村振兴战略思想的理论渊源、主要创新和实现路径》，《中国农村经济》2018 年第 11 期。

[71] 张红宇：《关于深化农村改革的四个问题》，《农业经济问题》2016 年第 7 期。

[72] 张晖：《马克思恩格斯城乡融合理论与我国城乡关系演进路径》，《学术交流》2018 年第 12 期。

[73] 张慧鹏：《集体经济与精准扶贫：兼论塘约道路的启示》，《马克思主义研究》2017 年第 6 期。

[74] 张九虎：《上海农村产业融合发展研究》，《上海农村经济》2019 年第 4 期。

[75] 张晓山：《实施乡村振兴战略的抓手》，《农村工作通讯》2017 年第 24 期。

[76] 张勇：《透过"博士春节返乡记"争鸣看乡村问题、城乡矛盾与城乡融合》，《理论探索》2016 年第 4 期。

［77］赵定东、方琼：《新中国成立以来农村反贫困政策的层次结构与历史变迁》，《华中农业大学学报（社会科学版）》2019年第3期。

［78］赵慧珠：《走出中国农村反贫困政策的困境》，《文史哲》2007年第4期。

［79］郑风田：《乡村振兴可施六策》，《当代县域经济》2017年第12期。

［80］周建明：《农业发展从"一次飞跃"到努力实现"二次飞跃"》，《毛泽东邓小平理论研究》2017年第7期。

［81］朱建江：《习近平新时代中国特色社会主义乡村振兴思想研究》，《上海经济研究》2018年第11期。

四、报纸

［1］张翼：《2019年全国农村贫困人口减少1109万人》，《光明日报》2020年1月24日。

［2］《必须把解决好"三农"工作作为全党工作重中之重　促进农业高质高效乡村宜居宜业农民富裕富足》，《光明日报》2020年12月30日。

［3］《福建公共法律服务实现市县乡村全覆盖》，《人民日报》2018年8月22日。

［4］《关于创新机制扎实推进农村扶贫开发工作的意见》，《光明日报》2014年1月26日。

［5］倪光辉：《基层代表讲述总书记牵挂的事儿》，《人民日报》2016年3月9日。

［6］《加大推进新形势下农村改革力度　促进农业基础稳固农民安居乐业》，《人民日报》2016年4月29日。

［7］《加强社会主义协商民主建设》，《光明日报》2015年2月10日。

［8］《建立健全村务监督委员会》，《光明日报》2017年12月5日。

［9］《健全落实社会治安综合治理领导责任制规定》，《光明日报》2016年3月24日。

［10］《看清形势适应趋势发挥优势　善于运用辩证思维谋划发展》，《人民日报》2015年6月19日。

[11]《牢固树立以人民为中心的发展理念　落实"四个最严"的要求　切实保障人民群众"舌尖上的安全"》,《人民日报》2016年1月29日。

[12]《实现中国梦　基础在"三农"》,《光明日报》2013年9月13日。

[13]《习近平参加十三届全国人大一次会议山东代表团审议》,《光明日报》2018年3月9日。

[14]《习近平参加十三届全国人大一次会议重庆代表团审议》,《光明日报》2018年3月11日。

[15]《习近平在河南考察时强调坚定信心埋头苦干奋勇争先　谱写新时代中原更加出彩的绚丽篇章》,《人民日报》2019年9月19日。

[16]《习近平在山东考察时的讲话》,《人民日报》2018年6月15日。

[17]《习近平在十八届中共中央政治局常委同中外记者见面时强调　人民对美好生活的向往就是我们的奋斗目标》,《人民日报》2012年11月16日。

[18]《习近平在十八届中央政治局第二十二次集体学习时的讲话》,《人民日报》2015年5月2日。

[19]《习近平在浙江调研时的讲话》,《人民日报》2015年5月28日。

[20]《习近平在中共中央政治局第二十八次集体学习时强调　立足我国国情和我国发展实践　发展当代中国马克思主义政治经济学》,《人民日报》2015年11月25日。

[21]《习近平在中央农村工作会议上强调　必须把解决好"三农"问题作为全党工作重中之重　促进农业高质高效乡村宜居宜业农民富裕富足》,《光明日报》2020年12月30日。

[22]《习近平主持召开中共中央政治局会议》,《新华日报》2014年8月30日。

[23]《严把改革方案质量关督察关　确保改革改有所进改有所成》,《人民日报》2014年9月30日。

[24]《依法依规做好耕地占补平衡　规范有序推进农村土地流

转》,《人民日报》2015 年 5 月 27 日。

［25］《习近平在参加十三届全国人大二次会议河南代表团审议时的讲话》,《人民日报》2019 年 3 月 9 日。

［26］《中办国办印发〈关于加强和改进乡村治理的指导意见〉》,《光明日报》2019 年 6 月 24 日。

［27］《中共中央　国务院关于打赢脱贫攻坚战的决定》,《光明日报》2015 年 12 月 8 日。

［28］《中共中央　国务院关于打赢脱贫攻坚战三年行动的指导意见》,《光明日报》2018 年 8 月 20 日。

［29］《中共中央　国务院关于落实发展新理念加快农业现代化实现全面小康目标的若干意见》,《光明日报》2016 年 1 月 28 日。

［30］《中共中央关于坚持和完善中国特色社会主义制度　推进国家治理体系和治理能力现代化若干重大问题的决定（2019 年 10 月 31 日中国共产党第十九届中央委员会第四次全体会议通过）》,《人民日报》2019 年 11 月 6 日。

［31］《中共中央关于全面推进依法治国若干重大问题的决定》,《光明日报》2014 年 10 月 2 日。

［32］《中共中央　国务院印发〈新时代公民道德建设实施纲要〉》,《光明日报》2019 年 10 月 28 日。

［33］《中央经济工作会议在京召开　胡锦涛作重要讲话》,《光明日报》2005 年 12 月 2 日。

［34］《中央农村工作会议在北京举行》,《光明日报》2017 年 12 月 30 日。

［35］《中央农村工作会议在北京举行》,《人民日报》2013 年 12 月 25 日。

［36］曹立:《让绿色成为乡村振兴的底色》,《学习时报》2019 年 3 月 11 日。

［37］顾益康:《乡村振兴的着力点要放在村一级》,《光明日报》2017 年 12 月 2 日。

［38］韩长赋:《稳固农业基础　确保粮食安全——深入学习贯彻习近平同志关于农业问题的重要论述》,《人民日报》2013 年 12 月

29 日。

［39］蒋永穆、卢洋：《新中国 70 年的减贫事业》，《光明日报》2019 年 7 月 5 日。

［40］刘凤义：《发挥基本经济制度显著优势　推进国家治理体系和治理能力现代化》，《光明日报》2019 年 11 月 12 日。

［41］刘茂松：《马克思主义农业生产方式理论与乡村振兴战略》，《中国社会科学报》2019 年 1 月 22 日。

［42］孙志刚：《加快发展乡村产业》，《人民日报》2021 年 2 月 25 日。

［43］魏哲哲：《浙江公安创新实践"枫桥经验"》，《人民日报》2018 年 12 月 5 日。

［44］习近平：《脱贫攻坚战冲锋号已经吹响　全党全国咬定目标苦干实干》，《人民日报》2015 年 11 月 29 日。

［45］习近平：《在江苏徐州市考察时的讲话》，《人民日报》2017 年 12 月 14 日。

［46］习近平：《在省部级主要领导干部学习贯彻党的十八届五中全会精神专题研讨班上的讲话》，《人民日报》2016 年 5 月 10 日。

［47］习近平：《关于〈中共中央关于制定国民经济和社会发展第十三个五年规划的建议〉的说明》，《人民日报》2015 年 11 月 4 日。

［48］杨帅、刘亚慧、温铁军：《加强对农村资源市场化开发利用》，《人民日报》2020 年 12 月 18 日。

五、英文文献

［1］Ayobami O K and Bin Ismail H N, "Host's Supports for Volun-tourism: A Pragmatic Approach to Rural Revitalization", *Australian Journal of Basic & Applied Sciences*, 2013, 7 (04): 260-275.

［2］Bai X, Shi P, and Liu Y, "Realizing China's Urban Dream", *Nature*, Vol. 509, May 2014, pp. 158-160.

［3］Bardhan and Udry, *Development Microeconomics*, Oxford University Press, New York, 1999.

［4］Bourguignon and Morrison, "Inequality and Development: the Role of

Dualism", *Journal of Development Economics*, 1998, 57: 233-257.

［5］ Cao and Birchenall, "Agricultural Productivity, Structural Change, and Economic Growth in Post-reform China", *Journal of Development Economics*, 2013, 104 (3): 165-180.

［6］ Carr P J and Kefalas M J, *Hollowing Out the Middle: The Rural Brain Drain and What it Means for America*, Boston: Beacon Press, 2009.

［7］ Colby, Xingshen Diao and Francis Tuan, "China's WTO Accession: Conflicts with Domestic Agricultural Policies and Institutions", TMD Discussion Paper No. 68, In Ternational Food Policy Research Institute, Washington, DC, 2001.

［8］ Fei and Ranis, Development of the Labor Surplus Economy: Theory and Policy, Richard D. Irwin, Homewood, IL, 1964.

［9］ Fei and Ranis, Growth and Development from an Evolutionary Perspective, Blackwell Publishers Ltd, 1999.

［10］ Gladwin C H, Long B F, and Babb E M, et al., "Rural Entrepreneurship: One Key to Rural Revitalization", *American Journal of Agricultural Economics*, Vol. 71, No. 5, December 1989, pp. 1305-1314.

［11］ Greene M J, "Agriculture Diversification Initiatives: State Government Roles in Rural Revitalization", *Rural Economic Alternatives*, 1988, (2): 27-41.

［12］ Gustafsson and Li, "The Structure of Chinese Poverty", *The Developing Economics*, 1998, 36: 387-406.

［13］ Johnson T G, "Entrepreneurship and Development Finance: Keys to Rural Revitalization", *American Journal of Agricultural Economics*, Vol. 71, No. 5, December 1989, pp. 1324-1326.

［14］ Kang H C and Birchenall J A, "Agricultural Productivity, Structural Change, and Economic Growth in Post-reform China", *Journal of Development Economics*, Vol. 104, September 2013, pp. 165-180.

［15］ Kawate T, "Rural Revitalization and Reform of Rural Organizations in Contemporary Rural Japan", *Journal of Rural Problems*, Vol. 40, No. 4, March 2005, pp. 393-402.

［16］ Korsching P, "Multicommunity Collaboration: An Evolving Rural Revitalization Strategy", *Rural Development News*, 1992, 16 (1): 1-2.

［17］ Lewis W A, "Economic Development with Unlimited Supply of Labor", *The Manchester School of Economic and Social Studies*, Vol. 22, No. 2, 1954, pp. 139-191.

［18］ Li and Sicular, "The Distribution of Household Income in China: Inequality, Poverty and Policies", *The China Quarterly*, 2014, 216: 1-41.

［19］ Liu Y S and Li Y H, "Revitalize the World's Countryside", *Nature*, Vol. 548, August 2017, pp. 275-277.

［20］ Liu Z, "Institution and Inequality: The Hukou System in China", *Journal of Comparative Economics*, Vol. 33, No. 1, 2005, pp. 133-157.

［21］ McLaughlin K. "Infectious Disease: Scandal Clouds China's Global Vaccine Ambitions", Science, 2016, 283: 352.

［22］ McMillan J, Whalley J and Zhu L. The Impact of China's Economic Reforms on Agricultural Productivity Growth. *Journal of Political Economy*, 1989, 97 (4), 781-807.

［23］ Murata Y, "Rural-Urban Interdependence and Industrialization", *Journal of Development Economics*, Vol. 68, 2022, pp. 1-34.

［24］ Nonaka A and Ono H, "Revitalization of Rural Economies Though the Restructuring the Self-sufficient Realm: Growth in Small-scale Rapeseed Production in Japan", *Japan Agricultural Research Quarterly*, Vol. 49, No. 5, October 2015, pp. 383-390.

［25］ Ravallion and Chen, "China's (Uneven) Progress Against Poverty", *Journal of Development Economics*, 2007, 82 (1): 1-42.

［26］ Rozlle Scott, Linxiu Zhang, Jikun Huang, "China's War on Poverty", Working Paper No. 60, Center for Economic Research on Economic Development and Policy Reform, *Stanford Institute for Economic Policy Research*, Stanford University, 2000.

［27］ Wood R E, *Survival of Rural America: Small Victories and Bitter Harvests*, Lawrence, ks: University Press of Kansas, 2008.